导游四川

Daoyou Sichuan

刘洋 主编

化学工业出版社

· 北京 ·

内容简介

《导游四川》立足于新时代对高素质、知识型导游的迫切需求而编写。全书分6章，首先概括讲解四川省整体的旅游景观文化，其次针对五大旅游片区，介绍了每个片区的2 ~ 4个重点景观文化。全书注重对导游讲解逻辑的建构和对旅游景观深度审美的系统梳理，力图提供关于四川省旅游景观解说和审美的全景素材，为培养知识型导游提供参考。书中配有课件、思维导图等数字资源，可扫二维码查看。

本书可作为职业教育导游专业学生的教材，也可供职业导游、文化宣传工作者、旅游爱好者等参考阅读。

图书在版编目（CIP）数据

导游四川 / 刘洋主编. —北京：化学工业出版社，2024.2（2024.11重印）

ISBN 978-7-122-44577-3

Ⅰ. ①导… Ⅱ. ①刘… Ⅲ. ①旅游指南－四川－高等职业教育－教材 Ⅳ. ①K928.971

中国国家版本馆CIP数据核字(2023)第237252号

责任编辑：张　阳　　文字编辑：陈立媛　刘　璐
责任校对：王鹏飞　　装帧设计：王晓宇

出版发行：化学工业出版社（北京市东城区青年湖南街13号　邮政编码100011）
印　　装：涿州市般润文化传播有限公司
787mm×1092mm　1/16　印张$12^1/_2$　字数229千字　　2024年11月北京第1版第2次印刷

购书咨询：010-64518888　　售后服务：010-64518899
网　　址：http: //www.cip.com.cn
凡购买本书，如有缺损质量问题，本社销售中心负责调换。

定　　价：59.80元

《导游四川》

编写人员

主　编　刘　洋

副主编　蔡松梅　李　娟　宫庆伟

编写人员（按照姓名汉语拼音排列）

蔡松梅（四川工商职业技术学院）

龚贵尧（四川工商职业技术学院）

宫庆伟（四川百科旅游咨询服务有限责任公司）

李　娟（四川工商职业技术学院）

李　谦（四川工商职业技术学院）

李巧玲（南充职业技术学院）

廖永麒（四川工商职业技术学院）

刘　洋（四川工商职业技术学院）

张　岚（四川百科旅游咨询服务有限责任公司）

前　言
PREFACE

互联网技术的普及为人们带来了新的旅游消费体验，延伸了旅游的时空范围。旅游与数字媒体的全过程互嵌逐步加深，使大众旅游呈现出消费理性化、产品个性化、体验深度化等新趋势，这对新时代的导游提出了更高的需求：需要具备更高的文化品位、更强的专业技能，尤其是需要具备更为深厚的知识储备和职业素养。

本书以解读四川旅游景观文化为重点，以四川旅游概况和大成都片区、川北、川东、川南、川西五大旅游区为主要内容模块，共6章内容。全书内容层层深入，贯通文化历史和自然生态两条脉络，通过吸收地理、历史、园林、建筑、民俗等学科营养，致力于从文化演进、科学成因、旅游审美等视角深入解读各旅游景点，重塑导游讲解思路，为培养知识型、专家型导游提供参考。为便于数字化教学，书中配有课件、思维导图等数字资源，可扫二维码查看。

本书由刘洋任主编，蔡松梅、李娟、宫庆伟任副主编，具体编写分工为：刘洋负责编写第一章，第二章第一、二节，第三章第一、二节，第四章第一节，第五章第一节，第六章第一节，并负责全书统稿；蔡松梅负责编写第二章第四节，第三章第三节，第五章第二、三节；张岚负责编写第二章第五节；龚贵尧负责编写第四章第二节；李娟、李巧玲负责编写第四章第三节；刘洋、廖永麒、李谦负责编写第二章第三节，第六章第二节；宫庆伟、刘洋负责编写第六章第三节。

本书在编写过程中参考了有关四川旅游景观的各类文献，在此一并致谢。由于编者水平有限，书中难免会有疏漏之处，恳请广大读者批评指正。

刘洋

2024年1月

目 录

CONTENTS

第一章
鸟瞰四川

本章要点

- 四川省的地理空间格局。
- 四川省的生物多样性与绿色发展。
- 四川省的历史文化脉络。
- 导游四川的讲解设计逻辑。

本章课件

第一节 走进四川
——沧海桑田话天府

四川，简称“川”或“蜀”，其最早在何时建立政权已无迹可考，大约在殷商时期，这里曾建立巴、蜀两个方国。公元前316年，秦灭巴蜀后，以四川盆地为基地灭齐伐楚建立秦朝。秦末，刘邦又以巴蜀为后方统一全国，建立西汉，后经不断开发，巴蜀大地繁荣兴盛富甲一方，至东汉末有“天府之国”之称。这里不但山水形胜、物产丰盈，而且人文荟萃。相对封闭的地理空间、丰富多样的地貌类型、适宜的气候，孕育了独特的自然资源。这里山川壮丽，有相对高差超过6000米的“蜀山之王”贡嘎山（从磨西河注入大渡河口处不到1100米的海拔到7508.9米的贡嘎山顶，水平距离仅约29公里）；有丰富密集的河流网络（四川号称“千河之省”，共有大小河流近1400条）；有世界上面积最大的高寒泥炭沼泽湿地——若尔盖湿地；有世界上规模最大的钙华彩池群——黄龙五彩池；有世界上广受欢迎的野生动物——国宝大熊猫；有世界上现存且仍在发挥作用的最古老水利工程——都江堰水利工程；有世界上现存最大摩崖石刻造像——乐山大佛……造化神秀的自然奇景和叹为观止的人文胜迹交相辉映，种类繁多的自然生物与文化多元的不同民族和谐共生，旅游景观异彩纷呈，习俗文化璀璨夺目，文化环境兼容并包，加之四川人热情好客的性格，使四川成游客的天堂。

一、天下山水之观在蜀

“蜀”，为四川简称，指一种地域文化形态或某一地理空间范围。不同历史时期，“蜀”所指的地理范围有所不同。从地域文化形态上看，蜀文化与四川文化在地理空间范围上并不完全重叠：一方面，蜀文化覆盖范围超过了现在四川的地理边界；另一方面，四川不仅有蜀文化，还有其他地域文化，如巴文化、藏文化、彝文化等。历史上很多时期，“蜀”是指以成都为行政中心的区域范围。现在，“蜀”特指四川。宋代邵博所谓“天下山水之观在蜀”，将蜀之山水列为天下山水的典范。

四川位于中国的西南地区，其山形地势和气候条件都得天独厚。青藏高原之高远，横断山区之深远，四川盆地之平远，尽得自然之神妙，寓雄、秀、幽、险、奇、绝、怪于一身。钟灵毓秀，人杰地灵。围合的地理格局，优良的自然条件，为四川的人文历史发展提供了肥沃的土壤，形成了独树一帜的地域文化。

山水景观审美层次模型

知识拓展

山水美的三个层次

山水之美通常有三个层次：第一个层次为形式美，即其形态、色彩、风韵、动态等，此种美虽言人人殊，然大致有迹可循，奇绝险怪可展自然之神妙，七彩之色可显四季之变幻；第二个层次为内涵美，即其人文掌故、历史趣闻和科学成因，此种美通常需要欣赏者具备一定的历史文化知识和科学常识或借助媒介的解说，平淡之山水往往可以因掌故趣闻而变得耐人寻味，普通之景观则可能因其巧妙的科学构造而变得魅力非凡；第三个层次为精神美，即其象征意义和蕴含的哲理，此种美的欣赏则需要欣赏者具备较强的审美能力和深度的思考能力或借助媒介的解说，此类景观往往观之引人深思、发人深省。三个层次之美，除了第一个层次之外，其余两个层次均需要欣赏者具备一定的文化基础知识，同时还需要解说媒介，方能解其韵味，得其况味！

二、四川的地理空间格局

（一）其卦值坤，星应舆鬼

蜀之为国，肇于人皇，与巴同囿……其地东接于巴，南接于越，北与秦分，西奄峨嶓。地称天府，原曰华阳……其卦值坤，故多斑彩文章。其辰值未，故尚滋味。德在少昊，故好辛香。星应舆鬼，故君子精敏，小人鬼黠。与秦同分，故多悍勇……

——晋·常璩《华阳国志·蜀志》

四川为中国西南内陆省份，如果将中国版图比喻成一只雄鸡，则四川正好位于其腹部。偏居西南一隅的四川，处于长江和黄河上游，其西有青藏高原为屏障，东有川东陵谷相阻隔，南有云贵高原拱卫，北有秦巴山地为藩篱。其地界于北纬26° 03′ ~ 34° 19′，东经97° 21′ ~ 108° 33′之间，南北跨越916.5公里，东西绵延约1061.6公里，面积约48.6

万平方公里，在省级行政区中位居第五，大约相当于两个英国，三个河南省，五个江苏省或浙江省。

广阔的地域面积和丰富的地貌类型使得四川的气候类型呈多样性，东部盆地地区属于亚热带湿润气候，这类气候温暖湿润，呈现冬暖、春早、夏热、秋凉的特点，多云雾，年平均气温在14 ~ 18℃，年度总降水量在1000 ~ 1200毫米；川西北地区属于高山高原高寒气候，这类气候呈长冬无夏、气候垂直分布显著的特征，尤其是在川西高原峡谷区域，从谷底到山顶渐次分布着亚热带、暖温带、温带、寒温带、亚寒带、寒带永冻带，气候垂直分布显著，有“一山有四季，十里不同天”的说法，年平均气温4 ~ 12℃，年降水量500 ~ 900毫米；川西南地区属于亚热带半湿润气候，此类气候呈现冬干夏湿、冬暖夏凉、日照充足、降水集中、旱季雨季分明等特点，年平均气温12 ~ 20℃，年降水量900 ~ 1200毫米。该区域复杂的地理环境塑造了丰富多样的气候，造就了变幻多样的气候景观。

（二）两级地理阶梯，三大地貌单元

从宏观角度看，四川处于我国地势三大阶梯中的第一、二两级，地理高差较大，西部最高峰贡嘎山约7508.9米，东部长江河谷最低处仅250米左右，高差达到7200多米。全省地跨青藏高原、横断山脉、云贵高原、秦巴山地、四川盆地五大地貌单元，地势西高东低，从西北向东南倾斜。从面积占比看，四川主要是由四川盆地、川西北高原、横断山区三大部分构成。

1.两级地理阶梯

四川处在我国地势第一、二级阶梯之上，其西部位于第一、二级阶梯的过渡地带。具体而言，四川西北部的青藏高原东缘和西南部的横断山区位于我国地形的第一级阶梯，东北部的四川盆地位于我国地形的第二级阶梯。地形横跨两级阶梯使得四川的地形起伏非常大，西部和东部地形差异明显。

知识拓展

我国地势的三级阶梯

四川的地势是我国地势的缩影，呈现出西北高、东南低的特点。这种地势由高到低可分为三个等级，地理学上形象地称为中国地势的“三级阶梯”。第一级阶梯是指我国地势最高的青藏高原及其附近区域，平均海拔在4000米以上，主要包括青藏高原和柴达木盆地，昆仑山、阿尔金山、祁连山以南，横断山脉以西，喜马拉雅山脉以北。第二级阶梯主要指我国的高原和盆地区域，平均海拔在1000 ~ 2000米，包括内蒙古高原、黄土高原、云贵高原、准噶尔盆地、四川盆地、塔里木盆地。二三级阶梯的地理界线为大兴安岭—太行山—巫山—雪峰山一线。该线以东为第三级阶梯，自北向南有海拔200米以下的东北平原、华北平原和长江中下游平原，有江南海拔数百米的丘陵、盆地，有海拔500 ~ 1500米的辽东半岛丘陵、山东半岛丘陵、浙闽丘陵和海拔达3000米以上的台湾山地。

这种阶梯状分布的特点，使我国河流大多自西向东汇入大海。

2.三大地貌单元

（1）第一单元——四川盆地　四川省和重庆市共同拥有四川盆地，其中四川省占据了盆地的绝大部分。四川盆地是中国著名的陆相沉积盆地，以“雅安—广元—奉节—叙永”四点连线为界，近似菱形，因多紫红色砂页岩，故有“赤色盆地”“红色盆地”之称。在中国各大盆地中具有形态最典型、纬度最低、海拔最低三大特征。盆地东西稍长，为380 ~ 430公里，南北稍短，为310 ~ 330公里，总面积约26万平方公里，为我国第四大盆地。四川盆地从自然地理分区角度可分为边缘山地和盆地底部两大部分，边缘山地大约10万平方公里，盆地底部约16万平方公里。边缘山地的分布如下：东以巫山、七曜山为界，南以大娄山为界，西南以大小凉山为限，西有大雪山阻隔，西北以龙门山脉为界，北有米仓山、大巴山横亘。盆地底部可再次划分为三大部分：西部的成都平原、中部的川中方山丘陵和东部的川东平行岭谷，它们分别以龙泉山和华蓥山为界。

知识拓展

四川盆地的形成过程

四川盆地属于扬子准地台四川台坳。古生代时相对隆起，缺乏泥盆纪和石炭纪构造。印支造山运动[1]时期，转换为大型拗陷。晚燕山运动，特别是喜马拉雅运动后发生褶皱隆

❶ 印支造山运动：发生于三叠纪末期到侏罗纪早期的造山运动。

起。盆地格局主要受北东—南西向及北西向两条构造线控制，构成了典型的菱形盆地。四川盆地在距今1.4亿年前还是内陆湖，距今6600万年的晚白垩纪时期，盆地边缘山地迅速隆升，湖盆内水流开始切穿巫山山脉，长江中上游开始沟通，盆地内湖水东泄奠定了现今地貌格局。

（2）第二单元——川西北高原　川西北高原，为青藏高原的一部分，属于青藏高原六个亚区❶之一的“川藏高山峡谷区”的一部分，是青藏高原向四川盆地过渡的东部边缘地区，这一地理单元位于四川西北，主要居住着藏族，是自然景观奇特和文化绚烂多彩的一个单元。该单元覆盖甘孜和阿坝两个自治州，面积20余万平方公里，为中国五大牧区之一，是四川最大的牧业基地。该区域主要有三大地理特征：其一，地势高平，区域内平均海拔在3000～4000米之间，是四川地势最高的地区；其二，气温极寒，大部分地区年均温在0～6℃，极端最低温在-20℃以下，石渠县极端最低温达到了-38.9℃，有“四川寒极”之称；其三，光能丰富，区域内地势高亢，空气稀薄，太阳辐射强，光能资源丰富。

知识拓展

青藏高原

青藏高原，是世界上海拔最高的大高原，号称“世界屋脊”“第三极”。其西以帕米尔高原为界，南达喜马拉雅山脉，东抵横断山脉，北到昆仑山、阿尔金山和祁连山，面积约250万平方公里，超过我国国土面积的1/4。除西南边缘部分地区属于印度、尼泊尔等国，其余均在我国境内。

从形成历史看，青藏高原是世界上最年轻的构造单元。奥陶纪（5亿～4.4亿年前）前后的加里东运动❷，曾使青藏高原地区多次抬升和沉降，并为古地中海（特提斯海）所

❶ 青藏高原的六个亚区为：藏北高原、藏南谷地、柴达木盆地、祁连山山地、青海高原、川藏高山峡谷区。

❷ 加里东运动：古生代早期地壳运动的总称，主要是晚志留纪至泥盆纪形成北东向山地的褶皱运动，这一时期的地壳运动，使延伸于北爱尔兰、苏格兰和斯堪的纳维亚半岛的北东向格兰扁地槽、西伯利亚的萨彦岭地槽、中国东南部加里东地槽、澳大利亚的塔斯马尼亚地槽及北阿帕拉契亚地槽（古大西洋）形成褶皱山地。加里东运动的完成标志着早古生代的结束。

占据。早二叠纪晚期（约2.5亿年前），海西运动❶使昆仑山隆起，揭开了青藏高原形成的序幕。随后，经三叠纪末期（约2亿年前）的印支运动❷、白垩纪早期（约1.35亿年前）的燕山造山运动❸及第三纪（4000万～300万年前）的喜马拉雅运动❹，隆起范围不断扩大，古地中海逐渐由北向南撤退，直到始新世晚期，西藏地区最终全部脱离海侵演变成陆地。据古植物化石和孢粉、古土壤及上新世地层中三趾马动物群化石等推断，上新世末，原始高原平面海拔仅约千米，更新世后的喜马拉雅运动使高原整体大幅度隆起抬升，遂成为地球之巅。这一时期上升幅度累计达到惊人的3000～4000米。若以晚更新世以来的十余万年计算，年均上升量达10毫米以上。至今，青藏高原仍然以每年5～6毫米的速度继续上升。

（3）第三单元——横断山区　横断山脉，是指川滇藏三省交界区域一直延伸到贵州的一系列南北向平行山脉的总称，海拔大多在4000～5200米之间，峡谷深邃，山脉高耸，横断东西，因此叫“横断山”，是我国最长、最宽和最典型的南北向山系，唯一兼有太平洋和印度洋水系的地区。广义的横断山脉东起邛崃山，西抵伯舒拉岭，北至昌都、甘孜、马尔康一线，南抵中缅边境山区，面积达60余万平方公里。自东向西，有邛崃山脉、大渡河、大雪山、雅砻江、沙鲁里山、金沙江、芒康山（宁静山）、澜沧江、怒山、怒江和高黎贡山等。横断山在四川，界于金沙江和邛崃山脉之间，是四川地势起伏最大的区域。

（三）巴山蜀水，山河秀美

四川自然地理格局的基本特征可以用“巴山蜀水”来形容。具体而言，巴文化区因位于盆地东部方山丘陵区、平行陵谷区和盆地东缘山地，故山脉连绵，葱茏秀丽，巴山巍峨；而蜀文化区因位于盆地中西部方山丘陵和平原地区，“沟洫脉散，疆里绮错”，故水网密集，

---

❶ 海西运动：又称华力西运动，晚古生代地壳运动的总称，由德国海西山得名。这一运动使西欧的海西地槽、北美东部的阿帕拉契亚地槽、欧亚交界的乌拉尔地槽、中亚哈萨克地槽及中国的天山、祁连山、南秦岭、大兴安岭等地槽褶皱回返，形成巨大山系。此时北半球各古地台之间的地槽带变为剥蚀山地。海西运动的完成，标志着古生代的结束。

❷ 印支运动：发生于三叠纪末期到侏罗纪早期的造山运动。印支运动影响最大的地区为古地中海东段，包括西秦岭地槽、南秦岭地槽等，总称“印支地槽”，最终形成“印支褶皱带”。

❸ 燕山造山运动：又称燕山旋回，得名于北京附近的燕山，是指侏罗纪至白垩纪期间广泛发生于中国全境的大规模造山运动。我国当今构造的基本格局是这一时期形成的。

❹ 喜马拉雅运动：泛指新生代（约3000万年以前）以来发生的造山运动，在亚洲广泛发育，其间，喜马拉雅山脉和阿尔卑斯山脉隆起，现时的构造和地貌轮廓形成。

江河纵横，蜀水秀丽。因“蜀”为四川简称，所以很多人误以为四川只有蜀文化，其实四川的巴文化向西辐射到了绵阳，因此绵阳古时有“巴西郡、巴西县”的行政区划称谓。四川既有蜀文化，也有巴文化；既有高山，也有流水。中国传统美学认为：山为山水景观之“骨架”，水为山水景观之“血脉”，植物为山水景观之“毛发”。以此观之，四川尽得山水之妙！

知识拓展

《林泉高致·山水训》节选

山，大物也，其形欲耸拔，欲偃蹇，欲轩豁，欲箕踞，欲盘礴，欲浑厚，欲雄豪，欲精神，欲严重，欲顾盼，欲朝揖，欲上有盖，欲下有乘，欲前有据，欲后有倚，欲下瞰而若临观，欲下游而若指麾，此山之大体也。

水，活物也，其形欲深静，欲柔滑，欲汪洋，欲回环，欲肥腻，欲喷薄，欲激射，欲多泉，欲远流，欲瀑布插天，欲溅扑入地，欲渔钓怡怡，欲草木欣欣，欲挟烟云而秀媚，欲照溪谷而光辉，此水之活体也。

山以水为血脉，以草木为毛发，以烟云为神彩，故山得水而活，得草木而华，得烟云而秀媚。水以山为面，以亭榭为眉目，以渔钓为精神，故水得山而媚，得亭榭而明快，得渔钓而旷落，此山水之布置也。

从自然地理格局看，四川山脉从西至东主要有：沙鲁里山、大雪山、邛崃山、岷山、龙门山、龙泉山、米仓山、大巴山、华蓥山等；河流从西至东有四条大型河流：金沙江、雅砻江、岷江、嘉陵江，因此有人以为四川名称的来历是指四川有四条大江，故名“四川”。

三、四川的历史文化脉络

蜀王之先名蚕丛，后代名曰柏灌，后者名鱼凫。此三代各数百岁，皆神化不死，其民亦颇随王化去。王猎至湔便仙去。今庙祀之于湔。时蜀民稀少……

——汉·扬雄《蜀王本纪》

“蚕丛及鱼凫，开国何茫然”，人类文明史大多与神话传说联系在一起，四川也不例外。一直以来，秦灭巴蜀之前的四川历史鲜有确切史料记载。从目前保留的文献资料看，较早记载这段历史的为四川硕儒扬雄，他在《蜀王本纪》[1]中对蜀国的开国历史进行了较为详细的记载。但是，扬雄对这段历史的记载也多缺乏证据，很多记述与其说是历史记载，还不如说是神话传说，对于文明开端的记述更是语焉不详，如《蜀王本纪》对于开国蜀王蚕丛、柏灌也只是一笔带过。文献史料和考古证据的缺乏使四川上古史被蒙上了层层迷雾。直到1929年，广汉农民燕道诚在月亮湾自家农田挖出了大量精美的玉器，用锄头叩开了古蜀文明的大门，湮没于历史陈迹中的三星堆文明逐渐浮出水面。后来经过多次的考古发掘，三星堆文明更是"一醒惊天下"，出土的大量精美文物不但有力地佐证了古蜀文明的存在，而且在很大程度上改写了中华文明史。后经考古学家和历史学家研究证实，三星堆为蚕丛、柏灌、鱼凫、杜宇、开明等历代蜀王世系所代表的不同经济时代的都邑文化的"结穴处"。至公元前316年，秦灭巴蜀，巴蜀两国被纳入秦国版图，随后秦国在四川盆地设立巴、蜀二郡。秦朝灭亡后，刘邦被封为汉王，统属巴、蜀、汉中三郡。西汉建立以后，汉承秦制，又分割巴蜀，新建犍为、广汉两郡，至此，巴蜀最终融入华夏文明体系。随后经历治乱相交、分合相融，总体上，四川一直隶属于统一的中央集权国家，虽然在乱世，四川多有建立独立政权的情况（历史上四川建立了8个独立政权），但时间都比较短。为了方便，经梳理，将四川的历史大致分为蒙昧期、初创期、发展期、繁荣期、衰落期、复兴期等六个时期。

四川历史文化演进脉络导图

（一）蒙昧期

蒙昧期，是指从有人类生存繁衍一直到原始部落开始建立（距今5000年左右），属于四川文明的萌芽期。这段历史几乎没有文献记载，只有一些考古学证据。1951年"资阳人"[2]的发现，将四川有人类活动的历史提前到距今3.5万年左右的旧石器时代。1985年"巫山人"[3]的发现，更是将四川盆地有人类活动的历史提前到约214万年前。此外，汉源富林镇古人类遗址和成都塔子山遗址等考古遗址的发现丰富了这段历史。这些证据都充分说明，早在史前时代，四川已有原始人类在此繁衍生息。

---

[1]《蜀王本纪》：相传为西汉扬雄著。原书已佚，明万历年间，郑朴搜求散见于《史记》《文选》注及诸类书中的《蜀王本纪》文字，辑集成书。该辑本后收入《壁经堂丛书》。本书为历代蜀王传记，始于古蜀国先王蚕丛，迄于秦代。常璩《华阳国志》中《蜀志》所记载的蜀王事迹，与此略同。

[2] 资阳人：是中国西南地区旧石器时代晚期的人类，属于晚期智人。1951年在四川省资阳县（今资阳市）资阳火车站以西1.5公里的黄鳝溪修建成渝铁路铁路桥时，铁路工人在桥墩基坑地下8米处发现了一名女性的头骨化石。同年由裴文中主持发掘，又出土一件骨锥。地质为晚更新世，距今已有约3.5万年历史。资阳人头骨化石是中国发现的唯一早期真人类型，是旧石器时代晚期的真人类化石，是南方人类的代表，是古人类发掘中唯一的女性。

[3] 巫山人：1985年，考古工作者在重庆市巫山县庙宇镇龙坪村龙骨坡，发掘出一段带有2颗臼齿的残破能人左侧下颌骨化石以及一些有人工加工痕迹的骨片。1986年又发掘出3枚门齿和一段带有2个牙齿的下牙床化石。此外，遗址中还出土了包括步氏巨猿、中国乳齿象、先东方剑齿象、剑齿虎、双角犀、小种大熊猫等116种早更新世初期的哺乳动物化石。经学者研究，龙骨坡遗址出土的遗物代表了一种能人的新亚种，后被定名为"能人巫山亚种"，一般称之为"巫山人"，距今约214万年。

（二）初创期

大约从距今5000年前到秦灭巴蜀（公元前316年），四川文明史逐渐进入奴隶制国家建立阶段，形成了同时期高度的文明形态。该阶段初期属于新石器时代晚期到战国时期，前后延续长达2700年左右。此阶段从部落文明到城邦文明，直至建立奴隶制国家，形成了一个完整的四川早期文明演进序列。

这一时期，川西平原地区水文环境改善，黄河上游的古人沿着岷江流域向南迁徙，促进了川西平原地区的文化发展，四川出现了最早的文明，发展出了营盘山文化。营盘山文化发现于岷江上游茂县营盘山遗址和金川刘家寨遗址，大约产生于距今5000年，属于马家窑文化❶的西南分支。此后，这些人沿着岷江迁徙，他们先到了什邡川西山地与平原交接地带发展（什邡桂圆桥遗址第一期遗存年代介于营盘山文化与宝墩文化之间），然后直接进入成都平原腹心地带，逐渐发展出成都"本土文化"——宝墩文化❷。宝墩遗址的最新发现证明，它的面积仅次于浙江余姚良渚古城与山西襄汾陶寺古城，是中国第三大史前古城。这一发现对中华文明探源工程有关键作用，这有力地说明在距今4500 ~ 3700年，成都平原已不是蛮荒之地，而是城邦林立、人口众多的富饶沃土了。

1929年偶然发现的三星堆遗址和2001年发现的金沙遗址是早期巴蜀文化的代表。三星堆遗址大约可以分为三段：第一段，距今4800 ~ 3700年为三星堆一期文化，相当于新石器时代晚期，属于宝墩文化范畴；第二段，距今3700 ~ 3100年为三星堆二、三期文化，相当于中原夏朝到商末周初，这一时期高度发达的青铜文明使三星堆文化成为早蜀文明的代表，这一时期被命名为"三星堆文化"；第三段，距今3100 ~ 2600年为三星堆四期文化，这一时期属于"十二桥文化"。三星堆考古发现证实，约在中原商周时期，三星堆就是拥有高大城墙和深广城壕的蜀国都城，有全世界最大的青铜雕像群和最长的黄金权杖，有同时期无与伦比的玉石礼器，有来自海边的海贝和中原的青铜酒器……这些充分证实，国家已经形成，经济文化发展为同时期高峰，并已经开始与外界有经济文化交流。金沙遗址的发掘，证明这里的文化堆积从宝墩文化一直延续到明清时期，但其分布在约5平方公里的范围内，

---

❶ 马家窑文化：黄河上游新石器时代晚期到青铜时代的文化，因最早在甘肃省临洮县马家窑遗址发掘而得名。目前一般认为，它是仰韶文化晚期的一个地方分支，故曾名"甘肃仰韶文化"。它上承仰韶文化的庙底沟类型，下接齐家文化。据放射性碳素断代并经校正，年代约为公元前3800 ~公元前2000年。该文化分五个阶段，从渭河上游东向关中平原，南向白龙江下游，西南向岷江上游，西北向河西走廊传播，最后在河西走廊和白龙江下游继续传播。

❷ 宝墩文化：是考古学者对成都平原一系列史前城址群的命名。其年代距今约4500 ~ 3700年。其中，尤以新津县宝墩古城面积最大，文化内涵最丰富，遂取其名。这片史前城址群的杰出代表有八处：新津市新平镇宝墩古城、都江堰市芒城古城、崇州市紫竹古城、双河古城（也叫下芒城）、温江区鱼凫古城、郫都区古城镇古城（也叫三道堰古城）、大邑县盐店古城、高山古城。

核心文化层的时间距今3200 ~ 2600年，相当于商代晚期至春秋时期。春秋末期，蜀国的一场滔天洪水中断了杜宇王朝。其后开明王鳖灵治理水患，建立了开明王朝，历十二世。此阶段主要有新都马家镇遗址和商业街船棺葬等考古发现作为佐证。在四川盆地的东部，巴人于西周时期开始逐渐迁入。春秋时期，巴人建国，并将发展重心转移到四川盆地东部。

纵观此时期的发展过程，蜀人至迟于商朝率先在四川盆地建国，并于商末周初发展到古蜀文明的第一个高峰期，随后巴人开始在周初进入四川盆地东部，建立巴国，巴蜀同步发展。直到战国中后期，秦国越来越强大，向南征伐巴蜀。公元前316年，秦国大将司马错、张仪带领大军攻灭巴国和蜀国。从此四川逐渐融入中原正统文化体系。

（三）发展期

秦灭巴蜀至南北朝时期，四川进入了较快发展期。秦灭巴蜀后，巴蜀便被纳入了秦国版图，脱离了巴蜀文化独立发展的道路，分别设立了巴郡、蜀郡，成为中国最早推行郡县制的地区之一。秦国还通过建立成都城、修建都江堰、移民巴蜀等政策，发展巴蜀地方经济，巴蜀的社会经济得到了广泛的发展。

西汉帝国建立后，在继承秦制的基础上，于巴蜀二郡中，分出犍为郡和广汉郡，这标志着曾一度不被认可的巴蜀人，因空间的华夏化而成为华夏，巴蜀文化完全融入了中国正统文化体系。西汉景帝末期，文翁任蜀郡守，为改变四川文化落后的状况，大力兴办教育，史称“文翁兴学”[1]。文翁兴学使蜀地风气大开，出现“学徒鳞萃，蜀学比于齐鲁”的盛况，一跃成为全国科学文化先进地区之一，有汉一代，汉赋四大家[2]中有两位都是蜀人。此外，这一时期四川的易学和天文历法也非常发达：严君平精通易学，据传他精确预测了“王莽服诛”和“光武中兴”，开巴蜀易学传统，同时还培养了一名得意门生——扬雄；落下闳创制“太初历”，这是我国有文字记载的第一部完整历法，很大程度上影响了我国的历法结构，提出“浑天说”，创新中国古代“宇宙起源”学说，打破前人“天圆地方”的观念，发明“通其率”，影响中国天文数学2000余年。东汉时期，张陵在四川大邑鹤鸣山创立道教，使四川成为中国道教的发源地和发祥地，对传统文化的传承有至关重要的作用。

---

[1] 文翁兴学：亦称“文翁化蜀”，是指西汉景帝末年，文翁入蜀任蜀郡守，因感蜀地偏僻，有蛮夷风，欲激励后进，乃从郡县小吏中选拔张叔等开明有才者十余人，派遣至京师，受业于博士，或学习律令。减省太守府私人用度，购置土产馈赠博士。数年后，蜀生学成还归，皆予重用，并向朝廷荐举，有官至郡守、刺史者。又兴建官学于成都市中，招收郡治以外四郊属县子弟。学生均免除徭役。

[2] 汉赋四大家：汉代最著名的辞赋家司马相如、扬雄、班固、张衡之合称，亦称“扬马班张”，其中西汉时的司马相如、扬雄均为蜀人。

知识拓展

《汉书·循吏传第五十九》节选

汉兴之初，反秦之敝，与民休息，凡事简易，禁罔疏阔，而相国萧、曹以宽厚清净为天下帅，民作“画一”之歌。孝惠垂拱，高后女主，不出房闼，而天下晏然，民务稼穑，衣食滋殖。至于文、景，遂移风易俗。是时循吏如河南守吴公、蜀守文翁之属，皆谨身帅先，居以廉平，不至于严，而民从化。

……

文翁，庐江舒人也。少好学，通《春秋》，以郡县吏察举。景帝末，为蜀郡守，仁爱好教化。见蜀地辟陋有蛮夷风，文翁欲诱进之，乃选郡县小吏开敏有材者张叔等十余人亲自饬厉，遣诣京师，受业博士，或学律令。减省少府用度，买刀布蜀物，赍计吏以遗博士。数岁，蜀生皆成就还归，文翁以为右职，用次察举，官有至郡守刺史者。

又修起学官于成都市中，招下县子弟以为学官弟子，为除更徭。高者以补郡县吏，次为孝弟力田……县邑吏民见而荣之，数年，争欲为学官弟子，富人至出钱以求之。由是大化，蜀地学于京师者比齐鲁焉。至武帝时，乃令天下郡国皆立学校官，自文翁为之始云。文翁终于蜀，吏民为立祠堂，岁时祭祀不绝。至今巴蜀好文雅，文翁之化也。

魏晋南北朝时期，全国处于分裂状态，蜀地因地处偏远，得以远离战争，建立了多个独立王国，社会经济得到了持续发展，一跃成为“天府之国”，从此“天府之国”专指四川。

知识拓展

“天府之国”的来历

“天府”，是指上天的或天然的府库，用以形容“物华天宝，安居乐业”的居所。据考证，“天府”最早是被用作官名，见于《周礼》，其职责是保管国家珍宝，后来用以指自然条件优越、物产丰盈、地势险固、易守难攻的理想居所。

最早被称作“天府”的地方，不是四川盆地，而是关中平原。苏秦当年游说秦惠王时说：“大王之国……田肥美，民殷富，战车万乘，奋击百万，沃野千里，蓄积饶多，地势形便，此所谓天府，天下之雄国也。”这是首次有地方被称为“天府”。此后，张良在论证定都关中时又说，“关中左崤函，右陇蜀，沃野千里……此所谓金城千里，天府之国也”。因此，关中最早被称为“天府”。

三国时期，诸葛亮与刘备隆中对策，提出，“益州险塞，沃野千里，天府之土，高祖因之以成帝业”。这是历史上首次将四川盆地称作“天府”。晋代常璩在方志《华阳国志》中进一步捍卫了四川的“天府”称号，在书中他赞誉道，“蜀沃野千里，号为陆海，旱则引水浸润，雨则杜塞水门，故记曰：水旱从人，不知饥馑，时无荒年，天下谓之天府也”。而之后罗贯中的《三国演义》“贬曹扬刘”的影响至深，使四川的“天府”之名得到了更加广泛的认同。从此，“天府之国”逐渐成为四川的专称。

“天府之国”主要指四川盆地，其核心区又是自然条件更加优越和人文底蕴非常深厚的“川西坝子”——成都平原。后来，随着流传日广，其外延逐渐扩展到整个四川。2008年，《中国国家地理》杂志在其第1、2期中连续讨论“新天府”，邀请了地理、旅游等领域许多知名的学者评选“新天府”，最后成都平原不负众望，捍卫了“天府”之美誉。

（四）繁荣期

唐宋时期，四川进入了又一个繁荣发展期。隋朝结束分裂，完成统一大业，创建三省六部制和科举制，这奠定了我国大一统中央集权的行政基础，长期影响我国的发展。唐承隋制，延续和改良了一系列政治制度，为社会经济的进一步发展打下了坚实基础。此时，四川因国家的制度红利，本地少数民族逐渐汉化和大批汉族人口相继迁入，在经济和文化上得到了快速发展，达到了一个相对的高峰。唐玄宗和唐僖宗两位皇帝在遭遇政治危机时均入蜀避难，从侧面说明了此时四川的繁荣和地位的重要性。唐玄宗天宝元年（742年），四川地区大约有200万户，人口达1000万左右。成都平原成为当时全国经济最发达的地区之一，形成了“扬一益二”的格局，扬州与四川成为全国发展的“领头羊”。四川的农业、纺织业、盐业、制茶业、造纸业、雕版印刷业、造船业、制糖业，以及商业和交通都得到了快速发展，成都成为全国最著名的商业都会。当时的行政建制也可以佐证，唐初全国仅设十道，四川就设有剑南道和山南道（一般而言，同一区域一级行政区划越多，说明此地在政治上越重要，经济文化上越发达）。北宋设二十四路，四川就设有四路。四川之名也与行政区划的设立有关。宋真宗咸平四年（1001年），将川峡路分为益州路、梓州路、利州路、夔州路，合称“川峡四路”，简称“四川路”，“四川”之名由此产生。虽然唐末五代，社会经济受到一定程度破坏，但四川在前后蜀的统治下，社会安定，政治清明，发展基本未受影响。到了宋代，四川社会经济更是进入高度繁荣期。崇宁三年（1104年），四川人口达198万户，约990万人。嘉定十六年（1223年），四川人口更是达到259万户，约1259万人，是19世纪前四川人口最多的时期。宋代成都地区和东南地区都是当时全国最发达的经济区。四川农业、纺织业均得到飞速发展。茶叶产量全国第一，茶马贸易长盛不衰；盐业自给有余；造纸、印刷驰名全国；商业高度繁荣，产生了世界上最早的纸币——交子。正是经济高度繁荣奠定的物质基础，才使得南宋前期四川能支持川陕抗金战争，南宋后期又能坚持抵抗蒙古长达半个世纪。

知识拓展

“四川”行政区划沿革

行政区划是国家对所管辖领土进行分级管理的区域结构，是中央集权出现后的产物，我国的西周时期实行封建制，即采取“封邦建国”的办法进行统治，尚未出现行政区划的概念。直到春秋中期以后，有些诸侯国逐渐强大，开始发展中央集权，采取分层划区进行管理，地方行政区划才开始出现。此时四川地区分别建有巴、蜀两个方国，尚未有行政区划的概念。直到秦灭巴蜀后，四川被纳入秦国的统一行政管辖体系，在全国较早实行郡县制，设立巴、蜀二郡。总体而言，四川行政区划沿革大致可以分为三大阶段。

郡县时期

此时期大致从秦汉延续到隋朝。秦汉时期，主要实行郡县制，到了东汉，开始在郡上增加州，逐渐形成州郡县制度。

秦灭巴蜀后，四川开始被纳入统一的行政管辖体系，设立巴蜀二郡。

汉袭秦制，继续设立巴蜀二郡，并于汉初增设广汉郡，汉武帝统治时期更是不断向四周用兵，扩大统治疆域，在四川西南部增设五郡。

元封五年（公元前106年），汉武帝在四川设立益州刺史部（全国共设十三州刺史部）。三国末年，魏灭蜀，益州一分为二，成益州和梁州。

道路时期

因唐朝的一级行政单位改“州”为“道”，而宋朝又改“道”为“路”，因此称为“道路时期”。

唐太宗贞观元年（627年）废除州郡制，改益州为剑南道，梁州为山南道。唐玄宗开元二十三年（735年），将山南道一分为二，成山南东道和山南西道。唐肃宗至德二年（757年），将剑南道一分为二，设剑南东川节度和剑南西川节度。宋太祖乾德三年（965年）在四川地区设置西川路。开宝六年（973年），又分设峡西路。太平兴国六年（981年），西川路和峡西路合并为川峡路。宋真宗咸平四年（1001年），川峡路一分为四，即益州路、梓州路、利州路、夔州路，合称“川峡四路”，简称“四川路”。“四川”由此得名。

行省时期

元代忽必烈建国后，正式建立中书省总理政务，统领百官。为了加强中央集权，中央由中书省统领，因此地方就派设中书省代理机构，叫“行中书省”，简称“行省”，意思是“行走到地方的中书省”。明朝虽然将一级行政区划改为“承宣布政使司”，但基本制度和格局未变。直到清朝，又改回了“行省”这个称谓，之后四川省的称谓沿袭至今，因此把这段时期称为“行省时期”。

元代将四川地区原川峡四路统一起来设置“四川等处行中书省”，四川省建制由此开始。明代，全国分为十三承宣布政使司，四川地区为“四川承宣布政使司”，并先后将湖广行省的遵义府和云南行省的镇雄、乌蒙、乌撒、东川等府划归四川承宣布政使司。清初，全国分为十八个行省，四川行省建制未变，但管辖区域已达川西高原。后清政府又将遵义划归贵州省，将镇雄、乌蒙、东川三府划归云南省，四川南部省界基本确定。

民国时期，四川军阀割据，行政建制极不统一。中华人民共和国成立后，四川沿袭民国行政区划模式，1950年1月撤销四川省，在其范围设立川东、川西、川南、川北4个行署区和中央直辖市重庆；1952年9月，撤销4个行署，重新成立四川省人民政府；1954年重庆市与四川合并为四川省，重庆市降格为四川省辖市；1955年撤销西康省，金沙江以东划归四川省，金沙江以西划归西藏自治区；1996年9月，四川省委托重庆市代管万县市、涪陵市和黔江地区；1997年6月，重庆正式成为中央直辖市。现四川省辖18个地级市、3个自治州。

四川的文化发展也在这一时期达到历史巅峰。唐时，射洪人陈子昂改革诗歌，开唐诗先声，是唐诗发展的奠基人物，被杜甫赞为“公生扬马后，名与日月悬”，可与司马相如、扬雄比肩。李白承继楚风，将唐诗推向高峰，成为浪漫主义诗歌的代言人，被称为“诗仙”。“诗圣”杜甫在四川时，创作的诗歌达到了其诗歌总量的3/4，其中有大量成就极高的代表作。四川的绘画也在此时有了突破性发展，京兆、东南和川内各派画家齐聚成都，创作出了许多优秀作品，使成都成为唐画的中心。五代时期，《花间集》开宋代词文化高度发达的先河。黄筌及其子黄居寀、黄居宝是雄视一代的工笔花鸟画派的开拓者，与南唐徐熙的泼墨画齐名，《图画见闻志》中对其有“黄家富贵，徐熙野逸”的评价。到了宋代，四川地域文化不仅反映了当时向商品社会、市民社会转型的特征，而且还有自己独特的文化特色，主要表现在两个方面：其一，城市场镇自由集市的广泛兴起，成都与眉山相继成为全国刻书业的中心；其二，游赏习俗的艺术化是四川古典地域文化达到极盛的标志。蜀学在此时成为真正的学派，形成了重文重史的特色。文学方面，四川人在宋代文学转型的三大运动（古文运动、词体新世界的开拓和诗歌革新）的每一方面都有突出的贡献，一代文宗苏轼是此时的代表人物。理学方面，魏了翁在家乡创办鹤山书院，推动了四川书院的发展。“易学在蜀”，陈抟作为四川易学杰出代表，象数易、图书易的大师开启了先天易学之先河。陈渐、张行成则致力于扬雄玄学探究。绘画方面，宋代四川兴起了文人写意画，代表人物是文同和苏轼。两宋时期，四川科举及第者多达3900余人，其他任何朝代都无法比肩，是四川人才辈出的时期。

（五）衰落期

衰落期从南宋末年持续到清朝初年。南宋末年，四川抗击蒙古达半个世纪之久[1]，长期遭受战争的蹂躏。此次战争的长期性、残酷性、破坏性在四川的历史上前所未有，严重破坏了社会的和平发展。人口在南宋嘉定十六年（1223年）有259万户，到元朝统一后的至元十九年（1282年），只剩下12万户，锐减95%以上，社会经济从此走向衰落。元代四川的税粮占全国总数不足1%，盐业、茶业、酒业在整个元代都没有得到恢复。四川在宋代是全国著名的纺织中心，到元代一落千丈，退居无足轻重的地位。直到元朝灭亡，四川经济都没有得到显著的恢复和发展。明朝建立后，四川经济虽然步入发展轨道，但由于晚明政治腐败，爆发了全国性的农民起义，社会经济受到了极大程度的破坏。崇祯六年（1633年）张献忠领导的农民军入川，并于崇祯十七年（1644年）攻陷成都，建立大西政权。顺治四年（1647年）大西政权覆灭，但清军仅占领了保宁、顺庆二府，其余多数州县仍为南明势力、地主武装和农民武装所掌握，争战不息。直到康熙三年（1664年），夔东十三家最后溃败，四川政局才全面稳定。大约平静了9年，康熙十二年（1673年）又爆发了三藩之乱，吴三桂部队从云南入川，四川再度兵戈四起。直到康熙二十年（1681年），三藩之乱平息后，四川才逐渐步入持续稳定发展的新纪元。

虽然这一时期战争不断，但四川文化还是在艰难中逆风前行。元代和明代各出现了一位状元，且明代状元杨慎，颇负盛名，成为“明代著述最富”的学者。清初，还出现了“清初蜀中三杰”吕潜、费密和唐甄。虽然文化在逆境中不断发展，但比起两宋已是天渊之别。

---

[1] 抗蒙战争从南宋绍定四年（1231年）蒙古军队进攻四川持续到元至元十六年（1279年），前后历经49年。

（六）复兴期

康熙中后期，四川社会经济发展逐渐趋于稳定，随着“湖广填四川”移民运动的深入推进，四川经济社会得到了很大发展，甚至在乾隆五十六年（1791年），人口达到948万余人，嘉庆二十五年（1820年），更是达到2625万人，道光二十年（1840年）甚至增加到3833万人，此时四川人口占全国总人口的10%。此后虽然我国经历鸦片战争、八国联军侵华战争、军阀混战、抗日战争、解放战争等百余年战争，但由于四川多次远避战祸，社会经济得以稳定发展，甚至成为中国抗日战争最重要的战略大后方，在抗日战争中发挥了极其重要的作用。

移民运动使得四川人口激增，外来移民带来了先进的生产技术和经验，四川经济得以快速恢复和发展，重新成为全国的粮食生产中心。经济作物种植迅速发展并开始形成区域性的经济作物区，如潼川、保宁、嘉定是著名的蚕丝产区，成都、保宁、荣昌、隆昌是重要的产麻区，什邡是重要的产烟区。经济作物的广泛种植还促使手工业生产相应扩大，成都、重庆、潼川、保宁、顺庆、嘉定成为重要的丝织业中心，隆昌成为麻织业中心，自贡成为盐业中心，商业也开始繁荣。

同时，移民运动使不同地区的文化在四川汇集，促进了文化的发展，出现了“清代蜀中三才子”彭端淑、张问陶和李调元，此三人在全国各地漫游并参与诗坛唱和，可以视为巴蜀文化重整旗鼓的序幕。川剧也在乾隆末期开始产生并迅速发展为最负盛名的地方剧种之一。四川的文化在此时开始全面复兴，同治、光绪年间，即19世纪后半期，尊经书院建立，并延请晚清名士王闿运为山长，培养了大批经世致用之才，如廖平、杨锐、刘光第、宋育仁、骆成骧等。杨锐、宋育仁、刘光第在戊戌变法中的表现，应视为巴蜀文化全面复兴的重要标志。

清末，伴随日益强劲的复兴之风，巴蜀大地人才辈出，充分表现出文化的全面复兴：经学大师廖平，革命家邹容、彭家珍、吴玉章、喻培伦、张澜，书法家顾印愚，史学家张森楷，名医唐宗海等是较早一批在全国知名、卓有建树的人物；新文化运动主将吴虞，文学家、书法家谢无量，版本目录学家傅增湘，诗人赵熙等是稍晚的第二批；然后有新文学巨匠郭沫若、巴金，少年中国学会发起人王光祈、周太玄，革命家朱德、邓小平、陈毅、刘伯承、罗瑞卿、聂荣臻，史学家蒙文通，国画大师张大千、陈子庄、石鲁，著名作家李劼人、沙汀、艾芜、何其芳，哲学家贺麟，佛学大师能海，地质学家黄汲清……真可谓群星闪耀，光照中华。此后，抗日战争时期，由于日本侵华，大批高校、科研机构从东部沿海、中部等地区迁移至大西南，首都也从南京迁往重庆，促进了四川文化进一步发展。

中华人民共和国成立后，尤其是1964年开始的“三线建设”，大大推动了四川工业的发展，使四川成为工业门类较齐全的省份。改革开放初期，四川率先创立并推行了以家庭承包经营为基础的统分结合的双层经营体制，从引领改革潮流到顺应开放大势，走过了波澜壮阔的光辉历程，社会经济文化全面复兴。

知识拓展

“湖广填四川”

“湖广”之名，最早可能源于元朝的“湖广等处行中书省”，其范围覆盖了湖南、湖北、广东、广西和贵州部分地区，是元朝十个行中书省中面积最大的一个。明朝沿用“湖广”称谓，改为“湖广承宣布政使司”，其范围仅包括湖南、湖北地区，因此这里的湖，应指“洞庭湖”。在华夏文明史中，移民一直是保持区域发展平衡的一项重要国家战略，很多朝代都有移民的历史，而唯有四川移民在其发展过程中发挥了比中国其他地区移民都大得多的作用，以至于四川文化的整体个性都与移民的历史有密切关联。在所有四川的移民史中，“湖广填四川”无疑是历史上最引人注目的重大事件。

“湖广填四川”是一个特定的历史称谓，指清朝初年将人口较多的湖广等省的人口转移到人口锐减、人口密度低的四川的一次大规模的移民运动。这次大规模的移民运动从顺治末年开始，一直持续到嘉庆初年，前后长达一百多年。其中，康熙中叶至乾隆年间是这次移民运动的高潮，四川人的祖先，绝大部分是在这时候背井离乡进入四川的。虽然当时共有十几个省份的移民被卷入这次移民浪潮，如湖北、湖南、广东、江西等，但因为当时移民入川的外省人以“湖广籍”最多，因而这次事件被历史学家和民间命名为“湖广填四川”。所谓“湖广”，是指湖北、湖南两地。在明清时期，湖南、湖北合称“湖广省”。

四川之所以要“填”，是因为人口极度稀少，需要补充。明末清初，发生张献忠与明军的战争，此后清军又清剿张献忠，继而是南明与清军的战争；还有吴三桂反清后与清军的战争。四十余年战乱，四川被祸最惨，成了四战之地：明军滥杀，清军滥杀，地方豪强滥杀，乡村无赖滥杀邀功，张献忠也有滥杀之嫌。四川人民遭受了一次次的战乱和屠戮。据官方统计，康熙七年（1668年）四川成都全城只剩下7万人，四川全省人口仅剩60万左右。清统一后，施行了一系列“填川”鼓励政策，主要是鼓励外省移民入川垦荒。

四川不愧为“天府之国”。当十一二个省份的一百多万移民来到四川安家落户时[康熙二十四年（1685年），四川的人口只有9万余；然而到乾隆三十二年（1767年）的时候，四川人口已达290余万]，一个波澜壮阔、可歌可泣的时代来临了。“异乡人”开始在这片金色的土地上纵情发挥。他们从故乡带来了新的物种、新的生产技术、地方戏、习俗、方言，然后在这个新的竞技场上八仙过海，各显神通。随着漫长而艰辛的创业过程的结束，一种从未有过的幸福像汹涌的潮水如期而至。他们获得了财富，获得了新生，获得了主人的称谓，同时也获得了这片土地的嘉奖。“湖广填四川”对中国近现代史产生了一种不可估量的影响。

第二节 文化四川

——来自远古的巴蜀记忆

一、巴蜀文化诠释

巴、蜀最早分称，西周后开始慢慢合称。在现存记载古巴蜀历史的文献中，巴蜀往往连称，这既是因为二者地处同一区域，也有文化形态相似的缘故。如《华阳国志·巴志》：“人皇始出，继地皇之后，兄弟九人，分理九州为九囿。人皇居中州，制八辅。”华阳之壤，梁岷之域，是其一囿；囿中之国；则巴蜀矣……周武王伐纣，实得巴蜀之师，著乎《尚书》。

大约在商周时期，蜀族和巴族先后建立了独立的奴隶制国家——蜀国和巴国，四川作为独立的文明体，在此区域产生了独具特色的巴蜀文化。巴蜀文化早中期主要由蜀族人创造，称为“早蜀文化”或“古蜀文化”。西周时期原来活动于陕东南、大巴山以北的汉水上游或鄂西清江地区的巴人逐渐迁入四川盆地东部区域。春秋时期，至迟到春秋晚期，巴国的重心已经转移到四川盆地东部，并形成了一个地域更为辽阔的巴国，其地“东至鱼复，西至僰道，北接汉中，南及黔涪”。相对而言，商周时期，蜀国虽然经历了多次政权更迭，但其重心仍然围绕在成都平原，其辖地“东接于巴，南接于越，北与秦分，西掩峨嶓”。蜀国前后共历五代蜀王，号称“古蜀五祖”。《蜀王本纪》和《华阳国志》等记载的蜀国世系是：蚕丛、柏灌（柏濩或伯雍）、鱼凫、杜宇（望帝、蒲卑或蒲泽）、鳖灵（鳖令，即开明）。他们并非个人名号，而是某一王族统治时代的称号。可将其分为三世：其一，蚕丛、柏濩为开国之世，由岷江上游迁入成都平原发展成早期国家（或酋邦）；其二，鱼凫、杜宇为鼎盛之世，蜀国的经济、文化高度发展，尤其在杜宇之世，农业生产与政治礼制均有长足发展，并影响邻近区域，广汉三星堆遗址等为其遗存；其三，鳖灵为扩展之世，巴人因受楚人胁迫而西进，带来了新的文化因素，形成了传统意义上的巴蜀文化。

知识拓展

“古蜀五祖”的另一种解读

谭继和先生认为，蚕丛、柏濩、鱼凫、杜宇、开明，五世相及，蜀人赋予这些祖先以美丽的传说，每世的时期长短，也有不同的说法。如果从这五祖的名称及其传说的内涵来分析，它分明是指蜀人生活方式所经历的五个经济时代。蚕丛氏以桑蚕为特征，是采集时代。柏濩氏是狩猎时代。鱼凫氏是“随王所处致市焉，民无定处”的渔猎、畜牧时代。杜宇号“土主”，教民耕作，是发展农业的时代；又号“蒲卑”，即制服（蒲即服）卑下湿地之意，是排水治理湿地，发展初级农业的经济时代。开明则是进入高级农耕文明，更为开化，故名。这个古史发展系统反映了蜀人创造自己的生活方式的历史轨迹，同中原华夏文化由“取牺牲以供庖厨”的伏羲过渡到“耕而作陶”的神农的过程极其相似。古蜀五祖实际上是历史进程中五个重要的里程碑。

巴蜀文化是产生于抗战中期的一个地域文化概念，从郭沫若、徐中舒、顾颉刚到卫聚贤，这一概念有一个渐进发展和明晰的过程。1941年，卫聚贤在《说文月刊》上发表《巴蜀文化》一文，首次开宗明义地提出了“巴蜀文化”这一地域文化概念。

巴蜀文化有狭义和广义之分。狭义的巴蜀文化，是指中国西南地区以古代巴、蜀为主的族群先民们留下的文化遗产，主要分布在四川盆地及邻近地区，其时代相当于春秋战国时期，前后延续上千年。广义的巴蜀文化，是指包括四川省与重庆市及邻近地区在内的，以历史悠久的巴文化和蜀文化为主体，涵盖地域内各少数民族文化，由古至今的地区文化总汇。

狭义的巴蜀文化，由于其时间、地域的限制性，是一种没有活力的考古意义和历史研究意义上的地域文化类型。现在讨论更多的则是地域更广和时间更长的广义巴蜀文化。这种文化在更长的时间维度不断充实，拥有更强大的生命力，对现实生活有更重要的指导和参考意义，同时在地域上涵盖更广泛，便于在现有行政区划框架下使用。具体讲，广义的巴蜀文化，滥觞于宝墩文化、哨棚嘴文化等，发展于三星堆文化、十二桥文化等，于春秋中晚期相互融合并逐渐定型，并在其后以定型化的巴蜀文化为核心，不断融汇各类外来文化，最终形成了独具特色的地域文化类型。

二、四川文化概览

四川地域广阔、历史悠久，民族众多，雄奇秀丽的大好山川孕育了许多杰出的巴蜀人物，他们创造了绚烂多姿的巴蜀文化，留下了丰富的文化遗产。

（一）古巴蜀文化

古巴蜀文化是四川文化的“根”和“魂”，也是其中底蕴最深的部分。现有关于古巴蜀文化的认识主要来自神话传说、文献记载和考古发现。由于文字记载较少，因此考古发现成为古巴蜀文化最主要的知识来源，而神话传说则是重要参照。从近年来的考古发现看，古蜀文化的序列大致是：营盘山文化（距今5300～4600年）—桂圆桥文化（距今5100～4600年）—宝墩文化（距今4600～3700年）—三星堆文化（距今3700～3100年）—十二桥文化（距今3100～2600年）—战国青铜文化（距今约2400年）。而巴文化可追溯到距今7000年的丰都玉溪遗址，但资料较少。资料比较丰富、脉络清晰的要数与“宝墩文化”大致同时，以忠县哨棚嘴、中坝、丰都玉溪坪、万州苏和坪等新石器时代遗存为代表的“哨棚嘴文化”，其年代在距今约5000～3700年之间。此后的青铜时期文化与成都平原地区的文化属同一类型，如在峡江地区广泛分布的石地坝文化、万州中坝子遗址，忠县哨棚嘴与中坝遗址的夏商遗存等，基本上都是具有区域特点（如特有的尖底杯、角杯、圜底罐等）的三星堆文化——十二桥文化的遗存。古巴蜀文化的最典型代表是：三星堆遗址和金沙遗址。

古蜀文化演进脉络

1. 三星堆遗址

“沉睡数千年，一醒惊天下”，位于四川广汉的三星堆遗址是在四川迄今发现的范围最大、延续时间最长、文化内涵最丰富的古文化遗址，它再现了古蜀王国的兴衰史。三星堆遗址距今约4800～2600年，可分为四个考古文化期，即以成都平原龙山时代至夏代遗存为代表的一期文化（距今4800～3700年），又称宝墩文化；以商代三星堆规模宏大的古城和高度发达的青铜文明为代表的二、三期文化（距今3700～3100年），又称三星堆文化；以商末到西周早期三星堆废弃古城遗址为代表的四期文化（距今3100～2600年），又称十二桥文化。三星堆遗址有三个文化层，第二层是其精华所在和主要代表，因此直接命名为“三星堆文化”，它代表了商代长江流域文明的最高成就。之所以这么说，有四个理由：其一，出现了具有政治中心性质的古城，其规模已经超过了周围城邑；其二，出现了高度发达的青铜冶铸加工技术、黄金冶炼加工技术、高超的玉器加工技术及规模可观的作坊；其三，出现了较为完善的宗教礼仪祭祀制度；其四，出现了自然水系和人工水系相互结合的水利技术。三星堆遗址的发现使原来真伪难辨的古蜀历史有了铁的证据，将蜀文化的历史向前推进了一千多年。

2.金沙遗址

2001年发现的四川金沙遗址是继三星堆遗址之后又一震惊世界的重大考古发现。从金沙遗址目前已经基本确认的功能分布看，这里极有可能是三星堆文明衰亡后，古蜀国在商代晚期至西周时期的都邑所在。金沙遗址面积约5平方公里，共分为三个区：东部的“梅苑”，据发掘推测，可能是宗教仪式活动区；中南部的“兰苑”，可能是居住区；中部的“体育公园”，可能是居住区和墓地。这里的出土文物众多，有金器、玉器、铜器、石器、象牙器和数量众多的象牙、陶器等数千件珍贵文物，其中有金器200余件、玉器2000余件、青铜器700余件、石器300余件。众多精美的文物证明其所代表的文明发展程度非常高。金沙遗址的发现在一定程度上改写了四川的古代史，将成都的建城史向前推进了700余年，并再一次雄辩地说明在商周时期成都平原就已有发达的青铜文明。金沙遗址所出土文物不但科学考古价值高，而且造型优美、形象生动、寓意深远，具有极高的艺术价值。其中最具代表性的就是太阳神鸟图案，现已被选定为中国文化遗产的标志 。

（二）宗教文化

自然崇拜、图腾崇拜和祖先崇拜是古巴蜀文化的重要内容。古蜀人有以岷山、岷江为神的信仰，渎山（青城山）、江祠（祭祀江渎神的祠庙）在秦汉时为皇帝赐封的国家级祭祀点。《汉书 · 郊祀志》载：“秦并天下，立江渎庙于蜀。”成都江渎庙，又称江渎祠，建于隋开皇二年（582年），宋代达到顶峰，历代保持修缮，直到1924年仍在文庙西街。古蜀人还有独具特色的大石崇拜，三星堆祭祀坑中就有一块与金、玉、青铜器同在的大石。在成都平原，古代文献中记载的大石崇拜遗迹众多，如至今仍在的有支矶石、天涯石，几十年前尚可见到的五块石、五丁担、石镜、飞来石，几百年前尚可见到的石笋等。郫都区的望丛祠是古蜀人祖先崇拜的表征。巴人的白虎崇拜是动物崇拜的例证。古巴蜀祭祀文化源远流长，最终在此土壤中发展出了对后世影响巨大的中国本土宗教——道教。此外，佛教在四川传播的历史也很悠久。

1.道教文化

道教发源于大邑鹤鸣山，后逐渐传播到巴蜀各地，又从此传向全国。四川是道教文化的发源地，其道教文化土壤深厚，历史悠久，遗迹众多。道教名山和著名宫观是四川道教文化发展的集中体现，著名的山岳有青城山、鹤鸣山、峨眉山、云台山、窦团山等，著名的宫观有成都青羊宫、射洪金华山道观、江油窦团山云岩寺、彭山仙女山彭祖祠、阿坝松潘黄龙观、都江堰二王庙等。此外，道教石刻、音乐、武术等也颇有造诣。四川道教造像始于魏晋南北朝，现存较早、较精美的道教造像是绵阳西山玉女泉摩崖造像，有30余龛，造于隋炀帝大业六年（610年）；青城山天师洞天师石像亦造于隋代；宋代的道教造像注重“神性”，突出表现超自然的神异，同时又富于生活气息，代表作是安岳的道教造像；明清之后的道教造像趋向世俗化，铸工精巧，七曲山大庙文昌像较有代表性。道教音乐具有明显的巴蜀地方特色，与当地的民歌、戏曲等有较密切的联系，其中，青城山的道教音乐历史悠久。

2.佛教文化

四川佛教源流深远，经过千百年的发展，形成了汉语系佛教和藏语系佛教两大分支。四川汉地佛教传入，最早可以追溯到东汉，乐山麻浩崖墓上部的佛教浮雕、彭山区东汉崖墓的“灰陶质佛像和胁侍”，以及西昌邛海东汉墓砖上书写的梵文符号都是佛教传入的有力证据。《高僧传》载，365年，高僧道安遣弟子法和入蜀，这是佛教入川较早的文字记载。四川少数民族地区的佛教传入，应不晚于5世纪，据载，479年齐高帝在茂县建齐兴寺。藏传佛教的传入则晚至唐代，莲花生大师首批西藏弟子中的白诺札那约于790年进入四川藏区传教。

四川佛教寺院众多，著名的汉地寺院有新都的宝光寺，成都文殊院、昭觉寺、大慈寺，新津观音寺，龙泉石经寺，广元皇泽寺，乐山大佛寺，平武报恩寺，峨眉报国寺、万年寺、伏虎寺，遂宁广德寺、灵泉寺，内江西林寺等。四川藏区在藏传佛教传入前盛行一种本土宗教——苯教，藏传佛教传入后，则几乎全民信奉藏传佛教。著名的藏传佛教寺院有康定市的金刚寺、塔公寺，德格县的八邦寺、德格印经院、更庆寺、竹庆寺、登青寺，甘孜县的大金寺、甘孜寺，理塘县的长青春科尔寺等。

（三）民族民俗

有史以来，四川先后有数十个民族在这里生息、繁衍。明末清初的“湖广填四川”，大量外省人口流入四川，使得四川的民族成分更加复杂。目前，四川有十余个世居少数民族，是我国最大的彝族聚居区、唯一的羌族聚居区和第二大藏族聚居区。藏彝走廊就位于四川西部，其自古就是民族迁徙的重要通道，也是费孝通提出的中国三大民族走廊之一。

四川的民族文化多姿多彩，尤其是在川西北高原和横断山区，独特的民族文化形成了绚丽的风景，是吸引游客的重要因素之一。不同民族的建筑、服饰、节日、饮食、习俗争奇斗艳，体现出强烈的个性，如彝族的火把节、羌族的云云鞋、丹巴的碉楼、康定的情歌、巴塘的弦子、新龙的锅庄、拉日马石板藏寨、雅砻江流域的十三年节……多种多样，异彩纷呈。仅以雅砻江上游的新龙县为例，年节就有藏历新年、十三节、春节三种；即使是同样都过十三节，邻近乡镇的节日时间也不相同，这种文化的多样性正是四川文化多样性的缩影。

（四）曲艺文化

四川在多次移民过程中融汇了不同的地方文化，形成了独具特色的曲艺文化。典型的代表就有川剧、四川扬琴、四川竹琴、四川清音等。

1.川剧

川剧是流行于四川、重庆和云南、贵州部分地区的地方剧种，是中国地方戏曲中最大的剧种之一。自乾隆年间起，由移民带来的昆腔、高腔、胡琴戏、弹戏等剧种和当地民间的灯戏经常同台演出，逐渐形成共同的表演风格，于同治年间统称为“川戏”，也称“川剧”。其表演细腻、幽默，有完整的程式化动作，具有浓郁的地方色彩，道白和吟唱都用四川方言，剧本词汇丰富、富于文学性，剧目众多，保存至今的尚有2000余个。川剧自古有五大声腔之说，除灯戏为本地声腔外，昆曲来自苏州昆山的昆腔，胡琴戏来自徽剧和汉剧，弹戏来自秦腔，而早在明末清初就随着江西移民传入四川的“弋阳腔”与当地秧歌结合，形成独具特色的“高腔”，成为川剧的标准和特色，也只有川剧才较好地保存了这种独具特色的声腔。川剧的角色、服装、脸谱与京剧类同，帮腔、变脸、吐火和滚灯是区别于其他戏种的绝活。在川剧的发展和传播中，根据其传入的线路最终形成了四大流派：川西派、川南派、川东派和川北派（区别参见表1-1）。

表1-1 川剧四大流派

名称	传入线路	传播中心	特色
川西派	岷江	成都	高腔、胡琴戏盛行
川南派	沱江（资阳河）	自贡	高腔盛行
川东派	长江	重庆	胡琴戏盛行
川北派	嘉陵江	南充	擅长弹戏

2.四川扬琴

是一种以扬琴为主要伴奏乐器的曲艺形式。因传统演出形式一般为数人坐唱，故有“坐地传情”之称。分生、旦、净、末、丑五种角色。清乾隆年间流行于成都、重庆等大中城市，后代有发展，是四川特色曲艺形式之一。

3.四川竹琴

是一种用竹筒鼓、简板和碰铃伴奏演唱的曲艺形式。原是道士劝善说道的古老艺术，故又称“道琴”，民国初年改为现名；一般由一人自打自唱或四五人一组坐唱。

4.四川清音

清乾隆时期由民间小调发展而成，民间又称“唱小曲”“唱琵琶”“唱月琴”。演唱者多为一人，左手击板、右手敲打竹鼓以掌握节奏。

5.四川相书

又称“隔壁戏”，清咸丰时从长江下游传入，后与四川方言结合，独具特色，流行于成都、重庆等地。演出时撑一顶布帐子，艺人置身帐中，用口技和折扇、铜铃等道具模拟各种声音，描绘环境，模拟人物对话，讲述故事。一人扮演很多角色，观众则隔帐聆听，如临其境。常用谐音、语误、吟诗、歇后语、打油诗等引人发笑，以幽默讽刺见长。

6.四川荷叶

是一种说唱兼备的艺术，艺人手持檀板（天桥）、铜钗进行表演，因铜钗形似荷叶而得名。

7.四川花鼓

以一人主唱，另一人伴奏相结合而进行表演的一种曲艺，道具有小鼓、小锣；它的独特之处是抛棒（刀）击鼓，类似于杂耍丢刀。

8.四川花灯

是四川民间流行的一种歌舞，兼有四川锣鼓、山歌、灯戏等的特点，川味浓郁。现主要流行于川北、重庆一带，因此形成了两个流派：以剑阁花灯为代表的川北派和以重庆秀山花灯为代表的川东派。

（五）美食文化

1.川菜

“靠山吃山，靠水吃水”，四川丰盈的物产造就了发达的饮食文化。考古证据显示，川菜的历史最早可以追溯到先秦的巴蜀两国。据《华阳国志》记载，古巴蜀物产众多，调味品已有卤水、岩盐、川椒等，蜀国人“尚滋味”“好辛香”，巴人喜好麻辣，川菜善于调味、善用麻辣的基本特色在此时已开始萌芽。秦汉时期，川菜无论是烹饪原料的取材，调味品的使用，还是刀工、火候的要求和专业烹饪水平，均已初具系统，有了菜系的雏形。到了唐宋时期，巴蜀地方经济极为发达，成都平原地区经过开发已无“寸土之旷”，“地富鱼为米，山芳桂是樵”，“川食”已经成为全国有影响力的饮食流派，烹饪更加讲究调味用料，形成了喜欢聚餐（“宴聚”）的风俗，产生了很多富有特色的风味食品，如诸葛菜[1]、元修菜[2]、赵大饼等，名人为此时的川菜赋予了丰富的文化内涵。此时川菜重蜜食甜，食味清淡而普遍用饴糖助味。元明时期，川菜吸收南北各家之长，形成了一套比较完整全面又独具特色的烹饪技艺。川菜作为一个菜系基本形成在明末清初。到了晚清，川菜最终形成地方风味极其浓郁的菜系，为我国四大菜系之一。

川菜具有取材广泛、调味多样、菜式适应性强等特征，清、鲜、醇、浓并重，并以麻辣著称，注重变化，有“一菜一格，百菜百味”之称。早在清中期，李调元在其《函海·醒园录》中就记载了川菜的38种烹调方法，可见川菜的烹调技艺多样，加之选料认真、切配精细、烹制考究，使得川菜味别多样。俗话说，“食在中国，味在四川”，川菜味型之多全国称冠，其基本味有麻、辣、甜、咸、酸五味，擅长麻辣味型，但并非以麻辣压其他味，而是很注重味的变化，既有浓淡之分，又有轻重之别，共形成了24种复合味型，适应面广泛，其中怪味、鱼香味和家常味为川菜著名的“三味”。此外，川菜还有“七滋八味”之说，“七滋”为酸、甜、苦、辣、咸、香、麻；“八味”为鱼香、酸辣、麻辣、怪味、椒麻、红油、姜汁、家常。清后期，川菜逐渐形成高级筵席、普通筵席、大众便餐、家常风味四大类别，以夫妻肺片、麻婆豆腐、口袋豆腐、东坡墨鱼（和江团、肥沱合称“川江三大名鱼”）、清蒸江团、宫保鸡丁等为代表菜肴。

---

[1] 诸葛菜：即今天四川人主要用于腌泡和生腌的红萝卜叶和茎。《太平御览》载，“嶲州界缘山野间有菜，大叶而粗茎，其根若大萝卜，土人蒸煮其根叶而食之，可以疗饥，名之为诸葛菜”。四川民间至今仍然这样食用。因诸葛亮认为这种蔬菜有六大好处，根茎心叶四时可食，于是令军队所到之处都栽种此种蔬菜，四川人于是把这种蔬菜叫诸葛菜。

[2] 元修菜：又称苕菜、巢菜、小巢，一说红花菜，即翘摇、翘摇车、野蚕豆。唐宋时四川民间广泛食用。苏东坡酷爱此菜，曾作《元修菜》（并序）解释菜名来历，“菜之美者，有吾乡之巢。故人巢元修嗜之，余亦嗜之。元修云，使孔北海见，当复云吾家菜耶？因谓之元修菜”。现在四川民间已经较少食用此菜。

知识拓展

四川火锅

火锅是中国的传统饮食方式，起源于民间，历史悠久。今日火锅的容器、制法和调味等，虽然已历经上千年的演变，但有一点未变，即用火烧锅，以水（汤）导热，煮涮食物。这种烹调方法早在商周时期就已经出现，它也许就是火锅的雏形。《韩诗外传》中记载，古代祭祀或庆典，要“击钟列鼎”而食，即众人围在鼎四周，将牛羊肉等放入鼎中煮熟分食，这就是火锅的萌芽。早在1400多年前，我国就已有铜火锅，它最早流行于东北的寒冷地区，是满族的传统食俗。现今流行四川、重庆等地的麻辣火锅则产生较晚，大约在20世纪20年代产生于重庆磁器口码头。

2.川酒

四川粮源充足、山青水美、美酒频出，自古就有“名酒之乡”的美誉。从广汉三星堆发现的大量精美酒器推断，川酒的历史最早可以追溯到殷商时期。在历史上，成都平原曾酿造出郫筒酒、临邛酒、清醥、乳酒、烧酒、锦江春、竹叶青、薛涛酒等。有文字记载的成都平原酿酒史最早可追溯到战国时期。《华阳国志·蜀志》说，蜀王移治郫邑后的九世开明帝“始立宗庙，以酒曰醴”。这是指蜀国开始仿效西周礼乐制度立宗庙，祭以恬（甜）酒，时间在公元前400年前后。在成都市百花潭中学校园内出土的战国嵌错赏功宴乐铜壶上的宴乐武舞图像，表现出了古蜀贵族们赏乐观舞、举杯豪饮的情形，形象地佐证了当时成都平原的酿酒业盛况。东汉的画像砖上出现了制酒图，说明此时巴蜀地区已有较大型的酿酒作坊，并且蒸馏酒也已经问世。西汉时，巴蜀城邑还出现了批发酒的商铺和零售商店。唐宋时期，四川出现了不少名酒，如剑南春、五粮液等。明清时期，四川名酒进入重要的发展阶段，酿造工艺走向成熟，除成都外，泸州、宜宾两大名酒基地开始形成。近代，川酒发展突飞猛进，形成了以宜宾为中心，北溯岷江至成都、绵阳，南顺长江达泸州，沿赤水至古蔺的带状区域。

四川名酒灿若星辰，曾有100余个品牌获国际金奖、国家名酒、部优名酒等荣誉称号，因此有“百花争艳”之称，其中尤以“六朵金花”（五粮液、泸州老窖特曲、剑南春、全兴大曲、郎酒、沱牌曲酒）驰名中外。

知识拓展

川酒

四川山明水秀，物产甚丰，美酒自古闻名。三星堆精美的青铜酒器为四川酒文化之滥觞。至于西汉，“文君当垆，相如涤器”，夫唱妇随，才子佳人载酒而名。及至东汉，画像砖上的“制酒图”向我们生动地述说着川酒1800余年前的辉煌——我国蒸馏酒最早于此问世。但真正意义的名酒（知名度很高）则出现于唐，“唐时宫廷酒，今日剑南春”，“剑南之烧春”随着大唐帝国文化的宏阔壮丽而闻名遐迩，五粮液的前身“春酒”❶也因杜甫名句“重碧拈春酒，轻红擘荔枝”而流芳千古，后因诗将酒名改为“重碧”。明代之泸州老窖特曲有“拔塞千家醉，开瓶十里香”的诗句。美也，醉也！至于道光时兴起之全兴，郭沫若饮全兴大曲称其可益寿，美其名曰“延龄酒”，几可似太上老君之仙丹。闻之亦已翩然若仙矣，“美酒如诗”，美酒如斯！而后加之古蔺郎酒和射洪沱牌，遂成“六朵金花”并蒂而开之格局。国际上有巴拿马万国博览会，而国内则有全国评酒会。1915年，巴拿马万国博览会上，宜宾五粮液和泸州老窖特曲均被评为金奖。其中五粮液从1915年获巴拿马万国博览会金奖后，1995年再次获得，被誉为“八十年金牌不倒”，共陆续在国际博览会上获得38枚金牌，其声名早已远播海外；而作为我国浓香型白酒的代表，从1963年第二届全国评酒会开始，五粮液历届均被评为中国名酒。而泸州老窖特曲继1915年后，共陆续获得国际博览会金牌17枚，并从1952年我国首届全国评酒会开始蝉联历届“中国名酒”的称号，殊誉胜于华夏。“剑南之烧春”（剑南春）早在唐代就被李肇在《唐国史补》中列为全国名酒，后又于1979年、1984年、1989年连续三届被列为中国名酒。芙蓉城中闹市之“全兴大曲”则因其地理位置而为世所罕见，其于1963年被列入中国名酒，1984年与郎酒、五粮液、泸州老窖特曲、剑南春同列中国名酒之列，号为“五朵金花”，四川名酒占了全国名酒的四成。1989年，四川锦上添花，射洪的沱牌曲酒也被第五次全国评酒会列入中国名酒，于是遂有“六朵金花”。此外邛崃文君酒、蒙山头曲、三苏大曲、宝莲大曲、旭水大曲等均被评为全国优质曲酒。目前，四川已有100余个品牌被评为全国、省、部级名酒或优质酒，世称“百花争艳”。

❶ 春酒：五粮液前身。唐曰“春酒”“重碧酒”，宋曰“荔枝绿”，明曰“杂粮酒”（文人雅士称“姚子雪曲”）。永泰元年（765年）六月，杜甫路过戎州（今宜宾），在《宴戎州杨使君东楼》诗中写道，“胜绝惊身老，情忘发兴奇。座从歌妓密，乐任主人为。重碧拈春酒，轻红擘荔枝”。原来这重碧酒为唐代戎州官坊酿造，而酿造重碧的原料是四种粮食，只比今天的五粮液少一种，所以当年被诗圣赞美的“重碧”就是今天世界名酒五粮液的前身，真可谓风物传世远、美酒承五粮！

3.川茶

四川是我国最早植茶、饮茶和出现茶市的地方。巴蜀人于先秦时已有饮茶的习惯，顾炎武《日知录》云，“是知自秦人取蜀而后始有茗饮之事”。唐以前，四川茶叶的产量和质量均冠于天下。宋代东南地区名茶蔚起，但四川的产量还是全国之首。巴山蜀水，茶林如云，吕陶诗曰，“九峰之民多种茶，山村栉比千万家。朝脯伏腊皆仰此，累世凭恃为生涯”。

川茶盛名久传，西汉王褒《僮约》载，“武都买荼”，“荼”者茶也，这是现存较早、较可靠的有关茶的资料。西晋张载[1]《登成都白菟楼诗》中有“芳茶冠六清，溢味播九区。人生苟安乐，兹土聊可娱”的赞誉。唐时蜀中便有“雅州之蒙顶、蜀州之味江、邛州之火井、嘉州之中峰、彭州之堋口、汉州之扬村、绵州之善目、利州之罗村”八大名茶。如今则以蒙顶山茶、峨眉竹叶青、峨眉毛峰、宜宾早白尖工夫茶最为有名，此外，还有自贡的龙都香茗、成都的特制茉莉花茶、文君绿茶、青城贡茶等。

知识拓展

四川代表名茶介绍

蒙顶山茶，产于雅安名山县蒙山，我国十大名茶之一。始于汉代，有“仙茶”之称，唐时为贡品，自唐天宝元年（742年）蒙顶茶被列为中央朝廷祭天祀祖与皇帝饮用的专用贡茶，直到1911年清王朝被推翻，长达1169年。白居易《琴茶》云“琴里知闻唯渌水，茶中故旧是蒙山”，对蒙顶山茶饱含深情。而“扬子江中水，蒙山顶上茶”更是传为佳话。现生产的传统名茶主要有黄芽、石花、甘露、万春银叶、玉叶长春5种。

峨眉竹叶青，产于峨眉山万年寺、清音阁、中峰寺一带的崇山峻岭之中，于清明前10天采摘。此茶清香味厚，经久耐泡，为绿茶珍品。该茶即为唐代八大名茶中的“嘉州之中峰”，原为寺僧自种自制，无茶名。1964年，陈毅元帅为之取名“竹叶青”，多次获国际、国内金奖，由此声名远播。峨眉峨蕊为一个老品种，也是茶中珍品。

峨眉毛峰，产于雅安凤鸣乡，以早春初展嫩叶为原料，成茶条索紧卷，嫩绿油润，银芽秀丽，白毫显露，汤色微黄而碧，香气鲜活，滋味浓爽，曾被评为全国名茶，并获国际金奖。

---

[1] 张载：字孟阳，为西晋著名辞赋家。北宋还有一理学家也叫张载，字子厚，不是同一人。

三、四川的文化性格

四川文化即指广义的“巴蜀文化”，进一步说，四川的文化性格就是指巴蜀文化的特征。总体上讲，巴蜀文化个性鲜明，与中原文化和其他地方文化迥异，概而言之，大致有三大特点。

（一）开放包容的文化心态

巴蜀地区虽然偏居一隅，北有秦岭、大巴山，东有巫山、七曜山，南有云贵高原，西有横断山脉和青藏高原，向外交通实属不易，但这并不能阻碍巴蜀先民与外界沟通交流。古蜀“五丁开山”之类的传说，正是反映了古巴蜀先民力求打通闭塞，走出盆地，渴求与外界交流的愿望。巴蜀先民为了扩大生存与发展空间，早在几千年前就以执着的精神，开辟了一条条穿越盆地周边山地的通道，与外界进行广泛的联系。在距今5300 ~ 4600年左右的营盘山遗址时期，古蜀先民还只是种植小米。在距今5000年左右的什邡桂圆桥遗址和其后的高山古城、宝墩遗址中，便发现了水稻的遗存（我国的水稻种植最早可以追溯到1万年以前的长江中下游流域）。不仅如此，在三星堆和金沙遗址中，有不少良渚文化玉器的踪影，尤其是玉琮这种器形复杂的礼器（良渚文化散落在长江下游、环太湖与钱塘江流域，他们的稻作农业已相当先进，玉器制作之类的手工业也有很高的成就）。或许，早在5000年前，古蜀人和古越人就已经在农业种植、手工技艺、神权思想等多方面展开交流，巴蜀出川的长江水路就已经打通。在金沙遗址中，出土了200多件玉璋，数量庞大，比全国其他遗址或地方出土的玉璋数量的总和还多。越南北部东山文化遗址出土的凹刃玉凿、领玉璧、玉璋等，都与三星堆、金沙遗址出土物样式一致。三星堆遗址中也有来自印度洋的海贝。这些都表明，早在3000多年前，南方丝绸之路就已经打通。凡此种种，不难发现，古巴蜀国其实很早便已走出盆地，通过一条条道路与域外不断交流。这更彰显了巴蜀文化基因里的开放心态。

开放带来包容，巴蜀文化兼容并包的气度可以与世界上任何文化相媲美。如传说中五代蜀王的最后两位：杜宇和鳖灵，都是从巴蜀地域以外进入成都平原的，尤其是杜宇能取代土著统治者而维持数代统治，可见巴蜀之包容。秦国派李冰出任第三位郡守，其到任后兴水利、凿盐井，“蜀于是盛有养生之饶焉”，“迄今蒙福”，蜀人常璩所著《华阳国志》给予了李冰很高的评价。汉代巴蜀开始建庙祭祀李冰，以后李冰被称为“川主”，遍布蜀中的大量川主庙一直保存至今。三国时期的诸葛亮为山东人，后入蜀辅佐刘备，惜墨如金的陈寿用6000余字在《三国志》中给诸葛亮单独立传（《三国志》中单独立传者仅有8人），评价他，“终于邦域之内，咸畏而爱之，刑政虽峻而无怨者，以其用心平而劝戒明也”。在《三国志》前，陈寿还整理编辑了《蜀相诸葛亮集》，评价他，“于是外连东吴，内平南越，立法施度，整理戎旅，工械技巧，物究其极，科教严明，赏罚必信，无恶不显，至于吏不容奸，人怀自厉，道不拾遗，强不侵弱，风化肃然也。当此之时，亮之素志，进欲龙骧虎视，包括四海，退欲跨陵边疆，震荡宇内”。常璩、陈寿著史，均有包纳宇内之胸怀，分别给予了李冰、诸葛亮相当高的评价。陈寿在做出这样的评价时，外有诸葛亮与司马氏政权水火不容的背景，内有诸葛亮曾惩治陈寿父亲以髡刑的私怨，尚能给出如此高的评价，非常难能可贵。四川人开门迎客，从不排外，这一特点在唐宋以来更加明显。杜甫为河南人，可在巴山蜀水之间，却保存了三处杜甫草堂：成都草堂、梓州（今三台县）草堂、瀼西（今奉节县）草堂，尤其是成都草堂自北宋建立祠宇，屡毁屡建，多次大修，已经成为世界上最著名的诗圣纪念地。来自江西的北宋书法家、大诗人黄庭坚在蜀中生活六年多，蜀中彭水玉屏山麓建有他的衣冠冢，为其修建的纪念地有十余处，几乎超过全国各省之和。来自浙江的大诗人陆游，在蜀中生活了八年，蜀中一直保留着他在蜀州（今成都崇州市）的故居罨画池。几位大诗人在蜀中都受到了广泛的尊崇，这正是巴蜀文化包容的体现。

自秦灭巴蜀开始，四川就有多次移民浪潮，以移民文化为载体而表现出的开放包容是巴蜀文化最显著的特质之一。

（二）独立创新的开拓精神

“异物诡谲，奇于八方”，巴蜀文化素有个性鲜明的传统，自古就有“巴将蜀相”的说法。蜀人自古多才多智，而巴人则历来强悍劲勇、朴直率真。不但巴蜀文化互有差异，其作为一个整体也显示出文化的特立独行。从西晋裴秀的《禹贡地域图》到唐代杜甫的蜀中纪行诗，再到19世纪末法国人古德尔孟的《四川游记》，都一致认为巴蜀是“异俗嗟可怪”，其文化心理结构，包括内隐的文化心态和价值系统都具有巴蜀的个性。

巴蜀文化所依附的地理空间偏居西南，四围高山深谷重重阻隔，相对封闭，这造就了巴蜀文化独立的个性，也造就了巴蜀人喜欢独立思考、追求创新的精神，这可以体现在多个方面。其一，巴蜀自古崇奉仙道，巫术流行，与中原的儒家文化有明显的差异，因为道教最早在成都鹤鸣山创立，四川也成为中国发展程度最高的道教文化区之一。其二，蜀学重易，易学的研究成为巴蜀文化的优势领域，从汉代的严君平到近代的廖平，出现了很多名重一时的易学大师，难怪程颐都说，“易学在蜀”。其三，四川历史上建立了八个偏安一隅的独立政权。所谓“天下未乱蜀已乱，天下已治蜀未治”，表面上是说四川好乱难治，其实从文化学角度则说明巴蜀人具有一种建设性的竞争思想。郭沫若则认为："能够先乱是说革命性丰富，必须后治是说建设性彻底。"两方面结合起来就是"先天下之忧而忧，后天下之乐而乐"的精神。这些也说明四川人的开创性、超前性和风险意识强。其四，巴蜀重视科技、文教。巴蜀社会自古就非常重视科技和文教的发展。三星堆技艺高超的青铜器说明古蜀人有超强的审美能力和高超的冶铸技艺，而这之后又出现了诸多惠及后世的重大科技成果，如都江堰水利工程，井盐、天然气的开发和利用，卓筒井和燊海井的开掘与发展等至今仍很难确切地归功于某个人，应当说是古巴蜀知识分子与劳动人民智慧的结晶。正是这种普遍重视科技发展与应用的氛围才造就了李冰、落下闳、张思训、秦九韶等驰名中外的大科学家。而重视文教事业更是巴蜀社会的一大特色。西汉文翁化蜀，建立"开天下学官之先"的文翁石室；宋代建"举天下郡国所无有"的成都府学和藏书量居全国书院之冠的蒲江鹤山书院；清代有享誉全国的长江上游两大学术中心兼图书馆成都锦江书院和重庆渝州书院……对科技与文教的重视培养了蜀人独立之精神和创新之意识。这种独立与创新精神如同巴蜀文化的基因，一直影响着巴蜀人民。

知识拓展

四川历史上有多少个独立的地方政权?

四川由于特殊的地理环境在我国历史上受到战乱的影响较小，但每逢乱世也容易形成地方割据势力，是我国历史上割据政权最多的区域之一。秦灭巴蜀以后，四川先后有8个地方独立政权。

西汉末年王莽篡位后，蜀郡太守公孙述建立割据势力，并于25年在成都称帝，国号"成家"，年号龙兴。建武十一年（35年），光武帝派兵征讨，到36年，成都被吴汉所破，成家灭亡。

东汉末年，刘焉、刘璋父子割据四川，214年被刘备所灭。219年，刘备夺取汉中，进位为汉中王。221年曹丕篡汉后，刘备在成都称帝，国号"汉"，年号"章武"，史称"蜀汉"。263年，蜀汉被曹魏所灭。

西晋末年，由于天灾，氐族首领李特率流民入川。他们入川后遭到了当地官吏的强制遣返，李特率流民在绵竹起义。303年李特之子李雄攻下成都，称"成都王"。306年称帝，国号"大成"，史称"成汉"，347年被西晋桓温所灭。

405年，谯纵在成都自立为成都王，建立割据政权，辖境包括四川盆地大部。409年，谯纵被后秦封为蜀王，至413年谯纵兵败被杀，其所建立政权史称“谯蜀”。

唐朝末年，剑南西川节度使王建逐渐占据四川，后又取汉中，903年被封为蜀王。907年，唐朝灭亡后，王建在成都称帝，国号“蜀”，史称“前蜀”，至925年被李存勖所灭。

前蜀被李存勖所灭后，后唐发生内乱，剑南西川节度使孟知祥自立，吞并东川，占据全蜀。934年，孟知祥在成都称帝，国号“蜀”，史称“后蜀”。964年，后蜀被宋所灭。

元朝末年，农民起义军领袖明玉珍于1362年在重庆建立大夏国，占据四川、云南、贵州、重庆等地。1371年，大夏国被汤和、傅友德所灭。

明朝末年，张献忠进入四川，并于1644年于成都称帝，建国“大西”。1647年，张献忠在与清军作战时战死，其义子孙可望继任，自称国主并转战贵州、云南，后奉南明为正朔。1657年，孙可望投降清军。

（三）安定闲适的生命追求

巴蜀历史中出现了多个偏安一隅的地方政权，又有先乱后治之说，因此很多人认为巴蜀社会动荡不安、多纷争离乱。实际上纵观巴蜀文化发展历程，大多时期都安定和平，受战乱影响较小。商鞅的老师尸佼之所以从秦逃往蜀地，就是因为这里社会安定，少争斗，人与人之间关系和睦，无政治动乱之虞。秦并巴蜀后出现多个地方政权，多是政治统一、社会安定，如蜀汉、前后蜀等。特别是后蜀时期，北方文人为避中原战乱纷纷南下入蜀，这里如同战争时的“世外桃源”。四川在历史上多次成为“避难所”，如唐代发生战乱，唐玄宗和唐僖宗都逃往四川避难；抗战期间，四川成为抗日战争的堡垒，巴蜀大地成为当时最安定的地区……巴蜀文化对安定的追求和守护使这一地区长期成为全国安全系数最高的地区之一，这既有地理环境的因素，更有人的因素、社会的因素。

丰富的物产、相对安定的环境也养成了巴蜀人民追求闲适的生活方式。自古就有“少不入川”之说，巴蜀的闲适安逸自古闻名，对闲适生活的追求业已成为巴蜀文化最显著的印记之一。闲适的生活方式令人称羡，也是巴蜀能长久捍卫“天府之国”桂冠的最强支撑。对风俗记载最全的正史有四部：《史记·货殖列传》《汉书·地理志》《隋书·地理志》《宋史·地理志》，其中对巴蜀的记载颇有意味。汉代巴蜀百姓“亡凶年忧，俗不愁苦”，隋代“溺于逸乐”，宋代“尚奢靡，性轻扬”，踏青遨游“连至数月”。宋代成都人的游乐之盛仅以元人《岁华纪丽谱》所载为例，从正月元日游安福寺，到冬至后一日游金绳寺，共有23

次之多。所谓“成都游赏之盛甲于西蜀，盖地大物繁，而俗好娱乐”，被称为“富贵悠闲之都”。及至晚清，成都的茶馆多达454家，1931年达620家。游乐之俗至今不改。直到现在，在巴蜀文化中心成都，在街头巷尾的茶馆中打麻将、掏耳朵、吃麻辣烫已然成为成都人最普遍、最温情、最基本的休闲娱乐方式。

无论文化如何变化，无论人口结构如何改变，巴蜀人民追求安定闲适的生活愿望始终未变，这种特征已然成为巴蜀文化最深刻的文化印记和最强的生命张力。

第三节 生态四川——熊猫故乡的生态宝库

一、大熊猫的生态家园

大熊猫主要栖息在四川横断山脉地区，这里地形起伏大，山脉海拔大多在4000米以上，海拔落差能达到5000～6000米，温度变化剧烈，往往形成“一山有四季，十里不同天”的山地立体气候带分布。在漫长的地质演变史中，地球的气候呈周期性冷暖变化。当全球进入寒冰期时，北方的动物被迫向南方迁徙，而南北走向的横断山脉，长达1452公里左右，为动物迁徙提供了最好的通道，历史上大熊猫就是沿着山脉平缓的河谷由北向南迁徙。同时，横断山脉在历史上仅有小规模的山麓冰川，因此四川就成了大熊猫赖以生存并延续至今的“诺亚方舟”。

知识拓展

贡嘎山垂直自然带对比

贡嘎山、二郎山、峨眉山、庐山、黄山都在北纬30°线附近，因此它们的水平地带性分布基本上是一样的，都处于温带，然而它们的垂直地带性的表现却截然不同，都有一个相同的基带——常绿阔叶林带，向上又都有第二个自然带——针叶阔叶混交林带。庐山和黄山仅有2个自然带，而峨眉山和二郎山又多出2个自然带（亚高山针叶林带、高山灌丛带），贡嘎山则再次多出3个自然带（高山草甸带、冰缘稀疏植被带、高山冰雪带）。从贡嘎山脚下的磨西镇到海拔7508.9米的山顶，水平距离仅有29公里，相对高度竟然达到了惊人的约6400米，这是其具有丰富的垂直自然带的地理基础。

野生大熊猫所栖息的四川盆地西缘和青藏高原东缘，正好处于中国地势第一、二阶梯分界区，岷山、邛崃山和大相岭山系及部分秦岭山系，是全球地形地貌类型最丰富的地区之一。这里纬度跨度大、海拔高差大，生态系统非常复杂多样。印度洋暖湿气流经过纵向的横断山区进入四川西南部山区，给这里带来了丰沛的雨水。大小相岭山系和凉山山系，处于高原低涡与高原低槽引来的冷空气与东南暖湿气流交汇处，降水量丰富，造就了各种类型的生态环境，催生了物种的多样性。如这里的森林可以分为寒温带针叶林、温带针阔混交林、暖温带落叶阔叶林、亚热带常绿阔叶林等。岷山山系处于北亚热带、中亚热带和青藏高原气候交汇过渡区，干湿季节明显；邛崃山系湿润多雨，素有"华西雨屏"❶之称。正是四川地区生态环境的多样性，使这里成了野生动植物的天然避难所，成了大熊猫这一古老物种最终得以存活的栖息地。

据统计，仅大熊猫国家公园（四川部分）就有脊椎动物606种，种子植物3423种，各类动植物约8000种，横跨我国两个重要的生物多样性保护优先区域——横断山南段区和岷山—横断山北段区。这里是世界上古老生物物种保存最多、最完好的地区之一，也是全球除热带雨林以外植物种类最丰富的区域之一，属于世界"生物多样性关键区域"。❷生物专家研究发现，大熊猫的生活领地曾北起长江之滨，南抵广西海域，西接云贵高原，东至安徽繁昌。那么它们为何最终选择在川西高山繁衍生息呢？显然与这里安全的生境和丰富的食物密切相关。

二、四川的生态宝库

四川生态资源极其丰富，曾是西方"植物猎人"的乐园。著名的"植物猎人"威尔逊

❶ 华西雨屏：龙门山—夹金山迎风东坡，传说为女娲补天之地，年降水量为1300～1800毫米，是中国的多雨区，又因此地位于川东盆地和川西高原的过渡地带"华夏之西"遂称为"华西雨屏"。

❷《中国生物多样性保护战略与行动计划》（2011～2030年）在我国划定了35个生物多样性保护优先区域，其中包括大兴安岭区、秦岭区等32个内陆陆地及水域生物多样性保护优先区域，以及黄渤海保护区域等3个海洋与海岸生物多样性保护优先区域。

（E.H.Wilson）于1899 ~ 1918年，短短的20年左右的时间里五次来华，其中四次进入中国西部，一次到达中国台湾，共搜集了6.5万份植物标本（共计4500种植物），将1593种植物种子和168份植物切片带到西方。仅百合属，他就带走了岷江百合、大百合、泸定百合、宝兴百合、川百合等数种，“中国鸽子树”珙桐、“高傲玛格丽特”黄花杓兰、全缘绿绒蒿、猕猴桃等都是他带到西方的。他对中国植物给予了高度评价：“在整个北半球温带地区的任何地方，没有哪个园林不栽培数种源于中国的植物，如果没有早先从中国来的舶来品，我们的园林和相关的花卉资源将会是何等可怜。”其中，四川植物无疑在其中占有最重要的分量，他甚至将四川称为“花园之母”“植物天堂”和“植物王国”。

知识拓展

岷江百合趣闻

1997年初夏，一群欧洲游客乘着一辆旅游大巴在岷江河谷穿行。大家一边听着导游的介绍，一边看向窗外的陡峭山崖。路边的山坡上，一簇美丽的白色花朵正迎风怒放。这时一位游客突然大喊：“Stop！ Regal lily！ Wilson！”（停车！帝王百合！威尔逊！）一车游客突然挤到一边望向窗外兴奋地跟着喊：“Regal lily！ Wilson！”当汽车停下后，车门刚一打开，他们全然不顾来往的车辆，穿过公路，奔向在风中摇曳的白色花朵，有的赶紧趴在石头上不停地拍照留影，有的甚至激动得热泪盈眶。这种被称为“Regal lily”的百合花就是著名的岷江百合。

岷江百合在国内知名度不高，但在欧美却称得上家喻户晓。这是因为，19世纪后期，大多数欧洲原生百合品种突然遭受病毒侵袭，大面积死亡，整个物种面临灭绝的险境。欧美园艺专家利用中国野生百合原种——岷江百合，与欧洲原生百合进行远缘杂交育种，使欧洲百合在世界园林中重放光彩。

岷江百合来自四川岷江流域，在当地被称为“喇叭花”。这种花地上茎高达1.8米，巨大的白色花朵长12 ~ 15厘米，直径12 ~ 13厘米，乍一看整花呈白色，然而其花被片的内侧会渐变为黄色，外侧则有紫晕，加上花大又芬芳，外形高大，尽显华丽典雅的王者风范，因此被欧洲人称为帝王百合，即“百合之王”。岷江百合在喜马拉雅造山运动中分化和繁衍，在山麓和峡谷地区躲过了第四纪冰川袭击，具有耐寒、耐盐碱、对光照不挑剔的生长特性，其生命力强，抗病毒性和适应性强，正是这些优点使其拯救了欧洲百合。

知识拓展

全缘绿绒蒿

全缘绿绒蒿是一种生活在海拔3000米以上的高山花卉。19世纪末，英国探险家普拉特在四川康定第一次发现了它，他对这种花的描绘让爱花的西方人感到一种难以忍受的诱惑，它属于罂粟科，又称黄罂粟。至今全缘绿绒蒿在中国仍鲜为人知，然而在100多年前，它却以极高的观赏价值吸引了西方植物商人的目光。1903年，维奇公司找到了威尔逊，让他到中国引种全缘绿绒蒿。这一年，以威尔逊的新婚妻子名字命名的“艾伦娜”号，载着他和他的探险队再次穿越三峡，闯过激流险滩进入了中国西部。

历经艰难，威尔逊来到了位于康定东面的雅加埂——普拉特首次发现全缘绿绒蒿的地方。雅加埂山顶的积雪终年不化，高山草甸中奇花异草交替出现，使这里有“中国高山植物园”之称。威尔逊旅行两万公里历经“鬼门关”，才终于在海拔3350米的高山草甸上找到了他朝思暮想的全缘绿绒蒿。

在古近纪至新近纪甚至更早的地质年代，有众多孑遗植物分布在北半球，但从第四纪以来，这些植物从欧洲及北美离奇消失。研究人员从收集化石、记录数据着手，整理了3192个有关植物在全球的化石地理分布点，将133属的442个植物物种确认为当今东亚孑遗植物后，他们对这些植物在15个国家的当今分布作了野外实地调查，并与标本馆的资料、数据相结合，摸清了当今东亚孑遗植物的分布格局。统计发现，四川是古老孑遗植物最多的区域之一。四川独特的地形地势条件，使大量的古老孑遗植物在地质变迁的风雨飘摇中找到了安全的栖身之所，其生物多样性的丰富程度居全国第二，其西部山地是世界生物多样性热点区域——中国西南山地的重要组成部分，是名副其实的动植物的“避难所”。这里既是生物多样性的宝库，还是中国水资源保护的核心区域，长江上游重要的绿色生态屏障，中国典型的生态环境敏感区和脆弱地带。

（一）植物景观

四川省有高等植物一万余种，占全国总数约1/3，仅次于云南，居全国第二；有国家重点保护野生植物231种，其中国家一级保护植物有光叶蕨、攀枝花苏铁、四川苏铁、崖柏、峨眉山拟单性木兰、珙桐、红豆杉等11种，国家二级保护野生植物达220种之多。四川中药材占全国药材总产量的1/3，是全国著名的中药材生产基地和芳香油产地，猕猴桃资源丰富。由于植物资源众多，产生了大量的植物景观，最典型的莫过于遍布四川的彩林景观，此外竹、牡丹、杜鹃等植物景观也十分丰富。

1.彩林

彩林，号称“打翻的调色板”，是一种原始森林受到人为干扰后逐渐形成的彩色森林景观。这种自然形态的植物景观因其丰富的景观形态，广受现代旅游者喜爱，受利益驱动，大量景区开始人工打造彩林景观。四川著名的彩林观景点有：巴中光雾山、阿坝九寨沟、理县米亚罗、崇州鸡冠山、大邑西岭雪山、雅安喇叭河、乐山峨眉山、金川红叶谷等。

知识拓展

红叶观赏小科普

彩林景观按可观赏程度可分为三级，分别如下：

“Ⅰ级”代表叶片变色率为10% ~ 35%，处于发黄状态；出游观赏，拍照最适合。

“Ⅱ级”代表叶片变色率为35% ~ 60%，处于红黄与橙红之间，适宜观赏。

“Ⅲ级”代表叶片变色率为60% ~ 95%，全部是深红、暗红或紫红色，是观赏的最佳时期。

2.竹

由于竹具有生长快、实用性高等特点，四川盆地内部遍布竹林，甚至在很多地方形成了竹海景观，大片的竹林蔚为壮观，是盆地内最为独特的风景。竹因其良好的寓意而为中国传统士人所喜爱，最为著名的就有王徽之、白居易、苏东坡、郑板桥等。苏东坡曾有“可使食无肉，不可居无竹”的诗句，可见爱竹至深。中国古代文人对竹有一种特殊的情结，恋竹、迷竹、尚竹，以竹喻人，将竹人格化，称其“虚心劲节”“操节高洁”，还将其与梅、兰、菊并称为“四君子”。四川赏竹的主要地点有望江楼竹主题公园、宜宾蜀南竹海、乐山沐川竹海、达州大竹竹海、邛崃芦沟竹海等。

3.牡丹

牡丹以其雍容华贵、高贵典雅被誉为“国色天香”，堪称“花之富贵者也”，是我国的国花。四川彭州与河南洛阳、山东菏泽齐名，是我国观赏牡丹的三大胜地，其始于唐，南宋因为战争曾一度取代洛阳成为“中国牡丹栽培中心”，其最佳观赏地点为丹景山。清代诗人王闿运有对联赞其景：“山中昼永看花久，树外天空任鸟飞。”

4.杜鹃

杜鹃品种繁多，四川的最佳观赏点在峨眉山和瓦屋山。峨眉山有杜鹃30余种，其中以峨眉银叶杜鹃、无腺波叶杜鹃、峨眉光亮杜鹃、波叶杜鹃为特产，誉满全国，雷洞坪亮鳞杜鹃品种优良，有“杜鹃王”之称。瓦屋山杜鹃林达400平方公里，有40余种。

（二）动物景观

四川野生动物资源丰富，有脊椎动物近1300种，占全国总数的45%以上，居全国第二位。国家重点保护的野生动物268种，位居全国第一，其中一级保护动物有大熊猫、川金丝猴、黔金丝猴、白唇鹿、华南虎、四川梅花鹿等59种，二级保护动物有209种。全国第四次大熊猫调查显示，四川有野生大熊猫1387只，占全国野生大熊猫总数的74.4%，其种群数量居全国首位。四川有雉科鸟类20种，占全国雉科总数的40%，素有“雉类乐园”之称，其中有许多珍稀濒危雉类，如国家一类保护动物雉鹑、四川山鹧鸪和绿尾虹雉等。在众多动物资源中，最具观赏价值的就有大熊猫、峨眉山短尾猴及各种珍稀鸟类等。

（三）天象景观

四川地理条件得天独厚，天象景观多样，最具代表性的有日出、云海、佛光、月色等。四川天象景观的最佳观赏点有峨眉山、瓦屋山、贡嘎山、四姑娘山等。

1.日出

日出是最为常见的一种天象景观，与晚霞一样，其出现频率最高。四川周围的山地大多能看到日出景观。最好的观赏点有峨眉山、瓦屋山、四姑娘山、二郎山、牛背山、西岭雪山、青城山等。

2.云海

云海是一种独特的天象景观，是由大气的波动运动形成的。云是高空大气凝结而成，一般分为积状云、层状云和波状云三类，而云海属波状云。在一些山地中，由于波动气流的作用，空气在波谷处下沉增温形成一列列条带状的层积云，俗称云海。四川云海的主要观赏点有贡嘎山、峨眉山、西岭雪山、达瓦更扎、高尔寺山、牛背山、轿顶山、格聂神山等。

峨眉山的云海就是由低云组成的，云状有层积云、碎积云、淡积云。其中层积云云海最为壮观、最常见，极具观赏价值，很多旅游者就是为了饱览峨眉山壮丽的云海景观而来。

3.佛光

佛光是一种最为神奇的天象奇观，每当午后无风的时候，阳光将观赏者身影投射到对面的云墙或雾墙上，形成一人周围万道金光的独特景象，蔚为壮观。四川观赏佛光的地点有峨眉山和瓦屋山。峨眉山是全国观赏佛光的最佳地点，其出现频率也最高，一年有七八十次，主要出现在11月到次年2月之间。

知识拓展

佛光的形成原因

佛光是一种独特的天象景观。从光学的角度讲，佛光是一种光的衍射和散射现象。每当雨过天晴而无风之日，云海较为平稳，阳光照射在云层中的细小冰晶上产生衍射光，衍射光穿过云层时产生折射，在云层上面形成一个七色光环。它的边缘是红黄色，其次是淡蓝色和紫色，中央镜面为金黄色，阳光照过人头顶，正好把人的影像投在光环之中，仿佛一佛居于万道金光之中。佛光多出现在我国的南部山地地区，其中以峨眉山最为典型。

4.月色

“但愿人长久，千里共婵娟”，月色是我国诗人最热衷描写的主题之一。我国传统文化赋予了月亮深厚的底蕴，它已经远不是一种单纯的自然存在。四川赏月的地方很多，其中最著名的有峨眉山、西昌邛海等。每当月圆，于邛海观月，但见天上月皓洁，水中银盘落，湖月相映，月因湖媚，湖以月明，湖月交辉。有联赞曰：“松涛声海涛声声声相应，天上月人间月月月齐明。”峨眉山洗象池也是赏月佳处，“象池夜月”为峨眉十景之一。李白一生吟月诗篇众多，其中咏峨眉山月的就有《峨眉山月歌》和《峨眉山月歌送蜀僧晏入中京》，都堪称神品。

第四节 品味四川
——一半是海水，一半是火焰

一、四川旅游景观概览

深厚的巴蜀文化，瑰丽的生态景观构成了四川独特的风景画卷。从总体的旅游景观格局看，岷江作为天然分水岭，可将四川旅游景观一分为三：川东旅游景观区、川西旅游景观区、四川旅游景观“黄金中轴”。

岷江以东，山川秀美，人文荟萃，如海水一般沉静、深邃、柔韧，具有含蕴深沉的美，如果用一处景观代表，嘉陵江最为贴切。这里地势平坦，以平原和丘陵为主；气候温和，无霜期长，温差小，适合农业种植；“沟洫脉散，疆里绮错，黍稷油油，粳稻莫莫”，文明较发达，主要为汉人聚居，形成了内涵丰富、底蕴深厚的文化。川东片区的主要景观有：传统名山胜水，如七曲山大庙、嘉陵江等；古蜀道文化，如翠云廊、剑门关和明月峡栈道等；蜀汉三国文化，如庞统祠、汉桓侯祠、万卷楼等；红色革命文化，如邓小平故居、朱德故里、盐乡南部、嘉陵江战役战场等。

岷江以西，山河壮丽，绚烂多姿，如火焰一般热烈、奔放、刚毅，具有雄壮豪迈的美，如果用一处景观代表，则贡嘎山最为适合。这里高山耸立，峡谷幽深，地势起伏大，以高原和山地为主，为我国重点生态功能区——川滇森林及生态多样性生态功能区。这里气候恶劣，常年有霜冻，适合农业种植的区域小，农业不发达，主要为牧业和半农半牧区；险山阻隔，江河汹涌，主要为少数民族居住，形成了多元并存的少数民族文化。川西片区的主要景观有：海螺沟、稻城亚丁、泸沽湖、格聂神山、雅拉雪山、雀儿山、四姑娘山等，大多饱含自然之美。

以岷江为中心的地带则是四川景观最为集中的区域，这里钟灵毓秀，人杰地灵，不但是中国文明的三大发源地之一，而且是四川自然景观最为集中的区域，四川的五处世界遗产全部分布在这条轴线上，可谓四川旅游景观的“黄金中轴”。这里有世界一流的喀斯特景观——九寨沟和黄龙，有世界著名的动物明星——大熊猫，有巴蜀文明的最杰出代表——三星堆遗址，有世界一流的古水利工程——都江堰水利工程，有道教发源地和发祥地——鹤鸣山和青城山，有世界著名的摩崖石像——乐山大佛和佛教四大道场之一的峨眉山；有羌族聚居区——茂县、北川、汶川等；此外，三国文化圣地、诗圣文化圣地、南方丝绸之路源点都汇聚在这里。

为遵循四川旅游的实际惯例，本书进一步将四川旅游景观划分为：大成都片区、川北旅游区、川东旅游区、川南旅游区和川西旅游区五大部分。

二、四川旅游精品

四川地域辽阔，自然和人文资源都极为丰富。

（一）四川之独一无二

1. 世界之最

都江堰水利工程——目前世界上仍在使用的最古老水利工程，该工程以无坝引水为特征，历时2200余年，至今仍发挥着巨大作用，是世界水利史上的奇观，被誉为“活的水利博物馆”和“水利文化的摇篮”。

大熊猫——四川素有“熊猫故乡”之称，是世界上最早发现大熊猫，也是野生和圈养大熊猫最多的地方。四川大熊猫栖息地为世界自然遗产地，其繁育的大熊猫约占全世界总数的30%。卧龙大熊猫研究中心成立于1980年，是世界上最早成立和最大的大熊猫研究机构；成都大熊猫繁育研究基地是世界上最大的大熊猫人工繁育机构。

乐山大佛——世界现存最大的摩崖石刻造像，该佛像通高71米，开凿于唐开元年间，历时90余年凿成，距今已有1200余年。

雕版印刷术——世界上最早的雕版印刷术产生在唐时成都。1944年在成都望江公园附近出土的一幅茧纸刻印的《陀罗尼经咒》，上面印有“成都府成都县龙池坊卞家刻印”的字样，是目前国内现存最早的雕版印刷品。而出土于敦煌、现藏于英国大英博物馆的《金刚经》，是目前世界上有明确刊印日期的最早的印刷品。其中也有多处注明“西川过家真印本”或“西川印本”，说明其是地道的“蜀刻本”。成都不仅是雕版印刷发源地，并且在宋代成为中国乃至世界的印刷出版中心，史书上有“宋时蜀刻甲天下”的美誉。“西川印子”

是当时对巴蜀印刷出版物的统称。

交子——世界上最早的纸币，1023年发行于成都，官府在这里设立了世界上最早的管理储蓄银行“交子务”。“交子”的出现在世界经济史、印刷史和美术史上都是一件大事。

茶——四川是全世界最早人工种植茶树的地方，早在汉代，吴理真在蒙顶山植茶7株，蒙顶山也因此成为世界茶文化的发源地。

天然气开采——早在公元前1世纪，四川临邛（现成都市邛崃市）就发现了天然气，这里有世界上第一口天然气井，是世界上最早发现并利用天然气的地方。

井盐开采——战国晚期，四川临邛就开始开采井盐，是世界上最早开始井盐开采的地方。

大英卓筒井——四川大英卓筒井是世界上钻探深井的始祖和活化石。

自贡桑海井——是世界上第一口超过千米的人工钻探深井。

浑天仪——早在西汉武帝时期，阆中人落下闳就在阆中创制了世界上第一台浑天仪，奠定了浑天说基础。

《数书九章》——南宋时，四川安岳人秦九韶所著《数书九章》被称为“中世纪的数学杰作”，其中的“一次同余式理论”（即“大衍求一术”）不仅在当时处于世界领先地位，而且在近代数学和电子计算设计中，也具有重要作用，被称为“中国剩余定理”。

文翁石室——全世界唯一的一所连续办学两千多年未中断、未曾迁址的学校，也是我国第一所由地方政府开办的学校。它如今更名为“石室中学”，仍是我国名校。

蜀锦——世界上最早的锦缎丝织品是成都的蜀锦，又称“锦绣缎”。东汉时期四川的足踏织锦机是当时世界上最先进的织机。

若尔盖湿地——世界上面积最大的高寒泥炭沼泽湿地，位于青藏高原东部的黄河上游地区，主要保护对象是黑颈鹤、白鹳等珍稀野生动物及高原沼泽湿地生态系统。

雅家埂——世界上面积最大的红石滩，每一块石头表面都生长着毛茸茸的红色东西，像是穿了一件“红衣”。耀眼的红在雪山和森林之间蔓延，一旦遇上雨水冲刷，红石就会变得鲜红如血。

黄龙——拥有世界上规模最大的钙华彩池群，以彩池、雪山、森林、峡谷、瀑布而著称，主要景观集中于约3.6千米的黄龙沟，有“人间瑶池”的美誉。

大渡河大峡谷——世界上最深的峡谷，西起大瓦山、东抵寿屏山主脉、南起甘洛县乌史大桥乡、北抵老贡山主峰，南北长26千米、东西宽14千米，面积400余平方千米。峡谷最大谷深约2600米，谷宽最窄仅约30余米，峡谷深度远在长江三峡和美国科罗拉多大峡谷之上。

攀枝花苏铁自然保护区——占地1358.3公顷，是迄今世界上发现纬度最高、面积最大、植株最多、分布最集中的原始苏铁林，生存期已有2亿多年，被称为“裸子植物活化石”。

天泉洞——四川兴文石海的一个著名溶洞，形成地质年代距今约300万年，其空间规模和系统游览长度均居世界洞穴之首。目前已探测长度为10.5千米，上下共分四层。

蜀南竹海——地处宜宾市东南68千米，景区面积120平方千米，是目前世界上最大的天然竹林。

八仙山大佛——位于四川省屏山县龙华镇，开凿于明代嘉靖年间，大佛头盘螺髻、身披袈裟，端庄肃穆，高达30多米，依山而凿，气势伟岸，是世界上现存最高大的古立佛。

2. 中国之最

贡嘎山——中国相对高差最大的山脉，主峰海拔7508.9米，曾经被认为是中国第一高峰，也是当之无愧的“蜀山之王”，从磨西河注入大渡河口处不到1100米的海拔到7508.9米的贡嘎山顶，水平距离仅约29千米，相对高度竟然达到了惊人的约6400米。

海螺沟冰川——是世界上为数不多的低海拔冰川之一，其最下端的海拔高度仅为2850米，是亚洲海拔最低的冰川，也是离城市最近的一条现代冰川。

石人石马——中国最早的水位标尺，公元前250年左右由蜀郡郡守李冰创造。

成都——中国唯一一座城名、城址两千多年不变的大型城市。

春联——中国第一副春联是后蜀主孟昶书写的“新年纳余庆，佳节号长春”。

地方志——中国最早的地方志为355年崇州人常璩编纂的《华阳国志》。

《方言》——全称为《輶轩使者绝代语释别国方言》，简称《扬子方言》《方言》，西汉扬雄编撰，是中国最早的方言学著作。

词集——产生于四川的《花间集》是中国第一部词集，为后蜀赵崇祚编辑。

工笔画——成都画家黄筌于10世纪开工笔花鸟画派先河，雅好丹青的后蜀主孟昶创建的“翰林图画院”，是我国最早的皇家画院。

农家乐——郫都区友爱镇是中国农家乐的发源地，1986年建立的徐家大院是中国最早的农家乐。

产科专著——我国现存最早的产科专著《经效产宝》是唐代名医成都人昝殷所著，距今已有1100多年的历史。

建川博物馆——是中国建设规模最大、收藏最丰富的民间博物馆。

（二）十大旅游目的地

四川旅游名胜众多，根据地理区位和空间结构可以大致分为十大旅游目的地：大成都国际都市休闲旅游目的地、大峨眉国际度假旅游目的地、大九寨世界遗产旅游目的地、国道318/317川藏世界旅游目的地、大香格里拉—环贡嘎世界高山生态和文化旅游目的地、大香格里拉—环亚丁世界山地旅游目的地、秦巴山地度假旅游目的地、嘉陵江流域文化体验休闲旅游目的地、攀西阳光度假旅游目的地、川南长江流域度假旅游目的地。

（三）十大旅游精品线路

四川旅游景观串联起十大旅游精品线路，具体有：大熊猫国际生态旅游线、九环世界遗产线、成乐文化生态度假环线、国道318/317川藏最美景观旅游线、香格里拉文化与生态旅游线、蜀道三国文化旅游线、嘉陵江山水人文旅游线、秦巴南国冰雪旅游线、攀西阳光康养旅游线、长征丰碑红色旅游线等。

三、四川旅游讲解分析

（一）讲解场景分析

通常，地陪导游在接站和送站两个服务阶段均须对目的地的概况进行介绍。在接站服务阶段，当旅游团抵达目的地时，导游人员在游客登车并落座后，须致欢迎词，随后就应该进行“首次沿途导游”，其主要目的是满足游客初到一地的好奇心和求知欲，同时展示导游自身气质、学识、语言水平和建立导游良好的第一印象。在送站服务阶段，游客离店登车后，导游人员须对此次旅程进行回顾，行程回顾过程中也需要用到四川概况类知识，行程回顾完毕就要致欢送词。两个主要讲解场景，一个在接站服务阶段致欢迎词后，一个在送站服务阶段致欢送词前。此外，四川的概要性知识还会在某些阶段的沿途讲解中使用。

导游讲解思路设计

（二）受众分析

所谓“对症下药”，在获取知识和信息高度便捷的今天，较强的针对性是导游讲解服务成功的关键。导游讲解的针对性，是指导游人员在进行讲解服务的过程中，针对不同的游客群体，进行差异化的解说服务。游客群体，即导游讲解的受众。游客来自五湖四海，文化背景、年龄结构、生活状态、宗教信仰、受教育程度和性格特征等多方面都有较大差异，分析这些差异性，总结出不同的受众类别，并根据这些差异性进行讲解设计和调整，是一名优秀导游的基本功，千万不能“千人一方”。

对四川概况的介绍所涉及的受众非常广泛，不同于具体景点游客群体的特殊性，其受众包括到四川旅游的所有游客。具体而言，导游对受众的分析涉及面非常广泛，其本质是对旅游者消费行为（对导游讲解服务的消费）的分析。这类分析主要可以从两个方面展开：其一，静态部分，即游客的基本特征，如地理区域、年龄、性别、收入、受教育程度、职业、生活方式、个性等；其二，动态部分，即游客接受讲解介绍信息时的状态，如游客的心情（是开心还是难过）、精神状态（是精神饱满还是疲惫不堪）、身体状况（是健康还是生病）等。

受众分析结果决定了对四川概况介绍时的内容选择、讲解方式、时间长短等多个方面。

（三）重难点分析

四川概况的介绍对整个导游服务过程具有非常关键的作用，是晕轮效应产生的阶段，对后续过程中游客的参与与配合都有影响。好的概况介绍能起到抛砖引玉的作用，能引起游客兴趣，又不会过多透露后面的精彩点。因为概况介绍的时间有限（通常不会超过5分钟），要做到这点非常难。因此讲解的难点就如同盆景，即达到移天缩地、咫尺千里的效果。概而言之，“取舍、提炼、拔高”是四川概况讲解的最大难点。

四川自然景观丰富，历史文化厚重。概况介绍须涉及的内容广泛，体系庞杂，知识点多，但介绍完成后要使游客能对四川形成良好的形象认知——旅游目的地形象，这是导游人员的重要使命。因此，概况介绍就应该突出重点，聚焦到某些词上，如“天府之国”“大熊猫故乡”“休闲”“文明庇护所”“生物宝库”“兼容并包”“文化多样性”等。通过讲解，构建游客对四川的最初印象是概况讲解的重中之重。此外的重点，就是将概况介绍与后面行程中的重要景点进行联系，使整个导游讲解过程能够“起、承、转、合”，一气呵成，形成一个鲜活的“生命体”。

思考与练习

1. 从大的地理单元的角度分析四川的地理空间格局。

2. 从考古文化的角度分析古蜀文化的脉络。

3. 简述巴蜀的文化脉络。

4. 阐述四川的文化性格，并用实例佐证。

5. 阐述“四川”之名的由来，并体会历史地理知识对导游概况讲解的重要性。

6. 四川为何能成为生物宝库？

7. 通过讲科普发现故事，阐述四川显著的生物多样性特征。

8. 四川为何被称为“避难所”？这与“天府之国”的来历有没有关系？

拓展阅读

[1] 中国大百科全书总编辑委员会《中国地理》编辑委员会，中国大百科全书出版社编辑部. 中国大百科全书：中国地理[M]. 北京：中国大百科全书出版社，1998.

[2] 伍光和. 自然地理学[M]. 北京：高等教育出版社，2008.

[3] 蒋巨峰，王怀臣. 四川旅游览胜[M]. 成都：四川科学技术出版社，2005.

[4] 李如嘉. 四川旅游文化[M]. 成都：四川科学技术出版社，2006.

[5] 袁庭栋. 巴蜀文化志[M]. 成都：巴蜀书社，2009.

[6] 蓝勇. 西南历史文化地理[M]. 重庆：西南师范大学出版社，1997.

[7] 屈小强. 巴蜀文化与移民入川[M]. 成都：巴蜀书社，2009.

[8] 蒋维民. 明清巴蜀人物述评[M]. 成都：巴蜀书社，2005.

[9]《四川好玩》编写组. 四川好玩[M]. 北京：中国旅游出版社，2012.

[10] 谭继和. 巴文化论[J]. 中华文化论坛，2018（9）：4-19.

[11] 黎小龙. “巴蜀文化”“巴渝文化”概念及其基本内涵的形成与嬗变[J]. 西南大学学报（社会科学版），2017，43（5）：171-182.

[12] 段渝. 70年巴蜀文化研究的方向与新进展[J]. 中国史研究动态，2019（4）：56-62.

[13] 刘茂才，谭继和. 巴蜀文化的历史特征与四川特色文化的构建[J]. 西南民族学院学报（哲学社会科学版），2003（1）：57-59.

[14] 屈小强. 对巴蜀文化数千年历史特点的思考[J]. 文史杂志，1997（2）：40-42.

第二章

漫游成都

本章要点

成都建城史的重要阶段和基本脉络。

成都六大主题文化。

都江堰景区的文化体系。

都江堰三大主体工程解说要点。

青城山自然地理环境与道教法脉。

青城山重要道教宫观解说要点。

武侯祠空间结构与三国文化解读。

大熊猫科普要点与大熊猫的生态意义。

三星堆遗址空间结构与三星堆文化解读。

本章课件

第一节 大话成都——兼容并包的千年中心

“九天开出一成都，万户千门入画图。草树云山如锦绣，秦川得及此间无。”如李白在《上皇西巡南京歌十首》（其二）中所言，唐时都城长安已经不及成都繁华。位于四川盆地西部、成都平原中心的成都，对盆地四周有很强的辐射作用，加之建城之初极为精妙的选址（成都的地势比北部金堂和南部新津均高40多米）和都江堰水利工程的护佑，一直以来，成都都是我国重要的区域文明中心之一，具有相当强的向心力和凝聚力。

一、名称由来及建城史

成都片区以川西平原为核心，辐射德阳、眉山、资阳三市，是四川人口最密集、经济最发达、文化最丰富的区域。这里的自然条件得天独厚，一直为我国重要的粮食产区。1993年，国务院确定成都市为西南地区的科技中心、商贸中心、金融中心和交通、通信枢纽。成都物华天宝、人杰地灵、文化灿烂多姿，景观异彩纷呈。

（一）名称由来

由于历史悠久，文化深厚，成都得名既久，别称又多。除了“蓉城”之外，还有“龟城”“锦城”“南京”“西京”“蜀中江南”“蜀中苏杭”等别称。无论别称有多少，正式名称却始终叫“成都”，这在我国古老都市中还是唯一一例。

1.成都名称来历

根据金沙遗址的考古发现，距今3000多年前，成都就极可能已成为当时的古蜀国都邑，延续了500年左右。然而遗憾的是，这个都邑的名称现在已经无从查考。目前所知，这一都邑最早的地名就叫“成都”。2016年蒲江县盐井沟出土了距今约2500年的船棺墓群，其中出土了一柄青铜矛，上刻有“成都”字样，这是目前所见最早出现“成都”记载的证据[1]，这一发现意义重大，不但将成都得名历史向前再推进了200年，而且这也是考古史上"成都"二字首次在成都地区被发现，也让"成都造"[2]的漫长历史更鲜活地出现在了世人眼前。如果从文献考察，"成都"二字最早出现于《史记》[3]，此后《蜀王本纪》等典籍也有关于"成都"的记载。

然而，"成都"究竟因何而名？学术界有多种说法。最常见的说法见于宋代乐史《太平寰宇记》的卷七十二："成都县，旧二十四乡，今十九乡，汉旧县也。以周太王从梁山止岐山，一年成邑，二年成都，因名之成都。"这种解释是古代典籍中最早对成都得名的解释，因此影响甚大。这其实并不能解释为什么叫"成都"。目前巴蜀文化专家有另一种解释，是从文字学的角度进行阐释的，他们认为：成都的得名应当是出于古代蜀人的语言。古代蜀人是氐羌的后代，在他们的语言中，"都"是指地方、地区，而"成"和"蜀"古音相通，是山区人、高原人的意思。因此，无论是"成"还是"都"，都是战国后期蜀地受中原文化影响后，用汉字书写的古蜀语言，其本义应当是"蜀族人居住的地方"或"山区人居住的地方"。"不过，这种音译汉是一种水平很高的音译汉写，既源于古蜀的语音，又照顾了汉字的字义。"[4]

2.成都的别称

城市别称往往是城市特色的体现，或得之于古国邦郡，或成之于灵验传说，或来源于地方物产、花木等。这种称谓往往出于区域内外人们的共同认知，是对城市特色的高度凝练和概括，承载了城市的历史记忆。成都在其城市发展史中产生了多个有趣的别称，流传最广的有"锦城""蓉城"，而"蜀都""龟城""南京""西京"则仅在某些历史时期流行，此外"蜀中江南""蜀中苏杭""东方小巴黎""东方的伊甸园"等则多为比附之名，由于不具有唯一性，因此流传不广。

（1）"锦城"的来历　成都，又名锦官城、锦城、花锦城。古锦官城所在位置在成都大城和少城之南，以锦江为北界。《元和郡县图志》就说："锦城，在县南一十里。故锦

---

❶ 四川荥经出土的一柄战国晚期铜矛、四川青川出土的一柄铜戈，以及湖北睡虎地秦墓竹简，都有"成都"字样。这三处考古证据一直是"成都"城市称谓的最早证据。

❷ 早在秦汉时期，官府便在成都设立了大型官营作坊，产品包括兵器、生活漆器、生产铁器，经五尺道、西南丝路与长江水道，远销到四川之外的云南、湖北等地，甚至到达日本、朝鲜。

❸《史记·五帝本纪》记载："舜耕历山，历山之人皆让畔；渔雷泽，雷泽上人皆让居；陶河滨，河滨器皆不苦窳。一年而所居成聚，二年成邑，三年成都。"《史记·河渠书》记载："蜀守冰凿离碓，辟沫水之害，穿二江成都之中……"

❹ 目前关于"成都"得名的说法，还有一种是来自以李殿元、杨铭为代表的学者，他们认为"成都"得名不是在秦灭蜀之前，而是在秦灭蜀之后，这个名称是由征服者所取，它的意义更主要的是体现在军事上和征服者的心理上。可以参见李殿元发表在《成都大学学报》《文史杂志》《兰台世界》《成都理工大学学报》等期刊上的多篇关于成都得名考证的文章。

官城也。”自古为制造蜀锦之所，西汉时政府曾在成都城南设立锦官专司管理织锦业，遂有“锦官城”之谓，简称“锦城”或“锦”。其所依托的一段江流，因水质优良，特别有利于濯锦，亦名锦江、濯锦江。唐代蜀锦的制造技艺不断精进，工艺更加精湛，创出了“天马”“游麟”等纹样。蜀锦作为成都名产，被广泛运用于服饰等，是四川最重要的朝廷贡品。杜牧在扬州看到精美的蜀锦后，有“蜀船红锦重”的诗句，蜀锦之名远播宇内。由此，后世便将更具地理坐标意味的蜀锦作为成都特产而代之，锦城之名遂广为传播。李白《登锦城散花楼》中有“日照锦城头，朝光散花楼”。杜甫诗中有“锦城”之名的有七处，其中最有名的当数“丞相祠堂何处寻，锦官城外柏森森”。《新唐书·陈敬瑄传》中载有王建围成都的故事，“建好谓军中曰，成都号花锦城，玉帛子女，诸儿可自取”。可见，唐代的锦城之名早已深入人心，成为唐人心中最为重要的成都意象与记忆。

（2）“蓉城”的来历　五代后蜀时期，后蜀王妃花蕊夫人酷爱芙蓉❶，后蜀主孟昶为讨其欢心，命人四处搜罗芙蓉花种，并于成都城墙上遍植芙蓉。每到八九月之际，芙蓉花开，成都“四十里如锦绣”，蔚为壮观。卢求《成都记》载，孟后主在成都城上，遍种芙蓉。每至秋，四十里如锦绣，高下相照，因名锦城。张唐英《蜀梼杌》中记有：“城上尽种芙蓉，九月间盛开，望之皆如锦绣，昶谓左右曰：‘自古以蜀为锦城，今日观之，真锦城也。’”可见，孟昶已将芙蓉与锦绣相关联。后世因此称成都为“芙蓉城”，简称“蓉城”或“蓉”。清代诗人杨燮曾在《锦城竹枝词》中如此描绘芙蓉花开的锦城盛景：“一扬二益古名都，禁得车尘半点无。四十里城花作郭，芙蓉围绕几千株。”这些都表明直到清代，成都仍然保留着种植芙蓉的风俗。可以说，成都是一座芙蓉盛开了千年的城市，芙蓉的气质、品格深刻地印在了蓉城，蓉城的容貌中也处处包含着芙蓉。从锦官城到芙蓉城，从织物纹样到真实花卉，其中变化的是具体象征物，而不变的是巴蜀先民对于成都的美好寄寓。

（3）“龟城”的来历　唐时，诗人戎昱的《成都暮雨秋》中有“九月龟城暮，愁人闭草堂”之句。直到清代大名鼎鼎的王士祯的《金方伯邀泛浣花溪二首》（其二）中还有“人烟过蚕市，新月上龟城”的句子，可见龟城之名直到清代还在流传。“龟城”之名得来较早，相传张仪修筑成都城时，屡建屡圮，后来有一神龟示现，张仪循其踪迹而建，城乃建成。于是，成都又名“龟化城”，简称“龟城”。此事可见于汉魏成书的《搜神记》。神龟从什么地方出发的呢？相传就是今天的青石桥，所以青石桥以前的别名也叫“龟化桥”。

成都地势低平，容易积水，先秦时期成都沼泽甚多，土地湿软，为了把城墙修得稳固，

---

❶ 此处芙蓉不是俗称的荷花，而是木芙蓉，为锦葵科木槿属落叶小乔木，花大而色丽。芙蓉花是中国传统的观赏花卉，有悠久的栽培历史，主要分布于我国亚热带和热带，在四川和湖南广为栽培，是成都的市花，主要种类有：红芙蓉、白芙蓉、黄芙蓉、五色芙蓉、醉芙蓉等。全世界约有89个国家种植木芙蓉。

就需要选择地基好的地方来建。古代的神话折射历史，反映出巴蜀先民在修建成都时不囿于形式，因地制宜，顺势而为的智慧，选最好的地基，修出坚固的城墙，形成了一个北偏东约30°的“龟”形城池，具有大智慧。此外，乌龟有长寿的特点，此名也有可能是古蜀先民对成都城千年不坏的美好愿望。

成都筑城史导图

（二）成都筑城史

1.古蜀时期

成都筑城历史久远，早在新石器时代，成都平原就城邑林立，已调查发掘的就有新津宝墩古城遗址、都江堰芒城遗址、郫都区古城遗址、温江鱼凫城等八处。距今3700年左右的源于宝墩文化的三星堆文化则是古蜀文明的开端，面积达12平方公里的三星堆遗址乃古蜀国都城与文明中心。

根据金沙遗址出土的大量历史遗存，基本可以推定，至迟在殷商晚期至西周初期，今天成都一带已经成为古蜀王国的中心都邑，这个都邑延续了大约500年。成都商业街战国船棺葬群的发现则进一步证明，至迟在战国早期，今成都市区中心可能就已经出现比较规范的古典城市，极有可能就是古籍所说的古蜀最后一个王朝（开明王朝）的国都。

从距今4500年至公元前316年，古蜀国的五个政权相继在以今成都主城区为中心30公里半径内修筑了多个都城，鱼凫王所修筑的三星堆古城开启了古蜀文明的新时代，成为长江上游的文明中心。杜宇王朝继鱼凫国之后，在今成都主城区建立了都城（今金沙遗址），使长江上游文明更加辉煌。杜宇之后建立的开明王朝，虽然一度将政治中心从今成都主城区迁至不远处的郫邑，但最终还是回归了杜宇古都。

2.秦城时代

秦惠文王更元九年（公元前316年），秦灭蜀，后以其地设置蜀郡，在蜀王旧都一带置成都县，为蜀郡治所。秦惠文王更元十四年（公元前311年），蜀郡守张若在蜀国都城成都的基础上，修筑成都大城和少城，城市规制仿照秦都咸阳，这一重大事件被后世公认为成都建城的标志。

张仪、张若筑成都城，先筑大城，为蜀侯、蜀相、蜀守治所。大城范围北近武担山，南至秦人新建之赤里（今上南大街）。继而在大城西侧修筑少城，为经济中心。二城呈东西倚背之势，少城又为大城的西部前卫。少城建成后，成都县移其治所于少城内，少城又分为南北两个部分，北部为官署，南部为市集。秦庄襄王时，李冰穿郫江、检江于成都，二江均在城南，大城和少城濒临郫江，检江则为外濠。最终奠定秦城格局：大城在东，为郡或州一级政府所在地，为军事政治中心；少城在西，为次一级政府（县或后期的郡）所在地，为经济中心，负责抵御西来少数民族侵犯，拱卫大城。总体讲，此格局基本延续到唐中后期。

两汉及蜀汉，大城、少城均扩展，秦城即是汉城。汉代南市与锦官城、车官城连成一片，均极为发达。到了晋代蜀中变乱，都邑空虚，桓温将少城毁掉，于是城南繁华区域慢慢萧条。隋初，成都人口日增，百业发达，于是杨秀展筑城垣，扩展成都城市规模。到了唐代，成都工商文教均呈兴旺之势，于是玄宗时开始向东发展，将大慈寺扩建成规模宏大的皇家寺院。唐中期，韦皋于万里桥南创设新南市，开拓通衢，人逾万户，楼阁宏丽，盛极一时。

虽然秦以后，成都城不断被修建、拓展、调整，在汉代扩有锦官城、车官城，在晋代一度平夷少城，在隋唐又南拓东进。但总体来讲，直到高骈筑罗城，成都城格局基本维持秦城格局约一千年，此阶段统称为“秦城时代”。

3.罗城时代

2019年5月成都市通锦桥附近发现一段古代城墙遗址，被考古学家判断为唐末罗城的一段城墙，与大多数人经常能见到的通锦桥附近保留的清代古城墙并不相同。而早在1990年，成都市西南方位的汪家拐到锦里就发现过罗城城墙。今天大多成都人都不太了解成都罗城，事实上，唐晚期修筑的罗城奠定了成都城市的又一个千年格局。

唐代中后期，成都多次受到南诏骚扰。史载：唐太和三年（829年）、咸通四年至六年（863～865年）、乾符二年（875年）南诏数次深入蜀中，围困成都。同时，由于以成都为中心的西川在整个唐朝受战乱影响较小，社会安定，经济发达，两度作为唐朝皇帝避难之所，所以北方富家大族和大量百姓也不断南迁，原有的成都旧城颇显狭小，已经无法容纳全部人口。加之秦城时代，成都城墙多为泥土夯筑，经常损坏，在抵抗南蛮入侵时大有不利，而仅西、南两方有护城河，北、东则门户洞开。迫于防御外敌和扩大城市容量的双重需要，高骈于乾符三年（876年）提出将成都扩建，在府城之外，另置罗城（即外城）。

罗城周长二十五里，高广各两丈六尺，城墙上广一丈，其规模为秦城的2倍还多。秦城墙仅以土夯筑，蜀地潮湿多雨，年久易坏，遂在墙外增筑砖墙，成都从这时开始有砖城。新建十座城门，门上有楼，又在城门外增设瓮门❶，在城墙四角增设曲角❷，用来巩固城

❶ 瓮门：即“瓮城”，又称“月城”。

❷ 曲角：又名“马面”，可在此处向外面射箭或发射石炮，用来防御城墙下面的来犯之敌。后世经常在城角设置发射火炮的炮台。

垣，防御外侮。为了完善外围城防，高骈将郫江在城西另开一条河道，成为能够绕北而向东南可护卫子城的护城河。原本的城西河道保留，再利用成都西郊水源丰富的特色，汇聚一些溪水支流，在成都西面形成天然防御屏障，又将解玉溪和金水河引入城区，保障城内百姓的生活用水。

罗城的正式名称为“太玄城”，因为其环绕在秦城（指秦大城）之外，故也称为大城，而原有秦城则称为子城，成都分为内外二城自此始。自唐高骈筑罗城直到顺治十六年（1659年）重建大城，成都虽多次被毁坏、修建，但其城市格局基本延续了高骈所筑罗城，此格局保持逾千年不变，因此这一时期称为“罗城时代”。

至于民国，成都城基本格局未变。中华人民共和国成立后，尤其是改革开放以后，成都格局已有巨大变化，罗城时代与目前相比，其规模不可同日而语。现在成都东进、南拓创建天府新区，城市规模远超以前，已经发展成国务院批复确定的中国西部地区重要的中心城市、国际大都市，位居新一线城市首位。

二、地理概况

（一）地形地势

成都片区地处四川盆地西部，东北紧邻绵阳，东南靠近内江，南与乐山相接，西南与雅安相连，西北毗邻阿坝。区域紧邻四川盆地边缘，横跨龙泉山脉，主要有盆地西部边缘山地、成都平原、龙泉山脉东部丘陵三大部分，地势由西北向东南倾斜，海拔在1000～3000米，最高处位于大邑县西岭镇大雪塘（苗基岭），海拔高度为5364米。中部处于成都平原的腹心地带，由岷江、湔江等江河冲积而成，还有台地和部分低山丘陵，海拔高度一般在600米左右。龙泉山脉东部丘陵主要有低山、丘陵地貌，最高处是龙泉山脉主峰长松山，海拔高度约为1050米；最低处是简阳市沱江出境处河岸，海拔高度约为360米。

（二）气候条件

由于地处四川盆地西部、成都平原腹地和川中方山丘陵西部边缘，该片区地形总体较为平坦、河网纵横、物产丰富、农业发达，属亚热带季风性湿润气候，热量充足，雨量充沛，四季分明，雨热同期。除西北边缘部分山地以外，区域大部分地区表现出的气候特点是：夏无酷暑，冬少冰雪，气候温和，夏长冬短，无霜期长，秋雨和夜雨较多，风速小，湿度大，云雾多，日照少。

三、旅游景观

大成都文化景观导图

成都片区历史文化积淀深厚，自然生态资源丰富，可观、可留、可居、可游之处众多，可以略分为两类：文化景观和自然景观。

（一）文化景观

从文化景观看，该片区最为典型的大约有六大主题：以都江堰、锦江等为代表的水利文化，以宝墩文化、三星堆文化、十二桥文化等为代表的古蜀文化，以武侯祠、衣冠庙为代表的三国文化，以三苏祠、琴台路、杜甫草堂、望江楼等为代表的诗赋文化，以鹤鸣山、青城山、文殊院、昭觉寺、宝光寺等为代表的佛道文化，以成都古街、川西美食、洛带会馆建筑群等为代表的川西民俗文化。

1.水利文化

成都古蜀水利文化，以独有的智慧，独具特色的杰出成就，独步天下。成都因水而生，因水而兴，水利文化景观众多，其中最为著名的是战国时期李冰修建的都江堰水利工程，该工程历时2270余年仍发挥重要效用，是人类水利史上的一座不朽丰碑。成都的治水传统最早可以追溯到大禹，《尚书·禹贡》就有“岷山导江，东别为沱”的记载。此后鳖灵凿开金堂峡以泄成都平原洪水，他也因此取代杜宇，开启了古蜀最后一个王国——开明王朝。成都拥有灿烂的水利文化和悠久的治水传统，此后的府南河治理和成都活水公园的建立都可以说是古蜀治水传统的延续和水利文化的传承，这种文化还辐射到片区其他地方。

2.古蜀文化

自三星堆遗址被发现到现在的近百年时间里，成都平原的史前考古遗址陆续被发现，形成了从宝墩文化到三星堆文化、十二桥文化、战国青铜文化的不间断序列，其中最杰出的代表就有宝墩遗址、金沙遗址、十二桥遗址、商业街大型船棺葬遗址等。以下择其要者进行简要叙述。

（1）金沙遗址　2001年2月，成都西郊青羊区金沙村在开挖街道排水沟时发现大量器物，经成都市考古队正式发掘，发现各类文物1300余件。此后数年经过多次发掘，发掘出大型建筑基址、祭祀区、一般居住区、大型墓地等重要遗迹，出土金器、铜器、玉器、石器、象牙器、漆器等珍贵文物6000余件，另有数量众多的陶片、象牙、野猪獠牙和鹿角等。经考古学家考证，金沙遗址的主体文化约在商代晚期至西周时期，属于“十二桥文化”，极有可能是继三星堆之后古蜀国的又一政治、经济、文化中心。2006年5月，金沙遗址被国务院核定为全国重点文物保护单位。

遗址范围北至蜀汉路，西至三环路，南至清江路，东至青羊大道，面积达5平方公里以上，无疑是成都平原的又一大都邑。整个遗址分为宫殿区、祭祀区、生活区、墓葬区四个部分。在现有遗址中心摸底河南北两边发现多处房址，朝向基本为西北—东南，与地面走向一致，也顺应水流方向，房屋为木骨泥墙，屋顶盖草，周围有储藏物品的窖穴和小型陶窑，这里为居住区。遗址中部近摸底河处发现多处墓地，应为墓葬区。遗址北部黄忠小区“三和花园”区域发现了一组布局较有规律、规模较大的特殊建筑群遗迹，应为宫殿区。东北角区域是宗教仪式活动区。

金沙遗址出土器物与三星堆不同，大多小巧精致，而且金器、玉器较多。仅出土金器就有二百多件，是中国先秦时代出土金器最多的遗址，这些金器大多巧妙精美，其上的纹饰图案具有丰富的象征意义，为后人研究古蜀文化提供了诸多线索和证据，其中最具代表性的就是太阳神鸟了。遗址出土的太阳神鸟金饰，外径12.53厘米，呈圆形，中心镂空并有12条涡状牙纹，象征太阳光芒，四周镂有四只飞翔的神鸟，其高超的艺术性反映了古蜀人超强的艺术创造力。因其超凡的艺术价值和文化内涵，2005年8月16日，太阳神鸟被国家文物局确定为中国文化遗产标志。2013年，太阳神鸟金饰又被列为禁止出国（境）展览的文物，并被考古、文博方面的专家评为九大“镇国之宝”之一。此外，金王冠带、金面具价值也非常高。

知识拓展

金沙遗址的商周人面鱼鸟箭纹金王冠带

金王冠带为圆圈形，上大下小，带宽2.83厘米，厚0.03厘米，全长61.544厘米，重44克。其构图精美，表面有四组相同的图案，每组均由一个人头像、一支箭、一只鸟、一条鱼组成。鱼纹体态宽短，大头圆眼，身上鳞片刻画逼真。箭纹的箭杆较粗，杆尾带尾羽，箭头深插于鱼头内。鸟纹位于箭羽与鱼之间的箭杆后方，鸟头与鱼头都朝向箭羽方向。鸟为粗颈长尾，头上有冠。圆圈纹位于每组图案之间，直径约2厘米，组成了一个类似人面的图案。从图案的组合情况看，金王冠带的正前方和正后方应当以人头像为中心，两侧的图案对称。整个图案表现的是人用箭射鱼，箭经过鸟的侧面，箭头深插于鱼头内。据专家推测，它是戴在头上的装饰，象征着古蜀国至高无上的王权与威仪。

这件金王冠带的纹饰和三星堆出土金杖的纹饰十分相似，这透露出一个重要信息：三星堆遗址与金沙遗址的统治者有族属上的同一性或连续性。

金沙遗址出土玉器2000多件，是中国迄今出土玉器最多的遗址，种类几乎涵盖所有已知玉器类型，十分丰富。玉器中的典型代表是玉琮，这种内圆外方的器物代表天圆地方，是可以沟通天地的法器，是良渚文化的代表，这说明3000多年前，金沙文化与良渚文化有某种形式的沟通。与其他玉器相比，玉琮只出土了24件，但也是中国出土玉琮第二多的遗址，第一是良渚。玉琮出现在蜀地与人口迁徙有关，可能良渚文化衰亡后，良渚人四处迁徙，其中有一支走到成都平原，与本地文化融合，所以古蜀国也使用了外来物品作为祭祀用品。

此外，金沙遗址还出土了上千枚数以吨计的象牙，它们来自超过500头成年雄象；出土了1000余件石器，其中12件石跪人形象生动，据专家推测为战俘或殉葬用品。

金沙遗址的发现极大地拓展了古蜀文化的内涵与外延，对古蜀文化起源、发展、衰亡的研究有重要意义。可以说，金沙遗址再现了古代蜀国的辉煌，展示了一个沉睡了3000多年的古代文明，并将成都市的建城时间提前到距今3000年前。

为加强对金沙遗址的保护和对古蜀文化的传承，成都市兴建了金沙遗址博物馆，并于2007年4月正式开馆。该博物馆为国家一级博物馆、国家4A级旅游景区，其占地面积约300000平方米，建筑面积38000平方米。博物馆由横向的摸底河沿岸景观轴和纵向的遗址与文物展陈文化轴构成基本骨架。成都的摸底河自西向东从馆内流过，两岸的河岸风光构成了博物馆的横向景观轴，轴线在整个博物馆中处于偏北的位置，在轴线北边东部布置了文物陈列馆，西边布置了金沙剧场；轴线南边则主要有遗址展览馆（发掘现场）、太阳神鸟雕塑、乌木林、玉石之路、游客中心等。纵向轴线从南向北依次为金沙遗址的考古发掘现场和陈列馆，该条南北向的开放空间构成了博物馆的纵向文化轴。环绕在博物馆建筑周围的，则是园林区。

（2）十二桥遗址　十二桥遗址位于蜀都大道十二桥路，是十二桥文化的中心聚落遗址，为商代至西周（公元前1700 ~前771年）建筑遗址，沿故郫江及支流分布，面积逾5万平方米，以其为主要代表的十二桥文化是四川地区继三星堆文化之后，古蜀文明发展史上的又一个高峰。2001年，该遗址被国务院核定为第五批全国重点文物保护单位。

1985年12月，成都市干道指挥部在十二桥街南的新一村修建成都市自来水公司和煤气公司的综合大楼，用大型机械挖掘综合大楼地下室时，发现许多陶片和一些圆木构件。1986年5月，四川省文物考古研究所与成都市博物馆考古队共同组建了十二桥遗址发掘小组，开始对十二桥遗址进行抢救性考古发掘，发现了较完好的商代大型宫殿式木结构建筑和小型干栏式木结构建筑群等遗迹，宫室群由形制不一的大、中、小型房屋组合而成，主体建筑为一座面积达1248平方米的大型干栏式房屋，并对木材按需要进行了削平加工。其发现意义重大，为研究古代蜀地的建筑形制、建筑风格、营造技术提供了重要的实物资料，是对中国建筑史的重要补充。

3.三国文化

成都是蜀汉都城，在三国历史上占有重要的地位。由于诸葛亮和众多三国英雄人物在成都人民心目中的特殊地位和深刻影响，三国文化在成都地区的积淀特别丰厚，在现今中国的所有城市中，成都留下了最丰富的三国文化遗迹，粗略估计也有四五十处之多。明清以来，特别是《三国演义》问世以后，遍布成都的三国遗迹更为人们津津乐道。比较著名的有成都武侯祠、惠陵、三义庙、万里桥、衣冠庙、洗面桥、武担山、黄忠祠墓，洛带八角井，新都马超墓，大邑子龙庙、赵云墓，双流蒋琬宅等。

4.诗赋文化

成都的诗赋文化历史悠久，汉代的司马相如、扬雄，唐代的李白、杜甫，宋代的“三苏”、陆游，明代的杨慎，清代的张问陶、李调元……大量的诗赋大家在成都留下了不朽诗篇，诗赋与城市交相辉映。其中最为著名的诗赋文化遗迹当属三苏祠和杜甫草堂。

（1）三苏祠　位于眉山市西南纱縠行南段，是北宋大文豪苏洵、苏轼、苏辙三父子故居，元代改宅为祠，明末毁于战火，清康熙四年（1665年）重建，直至光绪二十四年（1898年），形成今日之规模，1928年辟为三苏公园，1959年改为三苏纪念馆。三苏祠为园林式祠庙，有大殿、启贤堂、碑亭等建筑及环祠池溪。祠内保存有16处古建筑及木假山堂、古井、洗砚池等苏家遗迹，收藏有数千件有关三苏的文物文献，陈列有三苏家训家风、生平成就、东坡书法碑林，是国内规模最大、保存最完好的三苏纪念祠堂。2006年其被列入第六批全国重点文物保护单位，2010年成为国家4A级旅游景区，号称“天府十大文化地标”。

（2）杜甫草堂　是纪念诗圣杜甫的胜地，是中国唐代大诗人杜甫流寓成都时的故居。杜甫先后在此居住近四年，创作诗歌240余首。唐末诗人韦庄寻得草堂遗址，重结茅屋，使之得以保存。后经历代修葺、完善，形成了现在的规模。1955年成立杜甫纪念馆，1985年更名为成都杜甫草堂博物馆。博物馆是首批全国重点文物保护单位、首批国家一级博物馆、全国古籍重点保护单位、国家4A级旅游景区，是中国规模最大、保存最完好、知名度最高且最具特色的杜甫行踪遗迹地。著名学者冯至曾说：“人们提到杜甫时，尽可以忽略杜甫的生地和死地，却总忘不了成都的草堂。”

杜甫草堂至今仍然保留着明弘治十三年（1500年）和清嘉庆十六年（1811年）的建筑

格局，其纪念性建筑群位于杜甫草堂西南部，坐北朝南。主体建筑依序分布于南北中轴线上，以照壁为起始，自南至北依次为正门、大廨、诗史堂、柴门、工部祠，构成布局对称严谨的纪念空间组合，与分列于轴线两侧的亭、榭、轩、廊等附属园林建筑物构成多层次的院落空间。山水、花木组景穿插于院落空间中，营造出赏心悦目的园林景观，以自然的手法实现由庄重肃穆的纪念空间氛围向诗情画意的园林意境的转化与过渡。

5.佛道文化

成都宗教文化底蕴深厚，古蜀三星堆和金沙遗址的祭祀文化就非常发达，这类祭祀文化后来发展成巴蜀地方巫教，最后又融入张陵创立的五斗米道中。从张陵运用黄老思想创立五斗米道至今已有1800余年历史，此后四川一直是全国道教发展最重要的区域。青城山和鹤鸣山成为中国道教文化的发祥地，在中国道教史中占据着极为重要的地位。道教文化遗迹除了鹤鸣山和青城山，还有青羊宫、二仙庵、二王庙、老君山、阳平观等。道教“无为而治”的思想在千年的发展中深深地融入了成都的文化中，形成了成都人骨子里的休闲精神。

东晋隆安三年（399年）高僧慧持到成都，龙渊寺的建立标志着佛教正式传入成都，此后一千余年的佛教传承没有停止，形成了多次佛教发展的高潮。971年，北宋朝廷遣人在成都刻印《大藏经》，历时13年，产生了我国第一部官刻雕版大藏经《开宝藏》，又名《蜀藏》，同时崇佛之风还在成都兴盛，成都成为全国佛教禅宗的重要基地。明清时期，朝廷不断赏赐成都寺庙，成都崇佛之风再次兴起，丈雪中兴昭觉寺，印密重建宝光寺，再传弟子慈笃重修文殊院，清代禅宗在成都得到了巨大发展。

6.川西民俗文化

成都地处成都平原腹心，一直是区域发展的中心，在漫长的历史发展过程中，成都形成了独特的地域文化，其建筑风貌、饮食习俗、性格习性都不同于其他地区，形成了独特的民俗文化，是成都文化主题中最富生命力的一个。这些民俗文化中，成都古街、川西民居、洛带古镇建筑群、成都名小吃、成都民间技艺等都是其中的代表。

（二）自然景观

成都地形地貌复杂多样，其西部位于横断山区北段川西高山峡谷区域，中部为成都平原地区，东部为龙泉山脉及方山丘陵区，岷江、沱江这两条双生河流及其支流遍布全域，山水俱全，自然风光绮丽。山景具有高、险、奇、秀、幽的特色，有幽绝天下的青城山、雄奇多姿的九峰山、高耸挺拔的西岭雪山、景色秀美的玉垒山；水景有明丽动人的锦江，有横挂天际的大飞水瀑布，有危崖耸立的金堂峡，有诗意盎然的罨画池；生物景观中有少见的桂花林、箭竹林、杜鹃林等植物群落，也有大熊猫、小熊猫、金丝猴等珍稀动物。尤其是成都西部川西高山峡谷区域，属于世界生物多样性关键区域，自然生态良好，是亚热带生物多样性最丰富的区域之一，大熊猫、金丝猴在山林间自由穿行、生息繁衍。

第二节 青城山与都江堰——源流文化的自然法则

一、青城山—都江堰景区概况

青城山—都江堰景区位于都江堰市中南部，北纬30° 54′ ~ 33° 09′，东经102° 38′ ~ 103° 55′，景区面积约220平方公里，核心游览区120平方公里，涵盖了天师洞、上清宫、月城湖、泰安寺、离堆公园、金刚堤、安澜索桥、松茂古道等20余个著名景点，为国家5A级旅游景区。1982年11月，青城山—都江堰景区被评为首批国家重点风景名胜区；2000年11月29日，作为文化遗产被联合国教科文组织世界遗产委员会列入《世界遗产名录》；2006年7月12日作为“四川大熊猫栖息地”18个管理单元之一，以自然遗产的身份被列入《世界遗产名录》；2018年都江堰水利工程被国际灌溉排水委员会评选为“世界灌溉工程遗产”。至此青城山—都江堰景区拥有三项世界遗产桂冠，都江堰也因此成为“三遗之地”。此外，景区内还拥有都江堰、青城山古建筑群、城隍庙、茶马古道（松茂古道）等4处全国重点文物保护单位，文化厚重、景观众多。

（一）都江堰概况

都江堰水利工程，位于成都平原西部的岷江中游，都江堰市城西，是目前世界上唯一留存的以无坝引水为特征的大型水利枢纽工程。该工程精确的选址、科学的布局、合理的选材、优良的制度、巧妙的构思使其历经2270余年仍然发挥着巨大作用。自都江堰建立以后，成都平原就一改“江水初荡潏，蜀人几为鱼”的泽国惨状，而成为“水旱从人，不知饥馑，时无荒年，时人谓之天府”的天府之国了。唐代诗人岑参因此赞誉都江堰的创始人李冰“伯禹亦不如”，称其是功绩超过大禹的治水英雄。

都江堰水利工程号称“天府之源”，其千年不衰的旺盛生命力是人类建造史上的奇迹。李冰在修建该工程时不但吸取了前人的治水经验，而且还进行了一系列的开创性发明，如建鱼嘴进行分水，运用弯道流体力学原理进行自动排沙，设立了水文观测工具——石人石马，建立了岁修制度等，后人在其基础上不断完善，如增加飞沙堰以进行二次分流排沙，发明杩槎用来堵水等。这些水利文化的不断积累、沉淀，最终使都江堰水利工程在我国水利史上具有极强的范式意义，如灵渠的开凿就是对都江堰水利文化的继承和发扬。因此，都江堰被称作“活的水利博物馆”。除了水利文化极为丰富外，景区里的二王庙、伏龙观、城隍庙也是不可多得的宗教建筑精品。

都江堰水利工程是一个综合的系统工程，总体分为渠首主体工程部分和渠尾灌溉渠系部分。渠首主体工程部分主要位于景区内，包括鱼嘴、飞沙堰和宝瓶口三个主要组成部分，以及百丈堤、人字堤等附属部分。渠尾灌溉渠系部分则分布较广，渠系众多，形成从宝瓶口引进的内江水经过一分为二、二分为四、四分为八的扇形分布格局。随着都江堰水利工程发挥的效用越来越大，其灌溉渠系已经翻过龙泉山，进入川中方山丘陵，早在1994年已覆盖约40个县市。

（二）青城山概况

青城山位于都江堰市西南约15公里处，最高峰为老霄顶，分为前山和后山两个部分，由于山形环峙、状如城郭、林木丰茂，四季常青，素来享有“青城天下幽”的美誉，与重庆奉节“夔门天下雄”、乐山“峨眉天下秀”、广元“剑门天下险”并列为“川中四绝”。作为中国道教发祥地，青城山为“道教十大洞天”之一，号为“第五大洞宝仙九室之天”，全山拥有道教宫观十余处，以天师洞为核心，包括建福宫、上清宫、祖师殿、圆明宫、老君阁、玉清宫、朝阳洞等10余座。其建筑艺术高超，富有文化和艺术价值，充分体现了道家追求自然的思想。对于深入研究中国古代的道教哲学思想，有重要的历史和艺术价值。作为天下名山，青城山自古就是游览胜地和隐居修炼之处，文人墨客们留下的珍贵“墨宝”，为这座名山增添了丰富的人文景观。其中为数众多的楹联匾额，不但赞美了青城山的美丽，还颂扬了道教思想、道教经典，表达出对道教先师由衷的敬意，以及对国家兴衰、民生荣辱的关注。

二、水与都江堰

水是都江堰的灵魂，是水改造了都江堰，成就了都江堰，升华了都江堰，所以有“拜水都江堰”的说法。千年之前，司马迁来都江堰考察的时候就曾在秦堰楼下的山坡上发出“甚哉，水之为利害者也”的喟叹。在古代，农为国本，水为农本。成都平原依水而生，以水而兴，治水一直是古蜀时期的重中之重。考古发现的多处古蜀城址无城门，且城墙外坡平缓，防御功能较弱，更像是阻挡洪水的拦水坝。据学者刘兴诗推测，古蜀开明王朝的灭亡就是洪水造成的。在这样的背景下，都江堰的伟大就更加凸显了。

(一)空间布局

从空间布局看，都江堰景区主要包含渠首主体工程、二王庙、离堆公园、玉垒山公园四大部分。二王庙和玉垒山位于内江北侧，渠首主体工程和离堆公园则位于内江南侧，整体布局以渠首主体工程为核心，辅助配备祭祀、园林等功能区。

(二)景区文化分析

都江堰以水利工程闻名，但在其发展过程中，不断吸收、融汇，最终形成了内涵丰富、相互关联的多元文化系统，归纳起来主要有水利文化、园林文化、祭祀文化等。

1.水利文化

都江堰水利文化主要是指都江堰水利工程所体现出来的人与水的互动关系形成的物质、制度和精神内涵，可以分为三个层面：符号层面，如鱼嘴、飞沙堰、宝瓶口、竹笼、卧铁和杩槎都是都江堰水利文化的符号性代表；意涵层面，主要是指这些符号对应的内容和含义，如竹笼代表的是修筑防洪堤时运用的材料和技术，卧铁则代表岁修的淘挖准则；精神层面，主要是指都江堰水利文化体现的哲学思想和智慧，如竹笼的以柔克刚、鱼嘴的竖坝方式是乘势利导，而水利工程的岁修制度则是因时制宜。总体而言，都江堰水利文化的精神是“乘势利导，因时制宜”。这三个层面的水利文化渗透到了都江堰景区的每一个部分。

2.园林文化

园林文化是人们在对空间进行审美设计时，由构筑建筑物、栽种花木、掇山理池等形成的物质和精神文明，它包括建筑小品、假山、人工池、动物以及在安排这些内容的过程中形成的制度和思想。园林文化在离堆公园、二王庙、玉垒山公园均有体现，而离堆公园尤为突出，其将中国传统园林文化体现得淋漓尽致，无论是一处假山的堆叠，还是一丛花木的摆放，都非常讲究。其中众多川派树桩盆景是离堆公园的亮点。后来修建的堰功道则改中国传统园林的幽深、曲折为平直、对称的风格，连接了一条从大门到伏龙观的观景中轴。二王庙和玉垒山的园林建造也十分出色，作为道教建筑群的二王庙布局严谨，建筑杰出，为川西道教宫观的代表。而玉垒山各处建筑的建造也非常注重与环境的配合。

3.祭祀文化

人们将为表达对于不可征服的神秘力量的敬畏，或对于功勋卓著的英雄豪杰的感恩而形成的仪式、节日、禁忌、制度，以及因此而修建的寺庙、神坛等，统称为祭祀文化。都江堰建成之后，后人为表达对建造者的感恩分别修建了二王庙、伏龙观，并举行二王庙庙会和都江堰放水节。

都江堰景区包含水利文化、园林文化、祭祀文化、交通文化、军事文化等诸多文化，但其核心的文化主要有水利、园林、祭祀三方面。其中水利文化为核心，园林文化为背景，祭祀文化为皈依。

三、道与青城山

“山不在高，有仙则名”，青城山就是典型代表，其主峰海拔才1260米。虽然青城山个子不高，却闻名已久，相传黄帝就曾在青城山向宁封子学习“龙硚飞行”之术，并借此打败蚩尤，于是黄帝便封宁封子为“五岳丈人”，为众山统帅。之后的古蜀中后期，古蜀王杜宇被鳖灵打败后，曾携其部族离开郫邑（今郫都区三道堰），“帝归西山隐焉”，西山就是指青城山。青城山长联还列举了汉标李意、晋著范贤、唐隐薛昌、宋征张愈、赵昱斩蛟、佐卿化鹤、平仲驰骡，青城山也因这众多“仙人仙事”闻名于世。

（一）青城“仙境”

青城山背靠皑皑雪岭，俯临沟洫脉散的成都平原，在地貌区划上，处于四川盆地区、成都平原小区西沿，主要为青藏高原东翼山地中的邛崃山小区——邛崃山脉南段的东支（古人将其归入岷山山脉）。约1.9亿年前印支造山运动使青城山西北部不断上升，由海相沉积变成陆相沉积环境；侏罗纪末和白垩纪初期的燕山运动，使该地地壳上升；至白垩纪中期，燕山造山运动使青城山一带进一步出露成陆；之后新生代喜马拉雅造山运动致青藏高原形成并不断抬升，青城山随之不断抬升，此时成都平原却逐渐下陷，形成西北高、东南低的倾斜地势。山脉走向与构造走向完全一致，为北偏东30°～50°。从青城山主峰到建福宫青城山门，高低悬殊，大起大落，形成了一系列断块抬升的中低山。登高鸟瞰，青峰翠谷如绿色巨浪奔腾东去。“云作玉峰时北起，山如翠浪尽东倾”，青城山层峦耸翠，山形环列，状如城郭；又或云雾弥漫，山形隐约，环境清幽，与道教对美好环境的想象非常切合，因此自古就有36峰8大洞72小洞108景之称。

青城山地质演变导图

知识拓展

都江堰市地质构造过程

都江堰市在地质构造体系上，为龙门山构造带的中南段，属华夏构造体系。在大地构造上，分别属扬子准地台和青藏地槽区。地质构造复杂，从元古界到第四系均有地层出露，总厚度达2万余米。

市内最老的地层为距今10亿年左右的中元古界的黄水河群，是一套变质火山沉积岩系，由海底火山岩建造、浅海泥页岩、碎屑岩等构成。元古代晚期的晋宁—澄江运动，使之褶皱，普遍发生第一次区域变质。由于早古生代上升隆起，故缺失寒武、奥陶、志留纪地层。晚古生代至中生代三叠纪末，下降沉积了一套海相碳酸盐岩—泥页岩建造。都江堰市龙洞子、燕子岩一带的海相沉积岩中，有丰富的保存完好的古生物化石，如石燕、珊瑚和蜓等。在1.9亿年前的石炭纪、二叠纪和三叠纪初期，都江堰市曾为大海。三叠纪末和侏罗纪初期发生印支运动，县境西北部不断上升，由海相变成陆相沉积环境，但县境东南今平原区当时仍被内陆湖淹没。侏罗纪末和白垩纪初期发生燕山运动，地壳上升。至白垩纪中期，青城山一带出露成陆。又至第三纪凤凰山一带出露成陆。在距今200万年左右的新生代第四纪发生新的强烈地壳运动——喜马拉雅造山运动，使上三叠统—下第三系发生褶皱、断裂，形成压性结构面作北偏东10° ~ 30° 走向，呈多字形斜列的青城—青霞新华夏系构造。映秀大断层以西大幅上升，向东南挤压，形成懒板凳——白石飞来峰。二王庙大断层复活，切穿侏罗系以上地层，在玉堂镇一带上第三系超覆不整合于下第三系之上，县境东南平原发生川西第四纪拗陷，并逐渐在河谷两岸和平原沉积了一套冰水堆积—冲积物。

（二）问道青城山

“道”是青城山的灵魂，因此有“问道青城山”的说法，这里的“道”既指道教，也包括道家，不是纯粹的宗教概念，而更多的是一个传统文化的概念。在青城山这个文化载体之上，道家思想延续时间较长，不断发展壮大。

青城山“道”文化涵盖广泛，大略可以分为两个部分：其一，有形的物质文化，如古建筑、古文物、古遗址（迹）和环境景观等；其二，无形的非物质文化，如洞经古乐、青城武术等。

1.道教建筑

道教宫观是道教开展宗教活动的核心场所，其建筑形式从汉代阙、台、观起源，晋代称“仙馆”，隋唐以后才开始称“观”或“宫”。青城山道教建筑的兴起始于张陵在青城山设“青城治”,《广弘明集·卷十二》云，“张陵谋汉之晨，方兴观舍……杀牛祭祀二十四所，置以土坛，戴以草屋，称二十四治，治馆之兴，始乎此也”。

此后经过不断发展，青城山宫观众多，现存宫观尚有十余处，如建福宫、天师洞、祖师殿、朝阳洞、上清宫、圆明宫、玉清宫、全真观、上皇观和老君阁等。其建筑独具特色，在选址、布局、建筑空间处理和艺术特色方面都达到了很高的成就。具体表现有：背山临壑的选址特点，点线结合的串联式总体布局模式，围绕一个核心灵活组织院落，垂直式“接口线空间模式”（即在建筑内部人流组织上使用“穿堂”设计方式），完整的空间序列设计，引人入胜、耐人寻味的含蓄表现手法，朴素自然的艺术风格等。

青城山建筑大都顺应自然，在环境清幽和地势险绝处建造宫观和亭阁等，且布局灵活，不强求严格贯穿中轴线，而在隐、藏、幽、奇上下功夫，使建筑与环境融为一体，它结合地势，借鉴干栏式建筑的构造特点，用抬、吊、挑、梭、披、叠等方式，创造变不利为有利的奇变艺术，同时又朴实幽致，给人以亲切感。

宫观建筑大多可分为神殿、膳堂、宿舍、园林四部分。神殿是道教建筑的主体和中心，以天师洞的三清殿最具代表性，该殿建成于1923年，为木石穿斗结构建筑，它采用重檐歇山式屋顶，高两层12米，开间五间25米，进深三间12米，建筑面积300平方米，坐西朝东，左接斋堂、右连祖堂（住持住所），全殿共用28根大石柱，其中前排6根高达4米，用石狮等瑞兽石雕为底座。殿堂上空开了一个八角方形楼井，名无极殿，既可通风采光，又使整个建筑显得轻盈灵动，使人产生玄妙无极的敬重之情，又无压抑之感。屋檐前有石阶12级，高1.8米。整个殿堂庄严肃穆，与左右斋堂、客堂和前方内山门形成围合的四合院格局。膳堂，即斋堂，位于大殿左侧。宿舍，为客堂，位于大殿右侧。园林，即道教建筑的背景。道教园林以“幽”“奥”取胜，通过引景、设景、借景等手法，出奇制胜，与山林融为一体。天师洞的“西客堂”就是典范。

此外，青城山有遍及全山的亭、桥、廊、榭等景观建筑，全山诸宫观间游程不过25公里，却有古桥亭建筑50余座，建筑风格古朴而雅致，充分体现了道家“天人合一”“道法自然”的思想。

2.洞经古乐

洞经古乐是道教音乐的流派之一,一千多年来，青城山洞经古乐一直在民间流行，是正一教火居道士（以道教科仪为业）在民间禳灾祈福时必备的仪轨音乐。其始于唐宋，盛于明清。青城洞经古乐保存了大量唐宋，甚至更久远的古乐，是我国民间音乐的活化石，现存乐曲80余支。

3.青城派武术

青城派武术与道家修炼的“外活四体，内活经络，修命强身”的动功有关，且吸收了佛门及各派武术的精华，形成海内外公认的门派，与少林、武当、峨眉诸派相互促进，并驾齐驱。青城派武术尤以玄门太极拳和剑术富有特色。玄门太极拳法自成体系，是青城派武术的核心内容，与青城山秘传的“玄门太极长生功”同为道家动静双修的上乘功夫。经青城派第36代掌门人刘绥滨提炼改良后的青城太极养生功夫系列（有三十六式、十八式、十三式、九式、六式），因其简单易学、适应性强、养生益寿、利于身心健康等特点先后被推广到美国、法国、德国、加拿大、瑞士、日本、意大利等。剑术被誉为全国四大剑派之一。近代，青城山还流传有七星剑、飞剑、十三剑、龙虎剑、紫虹剑、二十四剑等。青城派武术常用的器械，除剑器外，还有青龙大刀、乾坤圈、铁鞭等。青城拳术因深受剑术影响，有“剑拳”之称。青城拳术因师承不同而有多种，其中尤以青城洪拳（亦称小洪拳）较为知名。

四、代表景点

（一）都江堰景区

都江堰景区面积大约4平方公里，其中景点众多，代表性的有渠首三大主体工程（鱼嘴、飞沙堰、宝瓶口）、清溪园、伏龙观和乐楼等。

1.鱼嘴

（1）鱼嘴位置的变化　鱼嘴在分水上起着非常重要的作用，因此鱼嘴的选址显得尤为重要。历经多次变化，目前的位置是在1936年重建时选定的。

历史上由于洪水的冲刷，鱼嘴的位置发生过多次变化。李冰修建都江堰时的分水鱼嘴在今紫坪铺镇的白沙邮下，在现在鱼嘴位置以上约1600米处，当时作三石人立三水中（内江、外江、羊摩江），分别测量水位涨落变化。因为该河段两边没有固定的河岸，河床摆动不稳，鱼嘴分水堤时毁时修，反复多次上下移动。到元代铸铁龟，明代铸铁牛分水，意图一劳永逸，但是也各用三四十年即被毁坏。清代前期，鱼嘴移到二王庙以下的玉垒关“虎头岩”对面河心，在今鱼嘴下700米左右，即现在的飞沙堰位置。到清末鱼嘴又上移到二王庙以上。1925年再次下移70米左右，1929年冲毁，之后又上移到二王庙以上。1933年10月9日叠溪地震，洪水冲毁鱼嘴分水堤。1934年春修复，1935年又被冲毁。1936年春重修鱼嘴时，位置从内江向外江移了10米左右，一直保持到现在。

（2）鱼嘴位置变化的原因　鱼嘴的位置是古代水利工程师特意选择的。以近300年为例，明末清初，都江堰因失修而废弃数十年，康熙时重建都江堰，鱼嘴在离堆前300 ~ 400米处，相当于今飞沙堰位置。由于距离宝瓶口较近，岷江低水位时内江引水量太少，不能满足灌溉用水需要；而汛期洪水带来的大量卵石堆积在宝瓶口前，即使丰水时内江干渠进水量也极少。后来随着都江堰岁修工程恢复，灌区用水增加，鱼嘴位置也逐年上移，工程设施随之完善。乾隆时，鱼嘴稳定在今索桥处。道光七年（1827年），水利同知强望泰记载他所见到的鱼嘴已经在索桥处。四川总督丁宝桢指出鱼嘴的位置不断上移，是迁就河道冲淤变化所致，内外江分水口的确定应当以低水位时是否有利于内江引水为判断标准，他坚持将鱼嘴建在原来的地方。“所谓分水者，必须迎上流偏注之水势，以定界址，斯分多分少乃有斟酌”，1933年叠溪地震溃坝洪水将都江堰所有的工程设施破坏殆尽，1936年恢复重建时，鱼嘴依然建在原来的位置直到今天。

（3）鱼嘴“四六分水”“二八排沙”的原理　“四六分水”是清代人对内外江分水比例的概括，是鱼嘴分水功能的控制标准，通过鱼嘴位置的选择可以对岷江水量进行合理的调配。枯水期外江和内江分别占总水量的40%和60%；丰水期的分水比则反过来为外江60%，内江40%。这一调节分流的原理是：当枯水季节来临时，外江河床高于内江河床，因此内江水量所占的比例高于外江；在丰水季节，鱼嘴前的河心洲被淹没，不再受弯道的制约，主流直奔外江，此时受河床高低的影响不大，而河床宽度成进水量的决定因素，因此外江的水多于内江。

在鱼嘴前方大约200米处有一处河心洲，使岷江河流蜿蜒前行。利用弯道流体力学原理，使得岷江水在鱼嘴处分流时首次进行了排沙，即20%的沙石进入内江，80%的沙石进入外江。在飞沙堰处，利用同样的原理，在这里又进行了一次排沙。因此进入宝瓶口的岷江水中，沙石含量非常少，我们在外江见到的沙石数量非常多，而且在外江河床不难看到一些重达几吨的大石头。随着紫坪铺水库的修建，沙石在岷江河流上游就已经被截留，因此现在的岷江河水沙石已经很少了。由此可见，前人在修造都江堰水利工程时确实考虑周全，建造了现代人看来依然非常先进的水利工程。

讲解分析：鱼嘴是都江堰水利工程的核心部分，也是都江堰水利文化的代表，其虽形似鱼嘴，但总体看却是将横着的大坝立了起来，它代表的是治水思想的革命性转变。鱼嘴是都江堰景点的必讲点，鱼嘴分水、排沙的原理是讲解的关键，其位置变化和建造方法则是很好的补充。

2. 飞沙堰

飞沙堰是内江进口河段与宝瓶口之间的旁侧溢洪道，是都江堰渠首工程的一个重要组成部分。飞沙堰宽约240米，高约2米，古称“侍郎堰”，因为排沙效果好，近代改称飞沙堰。

（1）飞沙堰飞沙泄洪原理　岷江河水经过鱼嘴时，大部分沙石随主流由外江下行，但是仍有20%的沙石进入内江。根据弯道流体力学原理，进入内江的水量越大，从飞沙堰分流出去的沙石越多，排沙效果越显著；反之则越少。《都江堰志》记载：1966年7月28日，岷江上游发洪水，冲毁了内江二王庙山下部分浆砌卵石堤埂，其中一块长1.3米、宽1.1米、厚0.6米、重约2吨的碎块，被水流带出飞沙堰。

飞沙堰堰顶高程的选择是很重要的，既要保证宝瓶口有足够的灌溉引水，又必须在汛期及时泄洪。飞沙堰堰顶高程与宝瓶口的水则划数是相配合的。清初以水淹至十划，下游栽秧用水充足为度，过此范围则要求溢流。清光绪时丁宝桢记载：“人字堤一段，向来江水涨发过水则十三、十四划以外，即须令由湃阙上面漫出。”（即由飞沙堰漫出）可能当时堤顶高与飞沙堰齐平。飞沙堰堰顶高程选择，还取决于宝瓶口段河道冲淤情况，并不能完全根据水则划数选定。尤其是现在，使用人工调节水位以后，飞沙堰的作用显得更小了。

（2）“深淘滩、低作堰”古训与铜标、卧铁　为了保证宝瓶口引水量，在一定引水量控制下，河道底高程越高，飞沙堰和人字堤相应修筑越高，堰高容易被冲毁。因此，为了保证内江供水量，飞沙堰的堰高应控制在2米左右。若高了，在洪水季节，内江水量过大，下游则会受涝灾；若低了，下游水量过少，农田灌溉水量不够，则会受旱灾。因此，直到现在，飞沙堰的堰高仍为2米左右。“深淘滩”是内江河道疏浚的施工要领，通过疏浚河道，保证内江足够的引水量，通过对河道疏浚工程的管理可以控制飞沙堰的堰底高程和堰高。明代将铁板、石马埋在内江河滩下，岁修时以能否淘挖出这些器物为验收河道高低的标准。乾隆三十一年（1766年），为了使铁桩不被水流冲走，淘挖时便于寻觅，在凤栖窝处竖立了“石标”，在与石标相对的河道中，一定高程上放置了铁桩。铁桩被冲走，或未能挖到仍是常有的，所以各个时期都会放置卧铁，其高程也未必统一。1936年大修时，在凤栖窝岸边设标准台，台上置铜标，与卧铁一并使用。铜标所在的高程为当时岁修淘挖标准和飞沙堰堰底高程。铜标用水泥固定在条石上，石座共分五级，每级相当于一层竹笼的高度。石座顶高程相当于堰顶高程。

现在在凤栖窝处仍埋有四根卧铁，分别于明万历四年、清同治三年、1927年、1994年埋入，其复制品在离堆公园内喷泉处可以观赏到。

讲解分析：飞沙堰是后人在完善李冰建造的都江堰时增加的工程，其对于完善渠首工程的功能起到了非常大的作用，对内江进行二次泄洪排沙的功能非常强大。对飞沙堰的讲解应该紧紧抓住其核心点——飞沙，即排沙。通过对其飞沙功能的讲解，如1966年排出了重达2吨的石头，来达到震撼听众的效果。数字的讲解和细节的呈现是关键。

3.宝瓶口

宝瓶口是在内江左岸山崖和右岸离堆形成的都江堰天然的进水口，这一段是在基岩上开凿的人工渠道。唐宋元时期称宝瓶口为“石门”，渠则称“石渠”，开凿山崖形成的宝瓶口，成为都江堰永久的进水口。

宝瓶口距上游的鱼嘴大约1020米，口宽顶部约31米，底部约19米，平均宽度约22米。凿开后的砾岩嘴称为“离堆”，堆上建伏龙观。宝瓶口段是坚硬的砾岩，经受了数千年急流的冲刷依然完好。宝瓶口段受激流影响最大的是离堆迎水面，近代100年间离堆发生了显著的改变，由此直接影响到宝瓶口段的水流形态。为了维持天然咽喉宝瓶口的稳定，古代一直用竹笼护岸，因水流太急，效果并不显著。1947年，水流冲毁了宝瓶口峡口处富有特殊风貌的“象鼻子”。1970年冬，对伏龙潭和宝瓶口进行加固维修，从基岩起到最高洪水位止，用混凝土彻底加固宝瓶口左右两侧和离堆迎水面。加固后的宝瓶口底宽14.3米，顶宽28.9米，平均宽20.4米，高18.8米。宝瓶口的峡口长36米，以下河床宽40～50米。因上下河床皆宽于此，因此称之为宝瓶口。

宝瓶口除了引水功用外，瓶口还可以限制过多洪水进入内江。当内江流量较大时，宝瓶口会出现壅水现象，这既加强了飞沙堰和人字堤的泄洪能力，还使凤栖窝起到了沉沙池的作用。离堆前的壅水现象可以使内江水流流速显著降低，大量沙石不能继续前进进入宝瓶口，部分被弯道环流带至飞沙堰排出，部分沉积在凤栖窝一带的内江河段，来年岁修时可以集中清除。

宝瓶口的名称第一次见诸记载是在明代。明人陈文烛《都江堰记》：“灌县都江堰，盖江之会也。禹导江自岷山，西入大渡河，南通于汶，历于灌。堰在江中流为二，有南河者，会新津；有宝瓶口分流为三，至于汉，至于崇宁，至于华阳。灌口堰外低而宽，堰内高而狭，水势也。”堰即都江堰分水鱼嘴，岷江在此分流后，正流岷江又称南河，内江经宝瓶口，分为三支河流，一支为蒲阳河经广汉，与沱江相会，另两支即走马河和柏条河。1957年，把从外江青城桥入口处取水的江安河，改道在内江走马河进水闸处取水，与走马河并列。（江安河，古称阿斗河，又名酸枣河，相传蜀汉时所建。）

讲解分析：宝瓶口的讲解可以从其名称入手，因流进来的不再是砂石和浑浊的江水，而是清澈的甘露，因此叫宝瓶口。对于该景点的讲解可以运用讲故事的方法讲解建造过程，并将神话传说与实际建造的过程、山体岩石类型以及整个宝瓶口的长宽高数据结合起来，运用虚实结合的方法进行讲解。

4.清溪园

清溪园位于离堆公园东南角，景区正大门左侧，占地面积8000余平方米，为川西著名的盆景园。园林小巧玲珑、布局精致、以汇集数百盆精致川派盆景闻名。该园于1999年为迎接世界遗产委员会评审专家而建。全园为离堆公园的园中之园，堪称离堆公园的点睛之笔、川西园林的典范之作。

全园景观以一条清澈的溪流为主线，有数百盆盆景、亭台楼阁、植物花卉围绕，构思精巧，故以“清溪”为园名。园林以水景取胜，清溪水源自岷江活水，清澈见底，从清溪园制高点一亭旁小池倾斜而下，如一条白练从假山飘下，汇入山下小池，然后经过一地下通道，从一照壁下的小池喷涌而出，经过数座小桥，在园中迂回，形成一片大的静态水域，最后在园边回廊之下静静流出，直至一墙之隔的荷花池。溪床及附近堆叠了众多岷江河床上常见的鹅卵石，既增添了园林自然之野趣，同时又点出都江堰水文化的主题。

清溪园构思巧妙，艺术成就很高，主要体现在三个方面。

其一，理池技法高明。园林运用一条源自岷江的清澈溪流为构景主线，主题鲜明。溪流源头隐蔽，藏在假山小亭旁被植被覆盖的小池里，不仔细观察，难以寻觅，以体现“源远”。溪流从回廊下流出数米后，又隐没在一丛灌木之中，不知去向，以体现“流长”。其理池深得传统中国画的精髓。宋画论家郭熙的《林泉高致》中说：“水欲远，尽出之则不远，掩映断其派则远矣。”中国画尺幅之间要见江河邈远，常用山石等掩盖水流，以产生深远意境。

其二，造景手段高超。当我们刚刚步入清溪园门厅时，突现一幅生动的山水画卷，青石照壁中一亭翼然于山巅，跃跃欲飞，其侧一飞瀑倾泻而下，浪花卷雪，四周奇花异卉、亭台廊榭错落有致。中空照壁（照壁中间被挖空，可透视）运用了传统造园手法中的障景、框景两种手法。障景将全园其他景致排除在视线之外，不让人一览无余，产生移步换景的效果，同时中空的部分又将山上亭瀑交辉的景象聚焦，产生了丰富的景观层次。两种手法同时运用，产生了“镜中花”“水中月”的艺术效果和一种可以令人浮想联翩的美妙意境。

其三，园内盆景艺术价值极高。清溪园中有川派盆景400余件，其中以紫薇花瓶、紫薇屏风为视觉焦点。紫薇花瓶、紫薇屏风已有1000多年的历史，是经历了十几代园艺师培育而成的，属于“镇园三宝”[1]中之两宝。

清溪园的盆景为川派盆景的代表和典范，具有极高的艺术价值，最具代表性的就是“桩头六宝”中的五宝。近现代川派盆景中著名的“三陈一杨”，其中“一杨”就指清溪园的杨茂盛。中国盆景有川派（四川）、扬派（扬州）、苏派（苏州）、海派（上海）、岭南派五大流派，各有千秋，为中华传统文化精粹。川派盆景以树桩盆景（又称桩头盆景）价值最高，其蟠扎技艺以棕丝蟠扎见长，千百年来逐渐发展出“三弯九拐”“滚龙抱柱”“方拐”等传统造型。川派桩头悬根露爪、树干虬曲多姿，具有极高的观赏价值。其山水盆景也富有特色，以模山范水为主，少有人工建筑及人物，奇险峻秀，小中见大，再现巴山蜀水之雄、险、幽、秀，不似苏派盆景水迹常有小桥，山间常留亭台。清溪园中的紫薇花瓶、紫薇屏风、紫薇佛掌、玉屏迎宾等为川派盆景的代表作，历史、艺术价值非常高。

（二）青城山景区

青城山有前山和后山之分，号称有一百零八景。前山以天师洞为核心，环绕着高台山、天苍山、龙居山、乾元山、丈人山、宝园山，其中有两条玉带般的溪流——白云溪和清溪，景点多沿溪分布。代表性景点有建福宫、天师洞、上清宫、月城湖、天然图画阁、全真观、老君阁、赤城阁等。

1.建福宫

建福宫位于丈人峰下，青城前山大门左侧，曾是青城山建筑中最为庞大辉煌、闻名遐迩的道观。据传始建于唐开元十八年（730年），初名“丈人祠”。唐晚期丈人祠以壁画闻名于世，曾有张素卿画的五岳四渎、十二溪女及岳渎曹吏等，其壁画诡诞怪异，令观者恐惧，为画中奇绝者。张素卿为简州人，幼时家贫，后为道士，乾符年间（874 ~ 879年）居青城山常道观（即天师洞），时为蜚声全国的画家，善画道教神仙。南宋淳熙二年（1175年）朝廷赐名“会庆建福宫”，取“帝以会昌，神以建福”之意。

现存建筑为清光绪十四年（1888年）重建。其前有亭台楼阁映衬，后有丹岩翠林掩覆，有大殿三重。第一殿名为“长生殿”，用于祭祀四时八节天地太师范长生。第二殿名“丈人

---

[1] 镇园三宝：紫薇花瓶、紫薇屏风、张松银杏为离堆公园“镇园三宝”，艺术价值极高。张松银杏据说已有1300多年历史，原植于张松故里崇宁县三圣寺（今彭州市丰乐乡），于1957年移植到都江堰景区离堆公园，原来在清溪园中，后移出，植于堰工大道旁。

殿”，用于祭祀五岳丈人宁封真君及杜光庭，殿后楹柱上悬挂有长达394字的青城山长联第三殿为后殿，内塑三尊彩像：中间是太上老君，道教尊为教主；左边是东华帝君，即华阳真人王玄甫，为全真道北五祖第一祖；右边是道教全真派创教者王重阳，殿堂板壁之上刻有张三丰祖师的诗。

知识拓展

青城山长联

建福宫正殿的后楹柱上挂着一副长联，这就是著名的青城山长联。该联由四川通江人李善济于清宣统二年（1910年）所撰，全联共394字。上联描绘青城山“纵横八百里舆图”景色，于绘景中抒情；下联以“上下四千年文物”为中心，于咏史中寄意。这副长联上款题“宣统二年春月游青城联”，下款题“通江李善济撰书”，原题于天师洞，后移至建福宫，正楷恭书，字大如拳，宏大磅礴。据说为迄今全国名胜古迹已经镌刻悬挂的第一长联。

建福宫后有赤城岩，崖壁有抗战初期国民政府主席林森挖的防空洞。赤城岩旁有悬流，名叫“乳泉”，取“月砌瑶阶泉滴乳”的意境。从青崖高处徐徐流下泉水，其汩汩之声，如同拨弄古筝。泉下有池，阔深数丈，中间建有一座亭子，叫“水心亭”。从建福宫楠木林右侧上山，丈人山麓有梳妆台，相传为明末庆符王陈妃遗址。传说，明末庆符王屯兵于此，希望击败张献忠，光复明朝。后来，他带兵出征。每日清晨，陈妃就会在此梳妆，眺望远方，盼望庆符王凯旋，不料却得到其战死的消息，陈妃伤痛欲绝，自刎而死。后人为纪念他们忠贞的爱情，故在此建亭。

2.天师洞

天师洞，因观后有汉代张陵天师所居洞窟而得名，是四川省著名宫观，又是全国道教重点宫观和青城山道教协会所在地，也称古常道观。隋大业年间（605 ~ 618年）在此建延庆观，唐改称常道观。观后的天师洞相传为张陵修炼处。唐孙思邈、杜光庭相继来此修道。现存建筑是清康熙年间（1662 ~ 1722年）由住持陈清觉主持重建。民国时期，彭椿仙从1920 ~ 1939年改建天师洞，现存建筑即为当时格局。整个建筑群占地7200平方米，建筑面积5749平方米，其山门、三清殿、皇帝祠布置在中轴线上，作为道观群空间布置的核心。大小十多个天井和曲折环绕的走廊，随地形高低错落，把殿宇楼阁连成一片。建筑空间和景观的变化，道路的回环起伏，光线的明暗对比，廊柱上的楹联题刻，加上天井中的古木奇花，使其充满诗情画意。

天师洞在白云溪和海棠溪之间的山坪上，选址注重环境生态。其后有第三混元顶耸立如屏，左接青龙岗，右携黑虎堂，三面环山，前方开阔，远处有三狮六凤，符合“左青龙、右白虎、前朱雀、后玄武”的“四灵兽式”布局。道观东向略偏北，正对气口。山有来脉，水有活源，符合“枕山、环水、面屏”的模式。营造者善于将建筑小品和自然景物结合，组织空间，控制视野，形成导游线，把天然景物烘托得富有特色，使十分清幽的山谷变成精彩的园林环境空间。其外山门“五洞天”汇聚了青城山建筑的精华，从五洞天到接仙桥，逐渐引人入胜。内山门骑建在高高的陡坎上，通过长长的石阶贯入建筑群，使两层建筑在立面上显现四级三层的壮观景象。

三清殿为主殿，一楼一底，楼上为无极殿，楼下殿内有须弥座彩塑三清造像，殿正中悬挂康熙皇帝手书“丹台碧洞”匾额。三皇殿内有伏羲、神农、轩辕三皇石刻造像各一尊，通高90厘米，唐开元十一年（723年）刻。神座前立有“大唐开元神武皇帝书碑”，碑本四面刻文，正面刻“唐开元十二年玄宗手诏”，碑阴刻益州长史张敬忠的上表，该碑记载了唐代佛、道之争，开元初飞赴寺僧夺常道观为寺，唐开元十二年（724年）玄宗下诏观还道家一事。

三清大殿前银杏阁侧有一棵千年银杏，传为张陵手植。殿后崖壁原天师洞有石刻张天师像及清代续塑的30代天师张继先像，宫观周围还有降魔石、洗心池、掷笔槽等遗迹。

3.上清宫

上清宫位于高台山之阳，晋代始建，后废，唐玄宗时重建，五代王衍时再建，明末毁。现存观宇为清同治八年（1869年）至民国年间，由道士杨松如、龚仰之陆续重建（建筑面积4202平方米）。宫门为石砌券洞，上有门楼，有蒋介石手书的“上清宫”三个榜书大字。两旁有于右任草书楹联：于今百草承元化，自古名山待圣人。石阶两旁各有一株高大的银杏树（右侧一株为十三棵合成）。登石阶进入三清殿，绕回廊再上为玉皇殿，内供太上老君，旁边祭祀纯阳祖师和三丰祖师。殿藏1940年出土的《宋知宫皇甫先生墓碣》。殿右侧南楼前有鸳鸯井。乾隆《灌县志》称其为“八卦鸳鸯井”，相传为前蜀所凿，两口井一方一圆，象征男女，其泉源相通，却一清一浊，一深一浅。井旁有张大千手书“鸳鸯井”三个大字。殿右侧厅有楠木板壁，刻《道德经》全文。殿左侧有长廊通向配殿，里面祭祀孔子和关羽，取名“文武殿”。殿左前方有玉皇坪，五代前蜀后主王衍曾在其左边建行宫，至今柱础犹在。

第三节 武侯祠

——蜀国圣地

一、武侯祠景区概况

武侯祠坐落于成都南郊，占地约15万平方米，红墙环绕，古柏苍翠，肇始于蜀汉昭烈帝章武元年（221年）刘备修建惠陵时，是全国唯一的君臣合祀的祠庙，历经成为最负盛名的诸葛亮、刘备及蜀汉英雄人物的纪念地，是全世界影响最大的三国遗迹博物馆，有“三国圣地”之美誉。

成都何时有武侯祠不见正史记载。杜甫于759年冬到成都，并于次年写下了《蜀相》一诗。诗云：“丞相祠堂何处寻，锦官城外柏森森。”从杜诗可以看出，此时锦官城外的武侯祠已经存在，并且其旁柏林森森，说明已经存在很长时间了。明朝以前，武侯祠和刘备庙并不在一处，而是分开祭祀。明洪武二十四年（1391年），蜀献王朱椿到武侯祠朝拜，他敬仰诸葛亮的忠君爱国，以“君臣宜为一体”为由，将惠陵、汉昭烈庙、武侯祠合为一体，形成了君臣合祀、祠堂与陵园合一的格局。明末，张献忠乱蜀，祠庙毁于战火。现在的武侯祠是清康熙十年（1671年）于旧址重建而成的。为兼顾君臣之礼，遂将奉祀刘备的昭烈庙置于前，纪念诸葛亮的武侯祠列于后。

武侯祠于1961年被国务院公布为第一批全国重点文物保护单位，1984年成立博物馆，2008年成为首批国家一级博物馆。虽名“武侯祠”，但其大门悬挂的却是“汉昭烈庙”的横匾（“汉”是刘备政权的称号，史称“蜀汉”。“昭烈”，是刘备的谥号。顾名思义，这里是祭祀蜀汉皇帝刘备的庙宇）。对于这一奇怪现象，民国邹鲁就曾写诗解释，“门额大书昭烈庙，世人都道武侯祠。由来名位输勋业，丞相功高百代思”。意思是虽然这里挂着纪念刘备的匾额，但因为诸葛亮的历史功绩更大，在百姓心中的威望已经超过刘备，所以人们就不顾君尊臣卑的礼仪，仍然将这座祠庙称作武侯祠。

武侯祠景区由惠陵、汉昭烈庙、武侯祠、三义庙组成的三国历史遗迹区，川军抗战将领刘湘陵园为主体的西区和体现川西民风民俗的锦里民俗区三部分组成，祠内供奉着蜀汉英雄塑像47尊。钟、鼎、匾额、碑刻文物荟萃，尤以唐代三绝碑、清末攻心联最为著名，是世人关注的重要三国遗迹。

二、三国文化

（一）“三国”与“三国时期”

1.三国

所谓“三国”是指东汉末年先后成立的三个割据一方的政权，即魏、蜀、吴。其中“魏”又称“曹魏”，由曹丕于220年代汉自立，定都洛阳，东汉王朝也在此时结束，265年魏国灭亡，司马炎建立晋国，史称“西晋”。蜀，以“汉”为国号，故又名“蜀汉”，221年刘备称帝建汉，定都成都，263年蜀汉被曹魏所灭。吴，又称“孙吴”，由孙权于222年建立，229年孙权称帝，定都建业（今江苏南京），280年吴为晋所灭。

2.三国时期

三国还是一个特定历史时期的称谓，有狭义和广义之分。狭义“三国”是指从曹丕建魏（220年）开始到晋灭孙吴（280年）结束，前后延续60年。若按照这种说法，曹操、关羽就都不是三国人物了，三国的历史就逊色很多。于是又有广义“三国”之说，主要指从黄巾起义（184年）到晋灭东吴（280年）。通常所谓“三国”主要指广义“三国”。

（二）何为三国文化

三国文化涵盖甚广，是一个颇为复杂的概念。简单地说三国文化就是关于三国的文化，而实际上何谓“三国”，何为“文化”，说法甚多，并不统一。以沈伯俊的观点为例，三国文化有三个层次：其一，历史学上（狭义）的“三国文化”，是指三国时期的精神文化，包括哲学、文学、艺术、史学、科技等方面；其二，历史文化学上的“三国文化”，是指三国时期的物质文化和精神文化的总和，包括政治、军事、经济、文化等多方面；其三，大文化上（广义）的“三国文化”，是指以三国时期的历史文化为源，以三国故事的传播为流，以《三国演义》及诸多衍生现象为重要内容的综合性文化。

（三）三国文化的发展脉络

三国文化发展脉络导图

三国文化的发展大约可分为三个时期：形成期、发展期和成熟期。

1.形成期（西晋至南北朝）

此时期，三国文化刚开始形成，与其有关的历史和故事多以史学著作为主。自西晋开始，三国历史便不断被记录在各类史书中，其中最具代表性的是《三国志》，陈寿较为详细地记录了三国时期的历史人物和事件。此外，东晋史学家习凿齿的《汉晋春秋》、南朝史学家范晔的《后汉书》中也记载了有关三国历史的部分事件。这三部著作，成为三国文化发展初期的基础文献。

2.发展期（隋至元）

在这一阶段三国文化主要以文学作品为载体。隋唐时期的三国文化主要以诗歌形式表现，如杜牧的《赤壁》、刘禹锡的《蜀先主庙》。宋元时期三国文化的表现形式更为丰富，多以话本、辞赋、戏曲等形式呈现，这一时期的三国文化以史实为基础，又突破了历史的简单记述，运用多元的艺术形式对三国故事进行传播，使得三国故事更加生动而有趣，拓展了其发挥空间，为三国文化的进一步发展创造了条件。

3.成熟期（元末明初至今）

这一阶段的三国文化已经突破了史实的局限，附会了诸多野史与虚构故事，以《三国演义》为基础，产生了大量的文学作品。首先是对《三国演义》展开续写的小说及戏曲类作品，如酉阳野史的小说《三国志后传》、徐渭的戏曲《狂鼓史渔阳三弄》等。其次，三国故事也促进了明清书评类文学作品的发展。自现代以来，伴随电媒技术的发展，三国文化逐渐与影视结合，如电视剧《三国演义》、电影《赤壁》等作品。这一时期的三国文化，形式多样，内容丰富。

三、代表景点

（一）三绝碑

碑碣是武侯祠的一大特色，自唐代开始，历经明、清及近现代，武侯祠镌刻大小碑碣50余通，其中以唐碑的艺术和文物价值最高。

三绝碑，又称唐碑，本名《蜀丞相诸葛武侯祠堂碑》，位于武侯祠大门内东侧。碑身连同云纹碑帽通高367厘米，宽95厘米，厚27厘米。碑身嵌入碑座，外有碑亭覆盖。碑文分序和铭两部分，楷书，共22行，每行约50字。在碑阴刻有武元衡及其僚佐共27人的职务、爵禄和姓名。唐碑建成后，在碑正面、背面、两侧等空隙处不断有人题记赋诗。现存历代题记十六则，分题诗、题跋、题名三种，其中唐人四则，宋人六则，明人四则，清人二则。这些题记如锦上添花，大大丰富了其内容，提高了其文物价值。

三绝碑刻建于唐宪宗元和四年（809年）。时任剑南西川节度使的武元衡率领裴度、柳公绰等一众僚属到武侯祠拜谒。那时武侯祠虽已建成相当长一段时间，但尚未有人树碑立传，治蜀两年，且颇有政声的武元衡准备为武侯祠立碑纪念，一可以述先贤之功绩，表仰慕之情，以资纪念；二可以诸葛武侯自喻，宣扬其德化蜀地的功绩。节度府掌书记裴度受命为此碑撰文。才高八斗的裴度思接千载，文思泉涌，洋洋洒洒，一气呵成，写就千古传唱的《蜀丞相诸葛武侯祠堂碑铭并序》。这篇千字雄文立意高远，文辞优美，叙事简练，论证深刻。裴度在碑文中不仅表达了自己对诸葛亮的仰慕钦敬之情，还借歌颂诸葛亮来称颂武元衡。文章写成后，由著名书法家、成都少尹柳公绰书写。其书法端肃浑厚、结构严谨、古朴自然。后由著名刻工鲁建刻就，其刀法劲拔，刻技精湛，与柳公绰的书法相得益彰。因文章瑰丽、书法遒劲、刻艺精湛，该碑被后世誉为"三绝碑"，即文章、书法、碑刻三绝。

明弘治十年（1497年），四川巡抚荣华在碑面题跋说，“裴中立所作，文体纯正，如《甘誓》《胤征》，不华不俚。柳子宽所书，笔法遒劲，如正人端士，可敬可爱，诚二绝也……武侯之功德，裴、柳之文字，其相与垂于不朽也”。此后，人们纷纷附和。这可能是三绝碑名称的最早来历。此三绝将裴度文章、柳公绰书法与诸葛武侯功绩并称“三绝”，这也是所谓“老三绝”；而之后以鲁建刻石替代武侯功绩则称为“新三绝”。

（二）前后《出师表》石刻

诸葛亮的前后《出师表》石刻，嵌在二门长廊墙壁上。石碑刻工精良，黑底白字，宛如手书，字为行草，气势雄浑，飘逸灵动。门左为《前出师表》，由20块小石碑拼接而成。门右为《后出师表》，由17块小石碑拼接而成。每块小石碑长63厘米，宽52厘米，其上镌刻字体大者10厘米见方，小者仅3厘米。两通石碑，分布左右，贯通长廊，气象宏大，蔚为大观。石刻共1300余字，书法精妙，布局卓绝，酣畅淋漓。综观如电掣雷奔，龙飞凤舞，细视则如铁画银钩，抑扬顿挫，字体或大或小，笔画轻重、疾徐、粗细，随态运奇，无不适意。其挥洒纵横，如疾风骤雨，如快马入阵。

此碑为拓本，相传为岳飞手书，其借书写《出师表》表达了自己抗金北伐的凌云壮志，倾吐对朝廷议和派、投降派的愤懑之情。但经考证，该石刻的两表并不是岳飞手书，实为明代白麟所书，伪属岳飞之名。虽然此为赝品，但因诸葛亮和岳飞二人的英名和勋业先后辉映，被千古传诵。人们敬其人而爱其文，所以仍然珍视这幅墨宝。更重要的原因是该书笔力雄健，结体遒劲，气韵生动，艺术价值极高，有其自身的生命力。

《前出师表》是诸葛亮于蜀汉后主建兴五年（227年）率军北伐前给皇帝刘禅的一份表文。这篇表文情真意切，感人肺腑，表现了诸葛亮为国辛劳、不遗余力、赤胆忠心、死而后已的高风亮节。他分析了刘备死后的天下形势，疲敝的益州，正处在危急存亡的生死关头，劝告刘禅认清形势，振作奋起，保持进取精神。诸葛亮就政治问题向刘禅提出了几条建议，一是广开言路——开张圣听，二是严明赏罚——陟罚臧否，不宜异同，三是亲贤远佞——亲贤臣，远小人。他在表文中规劝刘禅要执法公允，讲述了只有亲贤臣，远小人，国家才能兴旺的道理，并推荐了一批德才兼备的将吏，最后诸葛亮表示自己受刘备三顾之恩，托孤之重，一定要为兴复汉室效死输忠。表文言词恳切，催人泪下。在古代有读此文不落泪的人就不是忠臣的说法。《后出师表》是《前出师表》的姊妹篇，写于建兴六年（228年）。当时第一次北伐失败，大臣们对再次出征北伐颇有异议。诸葛亮立论于汉贼不两立和敌强我弱的严峻事实，向后主阐明北伐不仅是为了实现先帝的遗愿，也是为了蜀汉的生死存亡。表中"鞠躬尽力，死而后已"之句，正是当时形势下他所表露的坚贞誓言。

（三）刘备殿

刘备殿位于武侯祠古建筑群中轴线的中间位置，以体现其作为祠庙主祀和君主的尊贵。高大雄伟的殿堂掩映在森森古柏之间，整个殿堂由正殿、偏殿和边间组成。正殿分为明间和两次间，祭祀刘备及其孙子刘谌。东西偏殿紧邻正殿，东偏殿内祭祀关羽及其儿子与部将；西偏殿祭祀张飞祖孙三人。这三殿一体、主次分明的宏大建筑，表现了《三国演义》中描述刘、关、张"桃园结义"的艺术情节，是文学艺术与建筑艺术互相启迪、互相借鉴的典型范例。主殿与偏殿之间的布局、衔接和造型结构相辅相成，搭配和谐。

主殿门前悬挂着"业绍高光"的匾额，殿内金龙抱柱，彩灯高悬，正中供奉着刘备贴金泥塑坐像，塑像高3米，头戴天平冕冠，身着黄袍，双手捧圭玉于胸前，宽面大耳，长髯垂胸，神态端庄静穆。分立于坐像左右的两名侍者，一捧玉玺，一捧宝剑，肃然侧立。

刘备生于161年，卒于223年，是蜀汉王朝的开创者。在群雄纷争、英雄辈出的三国时期，刘备从寂寂无名到声名远播，历经30余年的艰苦努力，"历齐楚幽燕越吴秦蜀"，终于建立了与曹魏、东吴鼎足而立的蜀汉王朝。刘备戎马一生，志在复兴汉室，统一天下。他待人宽厚，广行仁义，知人善任，礼贤下士，"盖有高祖之风"；他屡遭挫折，颠沛流离，却始终"折而不挠"。其对手曹操都称赞其为"天下英雄"。后世评论，刘备堪称一位创业之君。

（四）诸葛亮殿

诸葛亮殿又名静远堂，取自诸葛亮《诫子书》中"非淡泊无以明志，非宁静无以致远"之句。殿堂宽敞开朗，殿的两角伫立着高大的钟楼和鼓楼，两侧分布有陈列室，陈列室的回廊与过厅相连，形成了一座以殿宇为主体的四合院落。院内外古柏参天，花草丛生，钟鼓楼下碧池荡波，荷花飘香，假山峥嵘，泉水叮咚。古朴的殿宇掩映在森森翠柏之中，庭院风光幽雅古朴，使人宁静，与其静、远之名相得益彰。

殿前正中有一铁铸香炉，高1米有余，为明代遗物。炉身铸造飞天，炉耳两侧为两童子，其双手扶着炉口，目光注视炉内。殿前走廊以青石为栏，栏柱上雕着体态生动的飞禽走兽和惟妙惟肖的奇花异果。殿内外的楹联匾额和刻石鼎炉琳琅满目，古色古香。

殿堂正中供奉着诸葛亮祖孙三代的贴金泥塑坐像，像均高2米多，塑于清康熙初年，工艺精湛，出自民间艺人之手。诸葛亮像位于殿堂正中龛台之上，以玻璃框罩护。其头戴纶巾，手持羽扇，身披金袍，凝神静思，其忧国忧民之深谋苦心，栩栩如生，展露无遗。两侧有子孙陪祀，子诸葛瞻有其父遗韵，睿智洒脱，孙诸葛尚青春年少，充满朝气。

诸葛亮是三国时期的蜀汉丞相，是中国历史上影响深远的政治家和军事家。他年轻时隐居于隆中，因才智超群、刻苦好学、胸怀大志，有“卧龙”之美称。刘备三顾茅庐，拜他为军师。他先辅佐刘备，创建蜀国；刘备死后，受托孤之重任，辅佐其子刘禅，执掌朝政，治蜀达20多年；他施行教化，严明赏罚，选贤任能，兴修水利，发展生产，南征至滇池，北伐出祁山，以忠贞、勤勉、廉洁和才智，换来了蜀地的安定和繁荣。由于过度辛劳，54岁时病逝于北伐前线五丈原军中，埋葬在陕西勉县定军山下。他忠贞不贰的品德，坚韧不拔的毅力，杰出的政治智慧和军事才干，高远的政治理想以及对时势敏锐的洞察力，彪炳史册，传为佳话。他是历代政治家效仿的楷模，是民族智慧的化身。其子孙秉承前辈遗志，忠于蜀汉政权，千古流芳。

诸葛亮殿内门楣楹柱上挂满了后人留下的各类匾联。其中最有名的当数悬挂在殿门正中的“攻心联”，联文及书法均出自清末名士云南剑川人赵藩。其联文为：能攻心则反侧自消，从古知兵非好战；不审势即宽严皆误，后来治蜀要深思。它概括了诸葛亮的文治武功，追思诸葛亮治军理政，审时度势，以及宽严并用的政治策略，上联引用诸葛亮“七擒孟获”的典故，称赞他在平定南中的战争中七擒孟获，以“攻心”之术，使其心悦诚服，最终发出“丞相天威，南人不复反矣”的承诺，以一战换来数十年的和平。因此赵藩极力推崇诸葛亮，认为他是精于用兵而不好战的军事谋略家。下联用一否定句来反衬诸葛亮在治蜀方略中，能“审势”，宽严有度，治蜀有方，称赞他因势乘变，根据不同历史条件和客观形势采取宽严相济的治蜀策略。诸葛亮执法严厉，曾挥泪斩马谡；但其也有宽大的一面，如蜀郡太守法正一意孤行，大行个人报复之事，诸葛亮对此行为以宽大为怀，不予追究。这一宽一严的区别对待，原因在于政治形势的迥然不同。斩杀马谡发生在诸葛亮首次北伐之际，军法不严不足以号令三军；而法正之事发生在刘备新据益州之时，民心尚未归顺，若严加追究，不利于蜀汉新政权稳定。这副对联立意高远，言简意赅，属“中国十大名联”之一，深刻地总结了治理巴蜀的核心精髓——攻心、审势。“攻心”与“审势”不仅可用于治理四川，乃可以放之四海而皆准！其不唯可用于治理地方，甚至于治理国家、大国外交等方面也有诸多启发。不仅适用于当时，乃至于到今天仍有相当的参考意义。赵藩撰写该对联是为了劝谏其学生，即时任四川总督的岑春煊治蜀不宜太过严苛而失民心。后来到四川上任的地方官都会到武侯祠拜读这副对联。

第四节 大熊猫基地——千年萌宠，世界之星

一、大熊猫概况

大熊猫数量十分稀少，属国家一级保护动物。它主要栖息在四川、陕西和甘肃的山区，其中四川更是以“大熊猫栖息地”闻名。大熊猫的历史悠久，最早的大熊猫大约生活在800万年前的中新世晚期，与它同时代的很多动物已在残酷的生存竞争和自然选择中灭绝，但大熊猫却存活了下来，可谓是动物界中的“活化石”。

大熊猫独一无二的皮毛颜色、标志性的黑眼圈、憨态可掬的模样、婴儿般滚圆的身材，总会激起人们心底最温暖、最美好的感觉，这种感觉不分年龄，不分国家，不分民族，这也使它在中国家喻户晓，被誉为“国宝”。作为动物“活化石”，大熊猫具有非常高的科研价值；作为“国宝”，它又是我国的“外交大使”。早在唐朝，武则天就将两只大熊猫作为国礼赠送给了日本天皇。迄今为止，我国大熊猫的足迹遍布美国、日本、英国、德国、西班牙、朝鲜、墨西哥等国家，其受欢迎程度远超当红明星。

知识拓展

大熊猫的称谓

在我国的古代典籍中大熊猫被广泛记载，只是称谓多样，并不统一。比如在《尚书》

中称“貔”,《诗经》中称“白罴”,《兽经》中称“貉”,《尔雅》《说文解字》《本草纲目》中称“貘”,《峨眉山志》中称“貔貅”。汉代著名文学家司马相如在《上林赋》中列举了当时咸阳上林苑饲养的近40种异兽，名列首位的就是“貘”，可见大熊猫在当时就被人们视为名兽。大熊猫还有许多地方名称，藏族同胞称大熊猫为“杜洞尕”，彝族同胞称之为“峨曲”，四川一些地方称其为“花熊”“白熊”“黑白熊”。

二、大熊猫科普

知识拓展

大熊猫名称的由来

在英语里，人们称呼熊猫为Cat Bear，中文译为猫熊，因为它的脸似猫，体似熊，为了强调它是一种熊，故名。只是由于后来人们的误读，才成了“大熊猫”。1944年，大熊猫首次在重庆北碚的中国西部科学博物馆展出，它的标牌采用了流行的国际书写格式，分别注明中文和拉丁文。但由于当时中文的习惯读法是从右往左读，所以参观者一律把“猫熊”读成了“熊猫”，久而久之，人们就习惯性地把“大猫熊”叫成“大熊猫”了。从此，“大熊猫”这个现代名称就这样一直延续使用至今。

（一）大熊猫的种属

大熊猫归属脊索动物门、哺乳纲、食肉目。对于大熊猫究竟是归属熊科还是浣熊科，一直有争议。熊派学者主张熊猫归属熊科，其代表人物为戴维神父，他认为熊猫尽管与熊有区别，但总体形态尚未脱离熊的性状，在系统演化上仍归属于熊。浣熊派学者主张熊猫归属浣熊科，1885年，英国学者迈瓦尔特（Mivart）首次提出大熊猫属于浣熊科，爱德华兹也是该观点的支持者。20世纪中晚期，西方学者通过分子生物学方法，推导出大熊猫大约在250万至150万年前从熊类中分离出来。目前，大多数西方学者支持该观点。世界自然保护联盟（IUCN）濒危物种红皮书和濒危野

熊猫进化史导图

生动植物物种国际贸易公约（CITES）附录等国际文件均将大熊猫归入熊科。

也有学者认为大熊猫应单立为一科，大熊猫科最早由英国学者波考克（Pocock）提出。1986年，北京动物园等单位通过对大熊猫系统解剖和器官组织观察，认为大熊猫的许多特点是继祖先而来，理应单独为一科。《中国动物志·食肉目》也明确了大熊猫科的分类地位，越来越多的学者趋向于将大熊猫独立出来，成为单科、单属、单种，即大熊猫为食肉目、大熊猫科、大熊猫属、大熊猫种。持此观点的学者认为，大熊猫与熊科、浣熊科动物均有较大差异，比如，大熊猫吻部明显较短，骨骼要比熊类粗壮厚重，腰和盆腔相对较大等。

知识拓展

大熊猫的基因图谱

2008年3月，由中国科学家发起，加拿大、英国、美国、丹麦等国科学家联合参与的国际“大熊猫基因组研究”项目启动，绘制大熊猫基因组序列图谱是该项目的第一部分，深圳华大基因研究院承担了主要的工作任务。华大基因研究院自主研制的全基因组组装软件及自主搭建的高性能计算机，在其中发挥了关键性的作用。科学家挑选了大熊猫晶晶进行基因组测序，晶晶是2008年北京奥运会吉祥物的原型之一，一直生活在成都大熊猫繁育研究基地。2008年10月11日，深圳华大基因研究院宣布世界首张大熊猫基因组图谱绘制完成。

经研究发现，大熊猫共有21对染色体，基因组大小与人类相似，约为30亿个碱基对，包含2万～3万个基因。基因组测序的结果支持了大熊猫是熊科的一个亚科的观点。通过与已经进行过全基因组测序的物种比较，研究人员还发现大熊猫基因组与狗的基因组在结构上最为接近，与人也有较大的相似性，在哺乳动物中与小鼠差异较大。

大熊猫基因组图谱的绘制完成，有助于从基因角度破解为何大熊猫繁殖能力低下的疑问，从而使科学家有机会帮助繁育更多的大熊猫。这是大熊猫研究取得突破性进展的里程碑。

（二）大熊猫的生存环境

大熊猫的分布横跨川、陕、甘3省的49个县（市、区），栖息地面积约30000平方公里，其中80%以上分布于四川。其生活环境主要在青藏高原东部边缘的温带森林中，长江上游向青藏高原过渡的一系列高山深谷地带，包括秦岭、岷山、邛崃山、大小相岭和大小凉山等山系。秦岭山系的大熊猫多分布于南麓，主要在佛坪、洋县、太白、留坝、宁强等县。岷山山系除甘肃文县外，其余位于四川的部分都有大熊猫分布。邛崃山系的大熊猫多分布在宝兴、汶川、天全、大邑县、邛崃、崇州、康定、泸定等。大小相岭的大熊猫主要分布在洪雅和冕宁县，此外荥经、石棉、汉源、九龙等也有少量分布。大小凉山的大熊猫主要分布在马边、美姑和越西，此外甘洛、峨边和雷波也有少量分布。

大熊猫喜湿、畏暑，其主要生活在东南季风的迎风面，海拔1600 ~ 3500米高的坳沟、山腹洼地、河谷阶地等地。这类地方气候温凉潮湿，云雾缭绕，气温通常低于20℃，土质肥厚，竹类生长良好，隐蔽条件良好，食物资源和水源都很丰富，地形和水源的分布也有利于其藏身和哺育幼仔。

知识拓展

四川大熊猫栖息地

四川大熊猫栖息地由世界第一只大熊猫发现地宝兴县，中国四川省的卧龙自然保护区等7处自然保护区，卧龙、四姑娘山、夹金山脉和青城山—都江堰风景名胜区等9处风景名胜区组成，涵盖成都、雅安、阿坝和甘孜共4市州的12个县，面积9245平方公里。

四川大熊猫栖息地的野生大熊猫占全世界30%以上，是全球最大最完整的大熊猫栖息地，是全球除热带雨林以外植物种类最丰富的区域之一，被保护国际（CI）选定为全球34个生物多样性热点地区之一，被世界自然基金会（WWF）确定为全球200个生态区之一。该区的自然环境与第三纪的热带雨林相似。

（三）大熊猫的形态特征

成年大熊猫一般体长120 ~ 190厘米，体重85 ~ 125千克，最重可达180千克，雄性个体稍大于雌性。体型肥硕似熊、丰腴富态，头圆尾短，趾爪锋利，前后肢健硕有力。体色为黑白两色，但黑非纯黑，白也不是纯白，而是黑中透褐，白中带黄。锋利的爪和发达有力的前后肢，使大熊猫能快速爬上高大的乔木。黑白相间的外表，有利于它们隐蔽在密林的树上和有积雪的地面而不易被天敌发现。大熊猫脸颊和熊不同，熊脸长，而大熊猫脸圆，如婴儿般可爱，眼睛小，但是有大的黑眼圈，因而显得异常可爱。大熊猫具有发达的四肢，运动方式是四肢交替呈内八字慢吞吞地行走，这种慢吞吞的动作使它能够保存能量。大熊猫皮肤厚，最厚处可达10毫米。身体不同部分的皮肤厚度也不一样，体背部厚于腹侧，体外侧厚于体内侧，皮肤的平均厚度约为5毫米，并且色白而富有弹性和韧性。大熊猫的视觉极不发达，这是由于大熊猫长期生活于密密的竹林里，光线很暗，障碍物又多，致使其视觉变得十分不灵敏。此外由于它的瞳孔像猫一样是纵裂的，因此，当夜幕降临以后，它们还能活动。

（四）大熊猫的食性

在动物分类学上，大熊猫自成一科，与食肉动物同目。从其牙齿和肠胃功能上看，它是能食肉的。但因行动迟缓，不易捕捉到其他动物，渐渐地就以脆嫩清香的竹笋、竹竿和竹叶为食。在大熊猫野外自然采食的50多种植物中，竹类就占一半以上，而且占全年食物量的99%，其中最受大熊猫欢迎的有大箭竹、华西箭竹等。

随着食性的转变，大熊猫的一些器官也发生了相应的变化，特别是牙齿，它的臼齿非常发达，是食肉目动物中最强大的，构造较为复杂，接近于杂食性兽类，裂齿的分化不明显，犬齿和前臼齿发达，没有齿槽间隙。上门齿呈弧形排列，下门齿呈一字横列，第二对下门齿位置常靠后，似乎形成双列，这种现象在老龄个体上表现较为明显。犬齿的齿根粗大，而齿冠显得较短，齿尖不算锋利。一般食肉目动物的最后一枚上臼齿均位于冠状突基部的前缘处，而大熊猫臼齿的后移既可限制上、下臼齿的左右摆动，又可以增强咀嚼效果，但碾磨作用受到限制。臼齿的磨损上下不同，下臼齿的磨损始自外侧，而上臼齿则始于内侧，原因是左右上臼齿列之间的距离大于下颌臼齿列的间距。总的看来，它的牙齿与其他食肉目动物不同，却同草食性的有蹄类动物十分相似。此外，除前掌上的5个带爪的并生趾外，它还有一个“第六指”，即从腕骨上长出的一个强大的籽骨，起着“大拇指”的作用，这个“大拇指”可以与其他五指配合，能很好地握住竹子，甚至抓东西、爬树等。但它却还保留着食肉动物的那种较为简单的消化道，没有食草动物所具有的专门用于储存食物的复杂的胃和巨大的盲肠，肠胃中也没有用于把植物中的纤维素发酵成能吸收的营养物质的共生细菌或纤毛虫。

竹子的营养不足，为了获得所需的营养，唯一的办法就是快吃快排、随吃随排。一只体重100千克的成年大熊猫，在春天每天要花12 ~ 16小时，吃掉10 ~ 18千克的竹叶和竹竿或者30 ~ 38千克的新鲜竹笋，同时排出10多千克粪便，才能维持新陈代谢的平衡，所以人们在动物园看到的大熊猫的常态之一就是吃竹子。大熊猫除吃竹子外，也吃杂草等其他植物，但吃进的量极少。

此外，大熊猫也并非真正的“素食主义者”，遇到机会，它也会食肉。例如在它的栖息地内分布着一种竹鼠，专吃箭竹的地下根，使箭竹枯死，但它的肉却是鲜嫩可口，营养丰富。大熊猫有一套巧妙的办法来对付竹鼠，一旦闻到它的气味或者发现其踪迹，很快就能找到它的洞穴，然后便用嘴向洞里喷气，并用前爪使劲拍打，迫使竹鼠慌忙出逃，大熊猫则乘机一跃而上，用前爪按住，撕去鼠皮，尽食其肉，这一习性倒是和猫很类似。另外，大熊猫在人工饲养条件下也喜欢喝牛奶，吃鸡蛋、鱼肝油、肉末粥等。

知识拓展

大熊猫食用的竹类

大熊猫的食物并不是单一的箭竹，其实大熊猫喜欢吃的竹子种类比较多。这些竹子长期生长在亚高山暗针叶林、山地暗针叶林、山地针阔叶混交林及山地常绿阔叶林的林冠下，分布海拔从700 ~ 3500米不等。不同山系的大熊猫食用的竹类不同。大熊猫的食谱随山系和季节变化，在不同的季节采食不同种类的竹子或同种竹子的不同部位。春夏季最爱吃不同种类的竹笋，秋季多以竹叶为主食，冬季以竹竿为主食。

供大熊猫食用的竹类植物共有125种。野生大熊猫常见的食用竹种类包括：冷箭竹、八月竹、实竹子、筇竹、大叶筇竹、箬竹、少花箭竹、短锥玉山竹、北背玉山竹、峨热竹、巴山木竹、糙花箭竹、缺苞箭竹、华桔竹等。圈养大熊猫常用的食用竹种类有巴山木竹、刺竹、白夹竹、箬叶竹、淡竹、苦竹、阔叶箬竹、毛竹、冷箭竹、拐棍竹、矢竹等。

（五）大熊猫的繁殖

由于生殖能力和育幼行为的高度特化，大熊猫一生中产仔数量少，幼仔不易成活，其种群数量增长十分缓慢。圈养条件下雌性大熊猫4岁左右，雄性大熊猫6岁左右进入性成熟，野外大熊猫性成熟稍晚。

大熊猫属于独居动物，成年大熊猫只有交配期间才生活在一起，交配完成后雌雄大熊猫再次分开生活，妊娠、分娩和育幼等由雌性大熊猫独自完成。雌性大熊猫每年发情一次，通常在3 ~ 5月，每次只有短暂的1 ~ 3天。雄性大熊猫的发情行为随雌性大熊猫而发生，在同一发情季节，一只雄性大熊猫可与多只雌性大熊猫交配，同样一只雌性大熊猫也可与多只雄性的交配。在野生环境下大熊猫数量稀少，相互间主要通过气味嗅觉的方式联系，等雄性感知到雌性释放的气味时，雌性大熊猫的发情期或许已经结束了，所以大熊猫在野外环境下繁衍十分困难。

受孕后的大熊猫妊娠期为83 ~ 200天，幼仔通常在8月左右出生。刚出生的大熊猫发育相当不成熟，体重仅仅是它母亲体重的千分之一，最轻的为51克，最重可达225克，平均只有145克左右。研究发现大熊猫幼仔的头骨发育不足，这可能是它们的孕期较短，相关胚胎发育没有完全成熟就出生的结果，大熊猫刚出生时的发育程度相当于人类刚刚发育28周的胎儿。大多数熊科动物需要两个月的时间在子宫壁上发育，而大熊猫则只有一个月。也就是说大熊猫的受精卵着床时间较晚，因此发育不足。一般情况下，哺乳动物会尽量让幼仔发育成熟后才出生，这样可以保证后代存活率。如果发育不成熟就出生，该物种就会面临灭绝的危险。大熊猫是个例外，其生活的区域缺乏大型食肉动物，这为大熊猫宝宝的存活提供了有利条件，所以不会轻易灭绝。即使如此，刚出生的大熊猫的死亡率还是很高，一般情况下大熊猫一胎只生一只，如果生了双胞胎（圈养条件下，大熊猫产双胞胎的比例近50%），熊猫妈妈通常也只会选择其中一只进行抚养，这就是大自然残酷的生存法则。照顾孩子对于雌性大熊猫来说是一项非常艰巨的任务，通常历时18个月，有时甚至长达两年，直到它的下一个孩子出生。

刚出生的大熊猫皮肤是粉红色的，带有稀疏的白毛，像一只小老鼠，完全没有其成年模样。在它刚出生的几周里，大熊猫妈妈会一直将孩子抱在怀里，几乎寸步不离，移动的时候就把它衔在嘴里。在这一点上，圈养大熊猫和野生大熊猫是相同的。大熊猫育幼期间，幼仔的叫声是母仔间联系非常重要的通信工具，想吃奶、想排便、受冷、过热或其他原因的不适，幼仔都可以通过不同的叫声提醒母亲满足其不同需要。出生1 ~ 2周后，长黑毛的地方皮肤颜色开始变深，此时大熊猫雏形开始出现。出生4周左右后，它们的眼睛、耳朵、腿部及肩膀等部位会长出黑色的毛。当幼仔6 ~ 8周大时，它们就可以睁眼了，并开始长牙；三个月后就可以慢慢地爬动了。

知识拓展

大熊猫繁殖困难的原因

大熊猫是我们国家的国宝，之所以称它为宝，是因为它的数量极少，很稀有。那么，为什么大熊猫数量那么少？人们常常听说人工圈养的大熊猫繁殖十分困难，但到底难在哪里呢？为什么大熊猫难以大量繁殖？据总结，大致有以下原因。

1.熊猫一年只排一次卵

雌性大熊猫一年只能怀孕一次，并且卵子存活的时间只有36 ~ 40小时。大熊猫的发情期很短，雄性大熊猫的发情期大约持续30 ~ 40天，而雌性大熊猫只有1 ~ 3天。一旦错过了这一良机，雌性大熊猫便失去了受孕的机会。再加上大熊猫平素“孤芳自赏”，不相往来，到了发情期，才漫山遍野寻找异性伴侣。

2.熊猫怀孕的时间不固定

不像其他的哺乳动物有标准的妊娠周期，雌性熊猫的怀孕时间可以是3个月，也可以是6个月。这是因为熊猫倾向于生活环境优化后再进行生产，这样能够确保幼仔的存活。

3.熊猫宝宝出生后生存能力差

大熊猫受孕后产下的幼仔很难成活。一般的动物，如鹿和牛，出生后不久就能行走，有较强的生存能力；但熊猫的幼仔浑身无毛，比老鼠还小，到两个月左右才有视力，三个月以后才能勉强爬行，往往由于寒冷、饥饿和敌害而夭折。

（六）种群现状

关于大熊猫的调查结果显示，截至2013年年底，全国野生大熊猫种群数量达1864只；截至2022年底，大熊猫圈养种群数量达到698只，野生大熊猫栖息地面积为258万公顷，潜在栖息地91万公顷，分布在四川、陕西、甘肃三省的17个市（州）、49个县（市、区）、196个乡镇。有大熊猫分布和栖息地分布的保护区数量增加到67处。

大熊猫的分布区已经相当狭小，实际上它的分布地点仅限于中国陕西秦岭南坡，甘肃、四川交界的岷山，四川的邛崃山、大小相岭和大小凉山等彼此分割的6个区域，栖息于海拔为1400～3600米之间的落叶阔叶林、针阔叶混交林和亚高山针叶林带的山地竹林中。每个区域又由于高山、河流等自然因素或公路、耕地等人为因素的影响，再被分离成更小的单位，所以栖息地实际面积不足总面积的20%，仅有约5900平方公里。支离破碎的栖息地和孤立分布的生存状态对于大熊猫的繁殖和抵抗自然灾害都是十分不利的。

近亲繁殖使得大熊猫隐性基因纯合，后代生命力减弱，甚至畸形或死亡。这种现象在动物园人工饲养的大熊猫中也是一个严峻的问题，绝大多数个体是来自同一野生地区，使很多在动物园中繁殖的幼仔在出生后出现畸形或者发育不良，大部分早期夭亡，种群难以得到维持和发展。

因为大熊猫是世界上极其宝贵的自然历史遗产，具有重要的学术研究价值，其生存和保护现状，为世人所关注。保护大熊猫的根本措施是保护大熊猫的栖息地，促进野生和饲养大熊猫的繁殖，完善和强化管理手段，采取科学的方法，为大熊猫的生存创造必需的条件，维持进而增加大熊猫种群数量，发展和恢复大熊猫的栖息地。

三、大熊猫趣闻

（一）“食铁兽”的由来

大熊猫在古代被称为“食铁兽”，古籍中有不少关于大熊猫吃铁的记载。汉东方朔（公元前153年～公元前93年）在《神异经》中说：“南方有兽，名曰啮铁。”明代袁牧的《新齐谐初集》有更详细的记述：“房县有貘兽，好食铜铁而不伤人，凡民间犁锄刀斧之类，见则涎流，食之如腐。城门上所包铁皮，尽为所啖。”四川省的《北川县志》把大熊猫称为“食铁兽”。大熊猫为何“食铁”？现在有一种普遍的说法是因为大熊猫的食物中缺少铁质，它们就会下山找铁，一般是找到山民的铁锅后抱住就舔，舔食上面的铁锈，被吓跑的山民误以为它们食铁，所以给了它们这个称号。

（二）“熊猫醉水”

野生大熊猫常生活在清泉流水附近，有嗜饮的习性。有时，它们也不惜长途跋涉到很远的山谷中去饮水。一旦找到水源，大熊猫就开怀畅饮，以至“醉”倒不能走动，如同一个酗酒的醉汉躺卧溪边，故民间有“熊猫醉水”之说。据从事大熊猫研究几十年的专家介绍，一只健康的大熊猫无论是在河边，还是在高山的出水点，饮水通常不超过3分钟，大多数只需1～2分钟即可喝够，然后就进入竹林取食。大熊猫患了消化道疾病之后，胃里发热，咽喉发炎，进食困难，唯有饮水既能解渴，又能止饿，故饮水也是患病大熊猫的习性之一。所以“熊猫醉水”并没有科学依据，只是民间传说而已。

（三）大熊猫的战斗力

大熊猫外表憨态可掬，可爱的模样总会给人一种柔弱的感觉，但实际上它可不像小猫咪那么温顺，远古时期的大熊猫是肉食动物，它们擅长捕猎。由于环境的变化，它们成为杂食性动物，但是有时候碰到合适的猎物，它们还是会进行捕猎。而且，熊猫的牙齿咬合力仅次于北极熊，和西伯利亚棕熊相当，的确不能小看。还有专家表明，在海拔两千米的高山上，大熊猫的奔跑速度相当于110米跨栏世界冠军的速度，捕猎几匹狼更不在话下，一般山里的动物在它们眼里就像玩具一般。大熊猫被誉为“活化石”，与它同期的动物基本消失了。它能存活下来，不仅因为它能适应环境，还与其自身的“本事”分不开。大熊猫与北极熊是“亲戚”，吃竹子是为了适应环境，基因里却藏着原始的狂暴。大熊猫前掌的力量，锋利的爪子，还有它的体重，这三者加起来，几乎所向披靡，在食物链中也是顶端的猎食者！

大熊猫有强大的战斗力，也有一定的攻击性，但是只有在特定的情况下，才会对人类发起攻击，如果人在野外遇到一只野生大熊猫，完全不用担心，不用跑。胆小的大熊猫会一溜烟地跑进竹林，如果它感觉人对它有威胁，就会立马爬上树。大熊猫有野性、有攻击性，但性格天生比较温顺，人类也不是它的食物。

（四）大熊猫的“墨镜”和“背心”

大熊猫的毛色分布有确定的规律，黑白位置固定不变，绝大部分大熊猫的毛色都是一样的。世上有很多黑白相间的动物，如奶牛、斑马等，但是它们的黑白分布是随机的，而大熊猫的黑白分布则是稳定的，远远看上去，就像戴了一副墨镜，穿了一件背心，使其更加娇憨。尤其是大熊猫的眼睛，其实大熊猫是典型的单眼皮，小眼睛。曾有网友将大熊猫眼睛周围的黑色编辑成白色，瞬间就让人感觉没有那么可爱了，所以这对黑眼圈也是造物主对这种神奇生物的美丽馈赠了。

四、成都大熊猫繁育研究基地[1]

成都大熊猫繁育研究基地，位于成都市成华区外北熊猫大道1375号，距市中心约10公里，距成都双流国际机场30余公里。该基地作为“大熊猫迁地保护生态示范工程”，以保护和繁育大熊猫、小熊猫等中国特有濒危野生动物而闻名于世。这里山峦含黛，碧水如镜，林涛阵阵，百鸟谐鸣，被誉为“国宝的自然天堂”，是中国政府实施大熊猫等濒危野生动物迁地保护工程的主要研究基地之一，是国家4A级旅游景区，是全球知名的集大熊猫科研繁育、保护教育、宣教旅游、熊猫文化建设于一体的大熊猫等珍稀濒危野生动物保护研究机构，该基地主要有以下功能。

（一）大熊猫繁育

基地以20世纪80年代抢救留下的6只病饿大熊猫为基础，在未从野外捕获一只大熊猫的情况下，以技术创新为基础，进行大熊猫繁育。截至2020年底，大熊猫的数量达215只，是全球最大的圈养大熊猫人工繁殖种群，且种群遗传质量、种群内个体健康状况和行为健康状况均良好。

[1] 成都有3个大熊猫繁育研究基地：位于成都市区北郊的成都大熊猫繁育研究基地、位于都江堰市的熊猫谷和熊猫乐园。此处仅以国家4A级景区成都大熊猫繁育研究基地为重点进行介绍。

（二）大熊猫科研

近年来，基地通过系列创新性科研工作，攻克了圈养大熊猫人工饲养与管理、繁殖与育幼、疾病防控与种群遗传管理等关键技术难题，突破了多项技术瓶颈，取得了多项原创性科研成果，70余个科研项目分获国家、省、市级技术发明奖和科技进步奖，取得了30项国家发明和实用新型专利，被国内外公认为开展圈养大熊猫保护科技实力最强、科技成果最多、应用推广效果最好的大熊猫迁地保护示范单位，并在2014年9月被授予“全国技术人才先进集体”的荣誉称号。

（三）大熊猫保护教育

基地于2000年在全国野生动物保护系统率先开展公众保护教育工作，成立了科普教育部。在中国野生动植物保护协会的指导下，引入先进的保护教育理念和教育方式，针对当今环境热点问题，从公众意识、情感、行为多层面，在基地和全国城市社区、大中小学、幼儿园、农村，开展了一系列丰富多彩的保护教育项目。目前基地和众多国家、机构开展了合作，建立了广泛的联系和合作网络，先后获得了“全球500佳”“全国青少年科技教育基地”“国家科普教育基地”“国家环保科普基地”等荣誉称号。

（四）大熊猫旅游

基地坚持科研、旅游并重的指导思想，形成“产、学、研、游”一体的可持续发展模式，以造园手法模拟大熊猫野外生态环境，大熊猫产房、大熊猫饲养区、科研中心、大熊猫医院分布有序，若干处豪华熊猫别墅散落于山林之中。不同年龄段的大熊猫在这里繁衍生息，长幼咸集，其乐融融。

知识拓展

成都大熊猫繁育研究基地的由来

20世纪80年代一首家喻户晓的歌《熊猫咪咪》这样唱道：“竹子开花啰喂！咪咪躺在妈妈的怀里数星星。星星啊星星多美丽，明天的早餐在哪里？”这是当时为了拯救濒临灭绝的国宝熊猫而创作的。歌曲的背景是20世纪80年代，邛崃山系冷箭竹开花枯死，大熊猫的生存受到了严峻的考验。为了拯救我们的国宝大熊猫，一部分大熊猫因缺食饥饿而被救护，集中到成都动物园。1987年，为了加强对病饿大熊猫的救治管理，将大熊猫的教育展示功能与救护研究功能分离，强化大熊猫科学研究，提高大熊猫繁育水平，成都市人民政府决定建立成都大熊猫繁育研究基地。1990年后，成都基地与成都动物园分别成了两个独立的实体单位。1992年，大熊猫博物馆对游客开放。1997年，成都大熊猫繁育研究基地在国家计委、成都市计委、成都大熊猫繁育研究基金会的共同资助下，建立了国内第一家开展中国特有濒危保护研究的开放实验室。2006年，基地被国家旅游局（现文化和旅游部）正式评为国家4A级旅游景区。

五、代表景点

（一）幼年大熊猫别墅

幼年大熊猫别墅主要住的是未成年的熊猫宝宝，该景点是成都大熊猫繁育研究基地人气最高的地方，大熊猫以娇憨可爱的形象赢得了无数人的喜爱，而这种娇憨可爱在熊猫宝宝身上体现得淋漓尽致。

（二）成年大熊猫别墅

成年大熊猫别墅主要住的是成年大熊猫。相对熊猫宝宝，成年熊猫的活动强度不大，导游讲解应以熊猫的生活习性为主。别墅的设计充分考虑了大熊猫的生活习性，每个居住区域都模拟了其自然栖息地的环境，有草地、树木、水池和攀爬架，满足了大熊猫们的各种生活需求。

（三）大熊猫博物馆

大熊猫博物馆始建于1992年，是一个兼具科普、公众教育、展示、展品收藏、保护和学术研究等多种功能的现代化博物馆。博物馆以“人·大熊猫·自然和谐”为主题进行设计，通过场景复原，科技赋能，打造沉浸式的大熊猫文化展示体验环境。全馆建筑面积7179平方米，展示面积4342平方米，分为熊猫前传、竹林隐士、发现熊猫、濒危年代、保护之路、生态家园、创享未来七个主展区，建有一个3D影院和一个穹幕影院，是全球第一个以大熊猫为主题的互动体验专题博物馆。

（四）大熊猫科学探秘馆

大熊猫科学探秘馆展示面积约1000平方米，包括“熊猫研究基地概览”“神秘的大熊猫”“熊猫的恋爱与婚配”“熊猫的遗传探秘”“生命的摇篮”“熊猫和它的伙伴们”六个部分。该馆由美国美古设计公司设计，采取寓教于乐的方式，以互动的方式向游客展示基地在大熊猫繁殖、育幼、遗传、内分泌研究及生物多样性保护方面所做的各项研究工作。

第五节 三星堆——古蜀文化瑰宝

一、三星堆景区概况

三星堆古蜀文化遗址位于四川省广汉市西北的鸭子河南岸，距离成都约38公里，距广汉市区约7公里，遗址总面积约12平方公里，其中心区域是一座由东、西、南、北四面城墙包围的古城，古城规模近4平方公里。同时期规模如此宏大的古城在全国范围都实属罕见。遗址内出土的文物证实，三星堆一期文化距今已有约4800年历史，是迄今西南地区发现的规模最大、延续时间最长、文化内涵最为丰富的古城、古国、古蜀文化遗址。

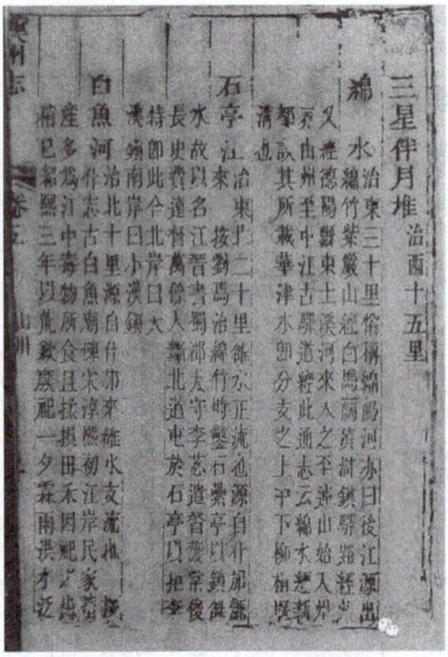
三星伴月堆 治西十五里

图2-1 《汉州志》中有关“三星伴月堆”记载

三星堆的得名源于遗址内三个人工夯筑的祭祀台，它们犹如天上的三颗星星，与其北面的一轮犹如新月的月亮湾城墙隔着马牧河南北相望，从而被称为“三星伴月堆”，这在清代嘉庆年间的《汉州志》中有明确记载，可见早在清代这里就已经形成了一处美丽的人文景观（图2-1）。

三星堆古蜀遗址的发现，纯属巧合。1929年春天，当地农民在掏挖水沟安放水车时，意外发现了400多件玉器，随即敲开了三星堆文化沉睡千年的大门。1986年7月和9月，对遗址内两个大型商代祭祀坑的发掘取得了丰硕的成果，两坑陆续出土金器、玉器、青铜器、骨器、陶器等珍贵文物达1200件之多，三星堆遗址顿时轰动世界。

作为20世纪人类最伟大的考古发现之一，三星堆古蜀文化继良渚文化后，再一次昭示了长江流域与黄河流域同属中华文明的母体，被誉为“长江文明之源”。

目前，三星堆古蜀文化遗址已正式对外开放的包括以综合馆、青铜器馆为主的三星堆博物馆区，其位于距离三星堆古蜀文化遗址区的东北角约1公里处。三星堆博物馆于1992年8月奠基，1997年10月正式对外开放，属首批“国家一级博物馆”、首批“国家考古遗址公园”、教育部首批“全国中小学生研学实践教育基地”。三星堆博物馆基本陈列“古城古国古蜀文化陈列”由“三星伴月——灿烂的古蜀文明”“三星永耀——神秘的青铜王国”两大陈列馆构成，共辖9个单元。两个陈列馆以三星堆古蜀遗址出土的珍贵文物为缩影，不仅清晰地勾勒了三星堆古蜀文化的发展脉络，而且集中反映了三星堆文明在各个时期所取得的辉煌成就。

2019年4月，四川省文化和旅游新版宣传口号——“天府三九大，安逸走四川”正式对全球公布。而其中的“三”，指的就是三星堆古蜀文化。

二、三星堆古蜀文化分析

俯瞰四川盆地，其四面均被群山环抱，由于特殊的地理环境，从而形成了历史上著名的“四塞之国”。在古代，四川特殊的地理位置使得交通极不便利，导致古代四川的对外经济文化交流受限，因此诗仙李白就有了“蜀道之难，难于上青天”之叹！

中国的西南地区北接黄河中上游的青海、甘肃、陕西诸省，南与印度、不丹、缅甸、老挝、越南等国为邻，是联系亚洲大陆腹地（中亚、西亚）及南亚印巴次大陆、中南半岛的枢纽，四川盆地则处在这一枢纽的咽喉地带，而三星堆古蜀遗址恰巧处于这一咽喉的腹心地带，为其文化的成形和发展夯实了基础。

4000多年前，在遍布文明火种的华夏大地上，百花齐放的文化接踵而至。就四川盆地而言，自然也不难发现大量的古蜀文化雏形，其中最具代表性的早期蜀文化就有宝墩文化，其历史可追溯到新石器时代。宝墩文化自成体系，独具特色，应该就是古蜀文化的早期雏形。此外新发现的有5500年历史的茂县营盘山遗址，又把古蜀的历史推进了近1000年，它是岷江上游地区新石器时代面积最大、文化遗存最丰富的大型中心聚落遗址，代表了5000年前岷江上游地区文化发展的最高水平。

同时，在该区域陆续出现的8座大型遗址都以城市的面貌出现，包括新津宝墩古城遗址、都江堰芒城遗址、温江鱼凫城遗址、崇州双河古城遗址、郫都区古城遗址等。以它们为代表的古蜀遗址并非自成一派，而是形成了星罗棋布的网状结构，构成了独具古蜀属性的文明脉络。这足以表明，古蜀文明的起源和中华文明的起源是不谋而合的，其中，作为长江上游地区最具代表性的文明，三星堆文明属于中华文明起源重要的组成部分，再一次雄辩地证明了中华文明起源的多元性，是中华文明发展进程中不可或缺的“一元”。

（一）雄踞西南

“古蜀文化”这一区域性文化体系分布范围广泛，在北达汉水流域，东至荆江地区，西南迄大渡河、金沙江及今贵州北部一带，分布着许多古蜀文化的遗址和遗迹，其中分布最密集的地区是成都平原。三星堆遗址位于古蜀文化圈的中心区域，是古蜀文化的典型代表，在各个领域取得的卓越成就，证明了广汉三星堆在3000多年前就已经成为古蜀文化的中心。

1. 三星堆一期文化

三星堆一期文化属新石器时代晚期文化，距今4800 ~ 3700年，一般认为这一时期为古蜀史传说中的蚕丛时期。

在这一时期出土的陶器以泥质灰陶和夹砂褐陶为主，器形较丰富，以锯齿状形口沿罐、花边形口沿罐、喇叭口大翻领罐、敞口镂孔圈足豆等器形为主，手法多为手制，轮制占一定比例。生产工具以石器为主，器形小，加工精，以斧、锛、凿为主，并出现了玉璧、玉圭、玉环等小型礼器。

遗址内还发现了许多建筑遗迹，这些建筑群分布广泛，多为干栏式建筑。干栏式木骨泥墙建筑是以圆木搭建出房屋结构，然后嵌入竹条编制的墙体，再在墙体两面糊上草泥，这种建筑的防风防潮性能良好，材料随处可见。从残留的墙基及柱洞等情况分析，房屋大多为圆形和方形，一般的房屋面积为二三十平方米，最大的一处建筑面积达200平方米左右，可能是公共性质的建筑。

以大量石器、陶器等生活用品为代表的生活遗存和小型礼器表明了早在距今5000年的新石器时代晚期，三星堆古蜀先民就已经在当地起聚落、兴房舍，他们在这里繁衍生息，为三星堆文明的发展和崛起打下了坚实的基础。

2.三星堆二、三期文化

三星堆文化以三星堆遗址二、三期文化为代表，时间跨度为距今约3700 ~ 3100年，相当于中原地区的夏商时期，是三星堆最繁荣的时期，一般认为这一时期属古蜀史传说中的鱼凫王朝时期。

三星堆遗址内的中心古城近4 平方公里，城墙体系庞大，建筑遗址众多。据考古勘察，古城内还有序分布着居住区、作坊区、祭祀区、墓葬区等，这4平方公里左右的城邑城市规模宏大，城市布局合理，已经不是一期文化中文明初现的聚落村寨，而是已经形成了早期的城市、国家。

三星堆二、三期文化出土的文物中，富集了高柄豆、小平底罐、鸟头把勺等具有蜀地文化特色的陶制品，流光溢彩的金器和神秘诡谲的青铜制品也产生于这一时期。此外，考古学者们在陶制品上还发现了刻画符号，这些符号和甲骨文属于同一时期，但归属于不同体系，这些刻画符号都是单独出现而且数量不多，目前虽无法破译其意，但极有可能是蜀地早期文字的雏形，我们将其定名为“巴蜀图语”。

3.三星堆四期文化

三星堆遗址四期文化相当于商末周初，距今约3100 ~ 2600年，陶器以小平底罐和尖底器为主。

在这个时期，由于某种原因，三星堆文明仿佛中断了在本地的发展进程，三星堆古蜀国似乎突然之间不见了踪影。直到2001年初，成都金沙遗址的发现才为我们解开了谜团。金沙遗址晚于三星堆遗址，其年代大约处于商代晚期至西周早期，前者紧接后者，又同处于成都平原，两者之间又有相似的文化面貌。所以考古研究者认为，自广汉三星堆之后，古蜀国的政治、文化中心由于某种原因而向南迁移到了成都，而金沙遗址很可能就是三星堆文化的转移和延续，古蜀文化至此转入了一个新的发展阶段。

（二）物华天府

四川盆地四面环山、地势险峻、易守难攻，自古以来乃是兵家必争之地。也正是由于其得天独厚的自然条件，百姓才能自给自足，以至于被后来的诸葛亮视为“天府之国”。

三星堆古蜀遗址出土的大量陶器制品，除高柄豆、小平底罐、鸟头把勺之外，还有大量的陶缸、陶罐，它们以硕大的体型说明3000多年前的三星堆古蜀先民已经进入农业社会，他们以陶缸、陶罐作为储存粮食作物的器皿，加上部分陶盉和成套的陶制酒杯，表明彼时的粮食产量极为丰富。结合部分陶制动物饰品，可见当时家畜饲养与农业生产相辅相成，是农业兴旺发达的标志，三星堆遗址出土家养动物遗骨及各类家养动物造型的器物颇多，可以想见当时家禽饲养业具有一定的规模，农副产品丰富。其中，以陶盉和三足炊器为代表的生活用品极具中原文化色彩，反映了三星堆古蜀文化与中原文化之间存在的交流与沟通。

与此同时，遗址内出土的80多枚象牙，经鉴定为亚洲象的门齿。象牙大多是埋于两个祭祀坑中，因此，学者们认为它们应是统治阶级财富的象征。至于象牙的来源，有可能是因为当时本地有象或者是蜀地与周围国家甚至更远地区的商贸交易的产物。从5000多枚海贝，少量青铜制作的铜贝，以及青铜人像身着的服饰来看，手工业已经从农业中脱离出来，为商品生产、商品交换奠定了坚实的基础。这些实物例证都充分体现了三星堆文明在农业发展基础上的商贸转型，成都为南方丝绸之路起点的事实再一次得到了有力的佐证。

（三）以玉通神

以玉作六器，以礼天地四方。以苍璧礼天，以黄琮礼地，以青圭礼东方，以赤璋礼南方，以白琥礼西方，以玄璜礼北方。

——《周礼》

物质基础决定了精神文明的发展。由于生产力水平相对低下，古代人类认识自然、改造自然的能力相对薄弱，他们无法理解打雷、闪电、刮风、下雨等自然现象的产生，从而认为这些自然现象都是由天上的神灵操控，以至于产生了一种对神灵的敬畏和崇拜之情，我们称之为早期的自然崇拜。三星堆古蜀先民亦是如此，在漫长的生产生活中，为了祈求风调雨顺、国泰民安，于是产生了图腾崇拜和祖先崇拜。

玉器在中华民族的历史上有极为独特的地位，当时的人们赋予了玉器特定的性质、特殊的社会功能和超自然的能力。自新石器时代晚期以来，我国的制玉业就很发达，这一时期以良渚文化的玉器为代表。至商代，则以河南安阳殷墟妇好墓出土的玉器最为著名。而三星堆蔚为壮观的玉器群，又把人们的眼光吸引到了神秘的三星堆古蜀国。

遗址内出土的大量玉礼器，如玉璧、玉琮、玉璋、玉圭、玉凿、玉剑等，选料考究、制作精良，形制大多取材于生活中的农具或兵器。但由于其以玉石为原材料，这些器物一般无实际生活用途，加上大多器物上充满了原始信仰的图腾标识和精美图案，它们更多被视作原始宗教礼仪中的礼器。这不仅体现了三星堆古蜀人在制玉工艺上的匠心独具，也反映了他们浓厚的原始宗教信仰。

为了能实现人神互通、天人合一的极致效应，当时的人们会定期举行祭祀活动，从而逐渐形成了系统的礼仪制度。在祭祀礼仪活动中，他们不惜代价，用数以千计的珍贵玉器作为礼器，这种以玉作礼器的祭祀方式和中原文化中的礼仪活动不谋而合。

（四）烈火熔金

在三星堆文物中最令人震撼是蔚为壮观的青铜器群，大量精美绝伦的青铜器是证明三星堆古蜀国存在的重要依据。三星堆的青铜器铸造工艺之精，分型水准之高，在金属冶炼技术上表现出的高成熟性，绝不亚于同时期中原地区的青铜器。中国目前发现最早的青铜器是距今4000年左右夏代的青铜器。而中国青铜器最为辉煌的时期是商周时期，尤以商代晚期的各类青铜器最为壮观。而三星堆的青铜器正是这一时期中国西南青铜文化的典型代表。

通过对合金成分的分析可知，三星堆青铜器的含铅量较高，说明古蜀人已经掌握了合金技术，并充分利用铅的易流动性和柔韧性制作出了造型纹饰精美繁复的青铜器。在这当中，三星堆文明中最具代表性的要数神秘诡谲的青铜人像群，它们以庞大的规模、奇特的外形、神秘莫测的文化内涵横空出世，填补了中华文明史上没有青铜人物雕塑群的历史空白，在世界青铜史上占领了一席之地。

三、代表器物

（一）玉璋

“璋”是三星堆古蜀文化中最有特色、数量最多的一种玉器，史料中记载，璋是古代祭祀活动中礼南方的礼器，而在三星堆文化中，它最大的功用是祭山。三星堆的玉璋分为边璋和牙璋，平口的称为边璋，前端分牙开叉的是牙璋。三星堆遗址中出土的一件边璋通长54.2厘米，是三星堆玉器中极具代表性的文物，珍贵之处在于其满身的图案。二号坑中出土了大量的牙璋，牙璋的顶端分牙开叉，可能象征着山峰。三星堆玉牙璋造型精美、形体宏大，在全国范围内都非常罕见，有学者甚至认为中华牙璋的发源地是在蜀地。三星堆遗址出土玉璋数百件，说明这种器物在古人的原始宗教中有非常重要的意义。

一号祭祀坑中出土的鱼形玉璋，是三星堆文化特有的一种类型，因整体外形像一条鱼而得名。在三星堆遗址发现了大量造型似鱼和鸟的器物，这可能和当时的图腾崇拜有关，是和鱼凫王朝有密切关系的器物。这批形制独特的鱼形玉璋共有数十件，是目前在其他地方见不到的极富地方特色的珍品。

（二）金杖

金杖，出自三星堆遗址一号祭祀坑，全长1.43米，直径2.3厘米，用金皮包卷在木头上，出土时，金皮内还有炭化的木渣，金皮重约463克，这是目前在我国夏、商、周三代考古中发现的形体最大、含金量最高的一件金器。在金杖的一端，有一段长46厘米的图案，下方为两个头戴五齿高冠、耳戴三角形耳坠的人头像，笑容可掬，另外两组为两背相对的鸟和鱼，在鸟的颈部和鱼的头部叠压着一支箭。有学者推测，这段图案可能表现的是以鱼和鸟为祖神崇拜的两个部族结盟，建立了三星堆古蜀国。也有学者认为那不是箭，而是“穗形物”，并估计当时已经有了水稻种植。

多数学者认为金杖代表着神权和王权，象征着蜀王手中至高无上的权力。在中国其他地区出土的杖，大多为老人使用的手杖、拐杖。在古埃及、古西亚地区以杖象征权力的文化形式较多，比如《汉穆拉比法典》的石雕上，神将代表权力的杖授予了汉谟拉比，即君权神授。金杖的出土可以在某种意义上解释了三星堆是否受外来文化影响这一问题。

（三）青铜神树

三星堆青铜神树通高3.96米，是迄今为止发现的全世界同时期内最高的青铜单件文物。

神树由底座、树以及树上的龙组成。树的底座像一座神山，神山上矗立着一棵高大挺拔的树。神树总共分3层，每层有3根树枝，树枝上有刀状的果叶、硕大的果实，在每颗朝上的果实上都站着一只跃跃欲飞的鸟，全树一共有9只鸟。但由于树顶残缺，难以断定树顶是否还有1只。树干上嵌铸了一条龙，这条龙造型奇异，龙头朝下，身体呈辫绳状，可能表现的是传说中“一头双身”的蛟龙，其前爪匍匐在树座上，后爪像人手，身上还挂着刀状的羽翅。中国龙造型从古到今千变万化，但像这样怪异的龙还是非常罕见。

从现代美学角度看，神树造型合理，布局严谨，比例适宜，对称中有变化，对比中求统一。神树由多段多节组合而成，并采用了套铸、铆铸、嵌铸等工艺，但仍是浑然一体，天衣无缝。造型艺术的美通过古代匠师炉火纯青的技艺被表现到了极致，堪称青铜铸造的精品。青铜神树是三星堆文物中最有艺术价值、最具观赏性的文物之一。

有关这棵树的用途，就得联系中国神话传说中的三棵神树来说明了。传说在东海的尽头有神树扶桑，“九日居下枝，一日居上枝”，每天由一个太阳轮流上天值班，而后失去秩序导致“十日并出”，这才有了后羿射日的神话。而在西方有若木，若木神树也有十日神话之说。这么看来，每天早晨太阳从东方的扶桑树上升起，到了傍晚落到西方的若木树上，古人用对大树的崇拜诠释了太阳东升西落的概念，但他们很难理解太阳从东到西的自然更替，竟认为太阳是由一只叫作金乌的鸟背负着的，正所谓太阳“金乌西坠、玉兔东升”。除此以外，《山海经》中记载，在“都广之野”，有一棵神树叫“建木”，由于地处世界中心，此树便成了众神用于连接天地的登天之梯；建木树上有枝叶、花卉和果实，还有蛇等动物。

如此看来，三星堆青铜神树是我国传说中三棵神树最直观的实物例证。它结合了传说中三棵神树的特征和功能，不仅反映了古蜀人对太阳的强烈崇拜，更是古蜀人心目中沟通天地、交连人神的重要桥梁。在三星堆古蜀国“政教合一”的政治体系中，青铜神树无疑在各大宗教祭祀活动中扮演了至关重要的角色。

（四）青铜纵目面具

青铜纵目面具宽约138厘米，重80余千克，造型极度夸张，方形的脸看起来似人非人，似兽非兽，角尺形的大耳高耸，长长的眼球向外凸出了16厘米。面部形象非常怪诞，可谓青铜艺术中的极品。古籍《华阳国志》中记载：“蜀侯蚕丛，其目纵，始称王。”说的是古蜀国的第一代蜀王，他的眼球就稍显凸出，他以农桑兴邦，开蜀地百代鸿业，奠定了“天府之国”的基础，百姓安居乐业，所以人们尊称他为青衣神，并世代祭祀。于是古蜀人用夸张的艺术手法，将心目中的王塑造为可以眼观六路、耳听八方的神了。

据面具两侧的方孔推测，它很可能曾被固定在某宗庙神殿中，供蜀人顶礼膜拜。

（五）青铜立人像

在三星堆遗址中出土的大量青铜人像群里，青铜立人像不论是从服饰、形象，还是体量等各方面来讲，都堪称“领袖”。这尊立人像采用分段浇铸法嵌铸而成，身体中空，它由人像和底座两部分构成，通高约2.61米，其中人像高约1.8米，整座铜像重达180多千克。

青铜立人像头戴高冠、腰间系带、身着长袍、表情凝重，赤脚站在带有大象头装饰的基座上，显得威风八面、盛气凌人。人像身上的长袍非常考究，袍子分为三层，其中里层最长，下摆自然下垂、轻盈飘逸。众所周知，中国是丝绸的原产地，而四川又是丝绸的发源地，古蜀国的第一代蜀王蚕丛就是教民种桑养蚕的鼻祖，这足以说明早在3000多年前，古蜀国的手工业已是空前发达。袍上纹饰繁复精美，以龙纹为主，配以鸟纹、虫纹等，长长的耳垂上还留有耳洞，想必是佩戴耳环或耳钉用的。此外，人像双脚上还佩戴有镯子。这样奇特的装束，不光是在地处西南内陆的古蜀国，就是在中原地区的各个少数民族中也很难找到同类。我们先不谈他的种族问题，只看如此生动细致的刻画就足以说明三星堆的古蜀人已经发展成为一个文明富饶和具有较强审美意识的民族。

但是与此不相配的是，他的双手非常夸张，大得出奇而且握成圆环状。俗话说“大权在握”，再加上他头上戴的象征权位的高冠，说明其很可能是与神权和王权相关的人物。至于人像手中的器物，有人认为是祭祀活动中连接天地的玉琮，有人认为是权杖，有人认为是象牙，也有人认为可能什么都没拿，只是祭祀时的一种特定姿态。这个问题至今仍存在争议，是三星堆众多未解之谜之一。

由于未在遗址内发现文字，三星堆文化至今还有很多谜团没有解开，例如，青铜立人像为什么不是东方人的面容？地处盆地，遗址内数千枚海贝究竟从哪里来？用来制作大量青铜器的原材料（铜、锡、铅）是从哪里来的？古蜀人为什么要把这些器物掩埋？两个坑确定就是祭祀坑吗？三星堆文明是怎么发展起来的？如此鼎盛的文明为何又突然中断？

思考与练习

1. 成都有哪些别称？分别有什么来历？
2. 成都的地理空间格局是怎样的？
3. 成都六大文化主题是哪些？分别列举与其对应的文化景点。
4. 都江堰景区的旅游景观文化体系是怎样的？请思考如何利用这一体系对都江堰景区的文化进行讲解。
5. 请思考如何通过对青城山著名宫观的讲解传播绿色发展理念。
6. 请思考如何通过对武侯祠三国文化的讲解启示当今地方治理和企业管理。
7. 请从大熊猫对于当今世界生态文明的重要性的视角做一个大熊猫科普教育的讲解设计。
8. 请思考四川的旅游宣传口号“天府三九大”为什么会将三星堆放在最前面。
9. 如何通过导游解说树立中华民族的文化自信？

拓展阅读

[1] 四川省文史研究馆．成都城坊古迹考[M]．成都：成都时代出版社，2006.

[2] 冯举．成都府南两河史话[M]．成都：四川民族出版社，1998.

[3] 成都市群众艺术馆．成都掌故：典藏版[M]．成都：四川大学出版社，2007.

[4] 傅丛矩．成都通览[M]．成都：成都时代出版社，2005.

[5] 郝康理，符礼建．敢为人先：成都的全国之最[M]．成都：四川辞书出版社，2005.

[6] 蒋永志，蒋纯勇．源远流长的青城洞经古乐[M]．北京：中国文联出版社，2006.

[7] 曾智中，尤德彦．文化人视野中的老成都[M]．成都：四川文艺出版社，1999.
[8] 成都市文化馆．成都故事百家谈2[M]．成都：四川人民出版社，2011.
[9] 曹丽娟，凌宪．成都老街的前事今生[M]．成都：四川人民出版社，2010.
[10] 王纯五．青城山志[M]．成都：四川人民出版社，1994.
[11] 沈伯俊．三国漫话[M]．成都：四川人民出版社，2000.
[12] 傅光明．纵论三国演义[M]．济南：山东画报出版社，2006.
[13] 马植杰．三国史[M]．北京：人民出版社，1993.
[14] 黄万波，魏光飚．大熊猫的起源[M]．北京：科学出版社，2010.
[15] 胡锦矗．大熊猫研究[M]．上海：上海科技教育出版社，2001.
[16] 肖平．三星堆：青铜之光照耀世界[M]．成都：成都时代出版社，2019.
[17] 李殿元．论秦征服古蜀与“成都”得名[J]．成都大学学报（社会科学版），2014（5）：35-39.
[18] 张志烈．从杜甫诗歌看成都文化[J]．阿坝师范学院学报，2017，34（3）：44-52.
[19] 吴增辉．由唐至宋杜甫草堂变迁述论[J]．中华文化论坛，2017（4）：88-94.
[20] 钱玉趾．金沙遗址太阳神鸟及金带的用途[J]．文史杂志，2007（5）：16-19.
[21] 彭邦本．古代都江堰岁修制度——从《秦蜀守李冰湔堋堰官碑》说起[J]．西华大学学报（哲学社会科学版），2018，37（4）：8-18.
[22] 李远国．洞天福地：道教理想的人居环境及其科学价值[J]．西南民族大学学报（人文社科版），2006（12）：118-123.
[23] 张泽洪．蜀中道教名胜——青城山[J]．世界宗教文化，2004（1）：25-28.
[24] 王纯五. 五斗米道与巴蜀文化[J]．中华文化论坛，1995（2）：97-102.
[25] 王家祐，任启臻．蜀中八仙考[J]．四川文物，1991（5）：17-19.
[26] 徐学书．青城山、都江为昆仑圣山“成都山”、圣河“成都江”考[J]．西华大学学报（哲学社会科学版），2010，29（5）：32-36，67.
[27] 李乃龙．中晚唐诗僧与道教上清派[J]．陕西师范大学学报（哲学社会科学版），2000（4）：49-56.
[28] 姜生．道教治观考[J]．道教论坛，2001（3）：18-22.
[29] 郭的非．“三国文化”概念研究的回顾与思考[J]．湖北文理学院学报，2018，39（6）：5-10.

第三章 奇幻川北

本章要点

- 九寨沟的植物宝库。
- 九寨沟的动物王国。
- 九寨沟的旅游景观。
- 九寨沟的科学成因。
- 九寨沟的讲解要点。
- 黄龙钙华形成的科学分析。
- 黄龙的讲解要点。

本章课件

第一节 | 川北概况

一、川北掠影

川北，即四川北部的简称，大概包括阿坝藏族羌族自治州和绵阳西北部及周围地区。川北是四川旅游业发展最早的区域之一。在交通比较落后的20世纪八九十年代，第一批游客就乘着各种交通工具穿梭于这里的高山峡谷。他们欣赏着世间的绝世美景，体验着最原真的藏羌民俗。这时，美景浑然天成，没有人工雕琢的痕迹；当地民风淳朴，也没有多少商业售卖行为。此后，国内旅游业迅速发展，大量游客涌入，旅游沿线一片繁荣。这时，美景依旧，同时增加了大量安全保障和服务配套设施；人民的生活发生了质的变化，沿线居民大多因旅游致富，经营起各类藏家乐、购物店、特色餐厅等。川北，是四川旅游发展的缩影，从九寨沟最初开放直到现在，见证了四川旅游从蹒跚学步到阔步前行的整个过程。

从传统的发展条件看，川北并不优越，高山峡谷阻碍了交通，这里的少数民族人民一直在山林中过着简单而自适的恬淡生活。九寨沟被发现并推向世界后，这里发生了翻天覆地的变化，一时间成为世界的焦点。每当旅游旺季，来自五湖四海的游客将沿线的餐厅、酒店、购物店挤得满满的。

（一）自然条件

川北位于青藏高原东部边缘和四川盆地西北部交错接触地带，青藏高原和四川盆地两大地貌单元在此交会。这里有两大地貌区：中西北部的高原区和东南部的高山峡谷区。区域内既有高原区的浑圆浅丘、宽阔谷地，也有高山峡谷区的深切河谷。冰川地貌明显，遗迹多见，林深泉密，山地风光卓然于世。

独特的地理位置造就了这里复杂的气候，具有冬干夏湿，雨热同季，日照充足，昼夜温差大等特点。其中，高原区气候夏天多阵雨、冰雹和大风，很多地方长冬无夏、春秋相连，全年日照充足。高山峡谷一年四季风很大，一般到中午开始刮风，气温变化大，有时日温差可达20℃以上，一天可体验四季的气温变化。

（二）人文风情

这里居住着藏、羌、回、汉等民族，其中藏族人口最多，其次是汉族和羌族。这里是我国唯一的羌族聚居区，30余万羌族人居住在茂县、汶川、北川及附近地区。羌族是我国一个古老的民族，古羌人以牧羊著称于世，其自称“尔玛”或“尔咩”。由于大多数羌族聚居在高山或半山地区，因此羌族也被称作“云朵上的民族”。羌族的羌碉、羌笛、羌绣闻名于世。

二、旅游景观

川北旅游景观众多，除了两处世界自然遗产九寨沟和黄龙外，还有九曲黄河第一弯、若尔盖湿地、花湖、红原大草原、年保玉则、查真梁子、达古冰川、米亚罗红叶、毕棚沟等众多闻名世界的自然景观。此外，这里的人文景观也富有特色，藏族、羌族、回族等少数民族文化在此汇聚，绚烂而多彩。

第二节 九寨沟——童话世界，最美天堂

一、九寨沟景区概况

九寨沟位于阿坝州九寨沟县漳扎镇，地处岷山南段弓杆岭的东北侧，距离成都市约435公里，是长江水系嘉陵江上游白水江源头的一条大支沟。景区东与白河自然保护区和王朗自然保护区接壤，南与黄龙风景区毗邻，整个景区面积有720平方公里，其核心区由呈“Y”字形分布的树正、日则、则查洼三条沟谷组成，全长55.5公里，属于高寒喀斯特地貌。日则沟的尽头是原始森林，则查洼沟的尽头是长海，两沟在诺日朗汇合为树正沟。从两沟最高点到树正沟口高差达1000余米，其间有呈梯级分布的大小湖泊114个，湖泊之间有17组瀑布群，11段激流，5处钙华滩流，它们相互串联，互相辉映，造就了一处以高山

湖泊群及钙华滩流为特色，集湖泊、瀑布、滩流、雪峰、森林、藏族风情于一体的绝世美景。东方称其为“人间仙境”，西方则称其为“童话世界”。

多彩的海子如同百余颗湛蓝的宝石镶嵌在群峰森林间。在皑皑雪峰下，苍翠森林间，清澈海子边分布着九个藏族村寨[1]，于是景因寨名，曰九寨沟。因为绝美的风景、优良的生态，九寨沟获得了众多殊荣。1978年，九寨沟成为我国第一个以保护自然风景为目的的国家级自然保护区；1982年，九寨沟成为国务院公布的第一批39个国家重点风景名胜区之一；1992年，九寨沟作为我国首批自然遗产被列入《世界遗产名录》；1998年，九寨沟自然保护区被评为“世界生物圈保护区”；2001年，九寨沟景区获得“绿色环球21”认证；2007年，九寨沟景区被评为国家首批5A级旅游景区……

（一）发现九寨

由于地处偏远，九寨沟一直“养在深闺人未识”，其最早见诸文献是在民国初年的《南坪县志》。其中对九寨沟的记载也仅有一句：“羊峒番部内，海峡长数里，水光浮翠，倒映林岚。”

随着20世纪50年代林业勘探人员的进入，九寨沟丰富的森林资源和童话般的美景同时展现在世人面前，同时也导致大批伐木工人进入九寨沟，原始的九寨沟被一片刀斧的砍伐声惊醒。森林砍伐造成了自然环境的破坏。后来，国务院下发了在南坪九寨沟设立保护区的文件：停止其区域内的一切森林砍伐，禁止一切经营性生产活动。沟内林场陆续停止砍伐。

随着九寨沟成为国家级自然保护区、国家重点风景名胜区、世界自然遗产……九寨沟逐渐为世人所知，并走向世界，成为世界人民向往的风景名胜地。

（二）生态九寨

九寨沟处于北亚热带秦巴湿润区和青藏高原波密—川西湿润区的过渡地带，晴天多，冬无烈风，夏无酷暑，降水充沛。区内年均温度7.3℃，全年降水量700 ~ 800毫米，集中在夏秋两季。其大气能见度达50公里，空气洁净清新。

由于处于四川盆地和青藏高原两大地形单元的过渡地带，九寨沟地层破碎，新构造运动十分强烈，形成了山峰高耸、溪谷深切的地貌形态。同时，九寨沟的土壤类型垂直变化

---

[1] 景区内原有荷叶、盘亚、尖盘、树正、则查洼、亚拉、黑角、热西、郭都等九个藏族村寨，这九个寨子又称“和药九寨”。

明显，由低到高有河滩冲积土、山地褐土、山地棕壤、山地生草灰化土、高山草甸土和流石滩。区内地形复杂、地势起伏大、气候温润、土壤适宜，为各种动植物的生长繁衍提供了绝佳的场所。

1.九寨沟的植物宝库

九寨沟起伏的地势、温润的气候为植物生长提供了绝佳的条件，使九寨沟形成了丰富的植物宝库。区域内有高等植物2576种，其中国家级保护植物74种，低等植物400余种，藻类212种，且40余种属于四川首次发现，为九寨沟独有。许多古老孑遗植物保护良好，是一个名副其实的“植物博物馆”和“植物基因库”。茂密的森林、参天的古木、斑斓如锦的草甸、五颜六色的藻类，使九寨沟呈现峰峦叠翠、林木掩映、奇湖错落、蓝浸绿染的绚丽景色。

（1）植物的垂直分布　九寨沟植物属川西高山峡谷针叶林亚带中的白龙江植被小区。由于地势起伏大，高差大，气候垂直变化明显，植被呈典型的垂直分布。

海拔2000米左右主要为落叶阔叶林带；海拔2000 ~ 2400米主要为油松、辽东栎混交林，林木高大，多成片生长；海拔2400 ~ 2800米是针阔叶混交林带，向阳处仍以油松居多，华山松、秦岭冷杉、粗枝云杉、白皮云杉、紫果云杉等常常混杂其间，阳坡处有零星铁杉出现；海拔2800 ~ 3500米的山坡和山原谷坡为针叶林带，主要树种为岷江冷杉，向阳地段尚有粗枝云杉、鳞皮云杉、紫果云杉和大果青杆；海拔3500 ~ 4300米属高山灌丛草甸带，由低矮、耐寒、耐旱的木本及草本植物组成；海拔4300米至雪线为流石滩植被带，本区积雪时间每年达10个月左右，植物十分稀少，常见有水母雪莲花、绵头雪莲花、鼠鼬凤毛菊、槲叶凤毛菊、点地梅、四裂红景天、甘青虎耳草等，种类虽然不多，却都是珍贵的中藏药材。

（2）植物地理分布特点　九寨沟植物区系和地理分布呈现如下特点。

① 植物区系成分十分丰富。九寨沟约有种子植物512属，根据吴征镒教授的《中国种子植物属的分布区类型》，可粗略地划分为五大基本类型，几乎包括所有的世界分区。

② 植物起源古老。九寨沟形成于第三纪地质时期，形成后一直没有遭受过海侵、大陆冰川等一些较大地质气候变迁的影响，许多古老孑遗植物得以保存。主要表现为两大特点：单型属、少型属丰富和间断分布类型丰富。

③ 植物区系有明显的过渡性。九寨沟位于青藏高原和四川盆地的过渡地带，向北与秦岭相衔接，在气候上则处于中国北亚热带秦巴湿润区与青藏高原波密—川西湿润区之间，受此影响在植物区系上有明显的过渡性。

植物分化现象明显。九寨沟地貌受第四纪新构造运动强烈影响，上升速度快，垂直变化大，沟壑纵横，山高谷深，造成了植物区系成分的大量分化。同时，由于上升过程延续持久，许多中间类型得以保留，产生了不少特有种：如本区亚高山针叶林中云杉、冷杉属植物种类比较集中，特有种丰富，白皮云杉、麦吊云杉均是；木本植物特有种尚有红豆杉、杜仲等；草本植物中常见的有星叶草、独叶草、弟活、雪上一枝蒿、长果升麻等。

知识拓展

独叶草

2018年8月，四川省林业科学研究院调查人员在长海东坡岷江冷杉林下，发现数千株国家一级重点保护野生植物独叶草，这是目前在九寨沟自然保护区内发现的最大规模的独叶草分布区。此次发现独叶草的区域海拔范围介于3100米至3500米之间，共发现7处总计约800平方米的分布区域。

独叶草颜色翠绿，叶片呈圆状，裂成五片，每片分别剖开，顶端边缘形成齿状，生长在海拔2750米至3900米间山地的冷杉林或杜鹃灌丛下。这种距今6700万年的珍稀植物对生存环境的要求近乎苛刻，被认为是优异生态环境的“天然指示器”。据了解，独叶草是毛茛科植物，以无性繁殖为主，天然更新能力差，加之森林的破坏采挖，植株数量逐渐减少，自然分布区日益缩减，近年已很难见到。

（3）藻类植物繁茂　九寨沟藻类植物五彩缤纷，形状美丽。有红藻、绿藻、金藻等，有弯月形、扇子形、纹垂形、链条形等，丰富多彩，绚丽斑斓，为九寨沟湖水增添了无穷的魅力。据统计，九寨沟藻类共有6门，32科，74属，212种。其中，中国文献中从未记载过的就有43种（包括变种）。

藻类是生态环境的指示器，某些硅藻的种类及数量变化，可以用来指示环境污染与净化程度。这里，羽纹藻属等清水指示藻大面积分布。区内尚未观察到裸藻科与衣藻科等污水指示藻类，说明了九寨沟目前有机物的污染很轻。

2.九寨沟的动物王国

九寨沟地域辽阔，气候多样，植被丰富，生态系统完整，为各类动物提供了得天独厚的栖息、繁殖条件。据统计，九寨沟有陆栖脊椎动物约170种。其中，两栖类7种，如西藏山溪鲵、西藏齿突蟾、岷山蟾蜍和中国林蛙等；爬行类13种，如草绿龙蜥、康定滑蜥等；兽类21种，如大熊猫、川金丝猴、扭角羚、小熊猫、猕猴、林麝、鬣羚、斑羚、黑熊等。

这些动物中被列入国家重点保护的珍稀动物就有27种，堪称“动物王国”。其中哺乳纲和鸟纲动物较为典型。

（1）哺乳纲　九寨沟的动物中哺乳纲众多，主要有7个目，具体如下。

① 猬形目。仅猬科一科，如刺猬，在半山农田附近的岩洞中居住，早晚活动。

② 鼩形目。鼹科有鼩鼹、纹背鼩鼹、川西长尾鼩、大长尾鼩、四川短尾鼩、蹼麝鼩。

③ 灵长目。猴科有金丝猴，在九寨沟有5群400只左右，常在扎如沟的山上树林和草坡附近活动，因本区与白河太平金丝猴保护区相连，它们也到长海厄波山附近活动。除金丝猴外，本区还有猕猴。

④ 食肉目。浣熊科有小熊猫，在珍珠滩进沟的丹祖沟和则查洼沟等沟的半坡树林中活动。熊科有大熊猫，活动在扎如沟、荷叶沟、黑角沟、犀牛海西面的半山上，以及则查洼沟、日则沟和珍珠滩进沟的丹祖沟有箭竹的地方。它们一般在早上和下午活动，白天若阴天也活动，光照强时则很少出来。游人常碰见大熊猫到海子边和水沟边饮水。熊科还有马熊、黑熊，扎如沟有马熊群，对庄稼和人畜都有危害。庄稼附近的森林中常有黑熊活动。犬科有狼、赤狐、藏狐和豺。豺狼对人畜有危害，狐吃鸡和蜂蜜。鼬科有石貂、艾鼬、猪獾、水獭。从九寨沟口至悬泉的海子、流水、瀑布和溶洞等地都有水獭的踪迹，常在晚上和下午活动，喜吃鱼类。灵猫科有果子狸。猫科有兔狲、金猫、豹猫、猞猁，在黑角山、扎如山、长海附近半山有猞猁和兔狲等出没。

⑤ 偶蹄目。猪科有野猪，寨子附近半山常有野猪，对农作物破坏很大。鹿科有林麝、小麂、毛冠鹿、马鹿、狍，鹿科动物大多住在半山林中，也常到有庄稼的地方活动，喜吃庄稼嫩叶。牛科有扭角羚、鬣羚、斑羚、岩羊，宝镜岩至悬泉两边山上有岩石的地方都有岩羊活动，常在每天早上和下午出没，扭角羚、斑羚、鬣羚常在草坡和河沟活动，用望远镜可看到活动情况。

⑥ 兔形目。兔科有草兔、灰尾兔、藏鼠兔，一般在海拔3000米以下的草坡、灌木林和农田边居住，荷叶沟和黑角沟较多，则查洼沟也有。

⑦ 啮齿目。鼯鼠科有复齿鼯鼠、高地鼯鼠、赤腹松鼠、岩松鼠四川亚种、喜马拉雅旱獭。豪猪科有豪猪。跳鼠科有林跳鼠。竹鼠科有普通竹鼠。鼠科有巢鼠、林姬鼠福建亚种、高山姬鼠、褐家鼠、杜鼠、白腹巨鼠、松田鼠、沟牙田鼠。鼢鼠科有中华鼢鼠甘肃亚种。

（2）鸟纲　九寨沟鸟类众多，有140余种。其中，属于国家一级、二级保护动物的有绿尾虹雉、红腹角雉、鸳鸯、金雕、蓝马鸡、红腹锦鸡、雉鹑、黄爪隼、斑尾榛鸡等，属中国特产的有斑尾榛鸡、雉鹑、绿尾虹雉、蓝马鸡、三趾鸦雀、斑背噪鹛、橙翅噪鹛、白领凤鹛等9种，属中国新记录种的有短趾雕、草原雕、黄爪隼、贺兰山岩鹨、黑额山噪鹛、高山短翅莺、小斑啄木鸟等。这些鸟类中，夏候鸟及留鸟占90%以上，分属古北界和东洋界[1]，其中古北界占2/3，反映出鸟类在地理分布上的过渡性。

九寨沟的鸟类大多是益鸟，对景区林木的保护作用也很明显。除了较为常见、数量较多的杜鹃、山雀、柳莺等食虫鸟类，仅啄木鸟就多至4种，对600平方公里森林的虫害抑制有不可低估的作用。栖居在这里的鹰、鹫、鸢、雕以及鸮类鸟种，控制住了林中鼠害，加上嗜食腐烂动物的乌鸦，在清除有机物对环境的污染方面做出了特殊的贡献，被人们称为九寨沟景区的“自然清道夫”。活动在这里的鸠、鸽、鸦鹊、松鸡、星鸦等，是很多植物种子的传播者。这众多的鸟类，成了自然界的“播种能手”，好多硬壳的植物种子，通过鸟类消化道之后，更容易萌发。

此外，九寨沟还有大量的浮游动物和底栖动物。其中浮游动物有原生动物、枝角类、桡足类等23个科属种，以矩形龟甲轮虫、单趾轮虫、摇蚊幼虫、腺介虫等无节幼体和桡足幼体为常见优势种类；底栖动物有5个科属种，其中以石蝇、耳萝卜螺等为常见优势种类。由于九寨沟水源主要来自地下泉水，水温低，有机物腐烂分解缓慢，浮游生物无法很好地利用，因而水中营养物质含量极少，加之水流急，底质多为砂砾，浮游生物、底栖生物的种类都较单纯。

（三）九寨沟“五美”

九寨沟的美景以水景为特色，素有“水景之王”之称。黄山归来不看岳，九寨归来不看水，观止也！九寨沟的水美在纯净，美在变化，美在丰富。其水纯洁无瑕，游鱼细石，直视无碍，水中树木，百年不坏；其水变化万端，静如处子，动如奔马，步移景异，四时变幻；其水丰富多彩，蓝冰翠海，叠瀑清溪，色呈五彩，光影斑斓，尽显天下水景之美态。是大自然的鬼斧神工造就了九寨沟，其山水相映、林水相亲、环境幽静、景色秀丽，集色、形、声、韵四美于一体，一直被当地藏族同胞视为“神山圣水”。九寨沟湖瀑一体，山林相依，云天映衬，藏寨点缀，人文与自然交相辉映。总结起来，九寨沟有五美：翠海、叠瀑、彩林、雪峰、藏情。

1.翠海

水是九寨的精灵，也是九寨美景的精髓所在。九寨沟的水景最典型的形态就是数量众

---

[1] 古北界和东洋界：为我国动物分布的地理分区。按世界动物地理分布，一般将全球陆地划分为六大分区，即古北界、东洋界、新北界、热带界、新热带界、澳洲界，而我国在世界动物地理区划上属古北界和东洋界，此两界大约以秦岭一淮河一带为分界线。

多、颜色各异、珠连成串的海子。五花海可谓“九寨之眼”，是翠海景观最杰出的代表。只见在清澈的海子之中，鹅黄、黛绿、赤褐、绛红、翠碧等不同的色彩相继呈现，相互浸染，斑驳陆离，仿佛一匹艳丽的五色锦缎，随着视角的移动，色彩也在不断地变化。此外镜海、长海、熊猫海、犀牛海、五彩池、双龙海等都是九寨翠海的代表，它们是春兰秋菊，各领风骚，各美其美，美美与共。

2.叠瀑

如果说海子代表了九寨水景的静态美，那么瀑布就是动态美的典范，这两种形态的水景如同太极的阴阳，相反相生，共生共融，交相辉映。这里是水的乐园，也是瀑布的天堂，新构造运动的强烈抬升形成了九寨沟跌宕起伏的地形，为瀑布的形成提供了天然的条件。九寨瀑布多且美，堪称造化神功。但见瀑布从危崖之上倾泻而出，腾挪跌宕，声闻数里。流经灌丛、森林的流水来到断崖之前，突然脱离了束缚，飞泻而下，撞击在崖壁或沟底岩石上，激溅起无数浪花，在阳光的照射下，瀑布上常常出现绮丽的彩虹，如梦似幻，美不胜收。

3.彩林

九寨四季皆美，而秋季尤甚，其主要原因是有大片色彩斑斓的彩林。彩林景观在四川到处可见，巴中光雾山、理县米亚罗、雅安喇叭河……但只有九寨沟的彩林美出天际，是彩林成就了九寨沟“童话世界”的称谓。九寨沟的彩林覆盖了景区一半以上的面积，彩林内生长着2000多种植物，每当秋季，深橙色的黄栌，浅黄色的椴叶，绛红色的枫叶，殷红色的野果，深浅相间，错落有致，真可谓“万山红遍，层林尽染”。在暖色调的衬托下，湖水显得更蓝，蓝天、白云、雪峰、彩林倒映湖中，呈现出光怪陆离的水景。九寨沟的彩林之所以冠压群芳，主要原因是水景将彩林映衬得更加丰富，更加绚烂。九寨沟彩林数日则沟的最美，而日则沟中又以五彩池为最佳，每年10～11月是彩林的最佳观赏时间。可惜由于2017年8月8日九寨沟地震，五彩池旁的山体破坏最为严重，其彩林景观大受影响。

知识拓展

彩林的形成原因

九寨沟最初为林场，原生林均为常绿针叶林，包括云杉、冷杉等。后来林场被砍伐，此时喜光树种桦树、槭树、椴树、黄栌等落叶阔叶林得以生长，形成次生林带，加之喜水的沿沟杨柳、杜鹃在此生长，遂使得单一类植被呈现出多类杂存的景象。每当金秋，那灿烂的红、绚丽的黄点缀在少许绿色中，如同梦幻的童话世界。

4.雪峰

九寨沟位于青藏高原东缘，地质板块的过渡带，新构造运动强烈，形成了连绵的高山，尕尔纳峰为主峰。由于九寨沟为高原气候，长冬无夏，因此九寨沟四周雪峰众多。站在远处凝望，皑皑雪岭，尖峭峻拔，银峰玉柱，直指蓝天，其壮美景色尽收眼底。当阳光普照时，洁白的雪山反射出耀眼的光辉，使人目眩神迷。

5.藏情

九寨沟因寨而名，藏寨是藏民族文化最重要的载体之一。藏族的民俗风情因此成为九寨沟最灵动的部分。藏情是九寨沟的神韵所在。在千年的人与自然的互动中，藏民的习俗风情与九寨沟完美统一，和谐共存，是九寨美景的魂。神秘、凝重、地域特色鲜明的藏族文化与奇异的山水风光融为一体，相得益彰。九寨沟的藏民在语言、服饰和习俗等各方面都与其他地区的藏民有明显差异，形成了独特的九寨藏族风情。

二、九寨沟的形成原因

九寨沟处于四川盆地向青藏高原过渡的边缘地带，属松潘、甘孜地槽区，恰好位于我国第二级地貌阶梯的坎前部分，在地貌形态变化最大的裂点线上，地势南高北低，有高山、峡谷、湖泊、瀑布、溪流、山间平原等多种形态。其地貌属高山峡谷类型。山岭的海拔高度大都为3500 ~ 4500米，最高峰尕尔纳峰海拔约4764米，最低点羊峒海拔约2000米。整个景区内沟壑纵横，重峦叠嶂，好似大自然撰写的一部壮丽史诗，记录着地壳的沧桑变迁和生命的进化历程。

九寨沟雪峰巍峨、翠海湛蓝、叠瀑奔腾、彩林绚烂、藏情多彩。汇集众美，美得不可方物的九寨沟究竟是如何形成的呢?

(一)传说

传说很久以前，男神达戈爱慕美丽的女神沃洛色嫫。一次，达戈用风月磨成一面宝镜送给心爱的女神色嫫。不料魔鬼插足，女神不慎将宝镜摔碎，宝镜的碎片瞬间变成了114颗绿的、蓝的宝石，这些宝石滚落人间，在山林幽谷间幻化成了一个个美丽的海子。男神达戈同女神色嫫后来一起找到了失落的宝石——九寨沟这些如珠似玉的海子，于是决定留在人间守护它们。现在树正寨的背后，诺日朗瀑布旁边有一座海拔约4200米的高山，这就是九寨沟藏民最崇拜的神山达戈男神山。而在日则沟和则查洼沟之间则耸立着色嫫女神山。它们在九寨沟西北和东南两面，两两相对，守护着森林和海子，从此，人间便有了这梦幻仙境般的九寨沟。

在九寨沟藏民心中，达戈男神山和色嫫女神山是最具有权威的神灵，受他们膜拜。九寨沟藏民信奉苯教，这一教派认为湖泊、树木、山石等皆有神力，都是神灵，于是世世代代崇拜和保护它们，正是这种宗教信仰使九寨沟美景长留人间。

（二）科学成因

由于处于青藏高原和四川盆地的过渡地带，断层丰富，地质活动频繁，加上植被葱茏，水源丰富，高山积雪融化经地下石灰岩层或钙华溶洞流向低洼处。水中夹带大量钙华，钙华于断层边缘堆积形成堤坝，水于是蓄积于堤坝之内形成海子。海子由瀑布相连，遂成一体，在九寨沟“Y”形沟内形成了一系列相互联系的梯级钙华池。水的颜色因光照角度、季节、周围环境的变化而不同，瑰丽多彩，似有神化！

九寨沟景观科学成因

从科学的角度看，九寨沟的翠海叠瀑，主要是由地壳变化、冰川运动、岩溶地貌和钙华加积等多种因素造就的。

1.地壳变化

在距今约4亿年前的古生代，九寨沟尚是一片汪洋。从第四纪早更新世起，由于喜马拉雅造山运动的影响，地壳发生了急剧的变化，山体在快速的不均衡隆起过程中，经冰川和流水侵蚀作用，形成了角峰突起、谷深岭高的地貌形态。另外，地震等因素引起的岩壁崩塌、滑落、泥石流堆积和石灰溶蚀、钙华加积等多种地质作用，导致沟谷群湖产生，叠瀑越堤飞出。因此，九寨景观的雏形早在二三百万年前就已形成。

2.岩溶地貌

岩溶地貌即喀斯特地貌，它是造就悬壁，形成瀑布的先决条件。在台式断裂的抬升面上，泥石流等堆积物，后经喀斯特作用，钙华加积，增加了瀑布高度，形成了今天壮观的诺日朗瀑布。30多米高的悬崖上，湍急的流水陡然跌落，气势雄伟。较发达的冰川地貌和岩溶地貌奠定了九寨风光的基础。

3.冰川运动

第四纪晚期，九寨沟一带的许多山地海拔已达到4000米以上，超过雪线。随着冰川期的到来，高山上发育了冰川，山谷冰川又伸展到谷底，留下了多道终碛、侧碛，形成了堤埂，阻塞流水而形成了堰塞湖，长海就是第四纪冰川期形成的堰塞湖。至今，这里仍保存着第四纪古冰川期的遗迹，冰斗、冰谷十分典型，悬谷、槽谷独具风韵。

4.钙华加积

钙华，指湖泊、河流或泉水所形成的以碳酸钙为主的沉积物。九寨沟的钙华有自身的特点，由于流水、生物、喀斯特等综合作用，钙华附着沉积形成了池海堤埂，随着时间的推移，钙华层层堆高，垂直河流方向形成了大小不等的钙华堤坝，堵塞水流形成了湖泊或阶梯状的海子群。在九寨沟钙华的形成过程中，生物起到了非常关键的作用：一方面，藻类、地衣及苔藓等植物对石灰岩基岩不断“消化”溶蚀钻孔；另一方面，藻类、苔藓及水草等的作用促使石灰华沉积和石灰华堤堰不断“长高”“加积”。这两种现象均在当地普遍存在，并较容易观察到，而这些微观过程的结果却是奇特自然风景形成的基础。

知识拓展

喀斯特地貌景观

喀斯特之名

喀斯特（Karst）是斯洛文尼亚与意大利交界处一处高原的名称，位于亚得里亚海北岸。该词的本义是指“石头”，意思是“一处布满石头的地方”。喀斯特高原外表平淡无奇，地形起伏不大，石灰岩地面如波浪般微微起伏，低洼处有漏斗和竖井。就是这样一处相貌平平的地方，却在20世纪初开始引起地理学界的广泛关注。19世纪末一位名叫斯维伊奇（Jovan Cvijic）的地理学家对这里的地貌和水文进行了深入研究，并于1893年和1918年发表了他的研究成果，他以“Karst”一词称呼这里的地貌和其形成过程。从此，“Karst”就成了这一地貌类型的名称和研究这种地貌的学科名称了，斯维伊奇也成了“喀斯特之父”。

喀斯特地貌在中国称“岩溶地貌”。1966年，中国在第一届喀斯特学术会议上提出将“喀斯特”改为“岩溶”，作为Karst的同义语。

喀斯特之景

喀斯特地貌景观类型丰富，主要可分为地表喀斯特和地下喀斯特两大类。

地表喀斯特的形态类型中属于正地形的有峰林、峰丛、孤峰、残丘和石芽（石芽大面积分布则可以形成石林，它的形态、规模、面积都比峰林、峰丛小得多）；属于负地形的主要有较小的地貌形态溶沟、溶隙、落水洞、漏斗、竖井等，以及较大的地貌形态喀斯特洼地、坡立谷、喀斯特平原、喀斯特峡谷等。

地下喀斯特的代表主要是溶洞和地下暗河。溶洞是地下水沿着可溶性岩石的裂隙溶蚀扩张而形成的地下洞穴，在溶洞中溶解了大量可溶性岩石的水发生沉淀，形成了洞穴堆积物，成为溶洞景观中的精华部分。这些堆积物形成了洞中的石柱、石笋、石幔、石花、边石坝等喀斯特景观。

喀斯特的成因

一般而言，喀斯特地貌的形成主要分为溶蚀和堆积两个阶段。

第一阶段为溶蚀阶段。主要表现为化学反应的化合作用。在此阶段，雨量充沛的地区，雨水降落形成大量流动的地表和地下水，这些流水与空气、土壤中的二氧化碳结合形成具有腐蚀性的碳酸。含有碳酸的水流经富含可溶性岩石（主要是石灰岩，为介绍方便，后面以“石灰岩”代替“可溶性岩石”）的地区，经石灰岩的节理渗入，与石灰岩发生化学反应，形成碳酸氢钙。水在流动过程中又将化合的碳酸氢钙带走，形成对岩石的切割与剥蚀，经过漫长的地质演变，就形成了地面的石林、峰林、峰柱、漏斗、溶沟、落水洞、准平原和地下的暗河、湖泊、溶洞等。

第二阶段为堆积阶段。主要表现为化学反应的分解作用。上面所谈的溶蚀作用的化学过程，即水、二氧化碳与碳酸钙化合的化学反应，是个互逆反应。在富含二氧化碳的水溶蚀石灰岩的过程中，产生热量，刚刚化合成的碳酸氢钙又因为受热分解，加之波浪的推动，被分解的二氧化碳出离水面，进入空气，被分解的碳酸钙沉淀、沉积；或当富含碳酸氢钙的水流出洞穴和岩隙时，由于温度、压力降低，水中碳酸钙结晶、沉淀。由于由碳酸氢钙分解的碳酸钙在一定温度和环境条件下是黏结剂，因此在分解、结晶后沉淀、附着、堆积在河床及洞壁和边坝等地方，经过若干年的堆积形成形态各异的石钟乳、石笋、石柱、石幔、石花、钙华流（黄龙的金沙铺地）等景观。当富含碳酸氢钙的水流经断陷地带时，在断陷边缘，由于碳酸钙在水流波折处更容易沉积，因此钙华结晶不断堆积、沉淀，越积越厚、越堆越高，逐渐形成钙华梯池、钙华湖泊、钙华瀑布等景观。

喀斯特地貌的形成并不像我们介绍的这样按部就班。通常，其化合和分解的过程是同时进行的。此外，喀斯特地貌的形成还与地质构造等诸多因素有关。

三、代表景点

（一）树正群海与树正瀑布

树正群海前后连绵数里，上下高差近百米，由大小19块海子组成。19块海子就如一块块碧绿的翡翠，镶嵌在这深山幽谷之中，中间由绿树、银色的小瀑布相连，如同九寨沟一条美丽的翡翠项链。在这些大大小小的海子之间，长满了柳树、杨树、松树、杉树等乔木与种类众多的灌木。湖水自上而下翻越堤坝，在树丛中穿行，形成了一道道宽阔平坦的瀑布，演绎着“树在水里长，水在树中流”的奇观。树正群海不仅高低层次分明，色彩也十分艳丽，树木绿得青翠，海子蓝得浓郁，叠瀑与水花白得轻盈，色彩明丽，为九寨沟的缩影。

树正瀑布在树正寨前的公路旁，是入九寨沟见到的第一条瀑布，也是九寨沟四大瀑布中最小的一条。它虽然小，但也能让初游九寨沟的人为之一惊。无名海水沿湖堤奔突，被水中树丛分成数以千计的水束汇集到树正瀑顶。树正瀑布是由首尾相接的众多飞瀑组成，水大势猛，犹如千军万马，吼声如雷。堤埂上耸立着高原特有的丛丛灌木，扎根于水底，傲立于激流，长年经受流水的冲击而不倒不腐，风姿绰约，形成了特殊的植物群落和世间罕见的自然奇观。

讲解分析：树正群海是游客乘坐观光车进九寨沟的第一个下车点。九寨沟的游览线长达四五十公里，而绝大多数游客只有一天的游程，因此树正群海是九寨沟水景的门户，这里动静平衡，平分秋色。其动景不如诺日朗和珍珠滩瀑布那般气势磅礴和变化多端，其静景不如五花海、镜海等波光浩渺，色彩斑斓。但其胜在均衡，且水与树相生相协，相互辉映。作为对九寨沟水景真正的第一印象，导游解说要做到尽言其美，又不夸张，为后面的解说留有余地。此外，树正群海旁有树正寨，这里是九寨沟精华景点中自然和人文融合度最高的代表，其上的溪流旁则再未有藏寨。

因此对此景点的讲解要注意以下几点：第一，做好整个九寨沟水景讲解的铺垫，为游客留下美好的第一印象，同时又留有余地，使游客逐渐进入观赏高潮，使其在整个游程中惊喜不断；第二，从水景美的丰富性和综合性入手，讲好水景的动静美的不同特征，为后面分别讲动态和静态水景做准备，深入剖析水与树（泛指生物）、水与人的互动关系，为后面的总结做准备；第三，从树正沟的地势，引出九寨沟地质构造的特点及其成因，比如位于北部的树正沟比位于南部的日则沟和则查洼沟地势平缓，主要是新构造运动在九寨沟盆地的抬升过程中呈现的不均衡性导致的。

（二）诺日朗瀑布

诺日朗瀑布是迄今为止在我国发现的最宽的钙华瀑布。“诺日朗”在藏语中意指男神，也有伟岸高大的意思。瀑布旁有达戈男神山，瀑布命名可能也有依托男神山之意。其为后退式瀑布。滔滔水流自诺日朗群海而来，从瀑顶树丛中越堤而下，如银河飞泻，水势浩大，声震山谷。瀑布对面的公路旁山崖上，建有一座观景台，站在台上，瀑布全景尽收眼底。而或寒冬时节，奔腾的瀑布凝结成冰，变成了一幅巨大的冰幔，无数的冰柱悬挂在陡崖之上，成为一个罕见的冰晶世界，造型各异的冰雕迎光透着幽幽的蓝色，不管是畅快淋漓的“银河”飞溅，还是凝结成冰的“水晶世界”，诺日朗瀑布都是那么夺人眼目。

讲解分析：诺日朗瀑布位于树正沟、日则沟和则查洼沟的交汇点，是九寨沟内部游线的中枢，也是九寨沟动态水景的精华和典范，这里的水景体现了水的雄壮、阳刚、豪迈、奔放的阳性性格和九寨沟神山体系中的达戈男神性格。

此景点的讲解可从以下方面突破。第一，从瀑布的一般性阐释诺日朗的美，诺日朗号称中国最秀丽的阔瀑，要紧紧抓住“阔”和“秀”两个方面。从“阔”来看，诺日朗的宽度不逊色于“中国三大名瀑”中的任何一个，与吊水楼瀑布相比还更宽一点，吊水楼瀑布最宽可达300米左右，而诺日朗为320米，是黄果树瀑布的3倍，是壶口瀑布的10倍。从“秀”来看，诺日朗瀑布由于属于高寒喀斯特水景，因此含沙量极低，非常清澈，静态水的能见度可达10余米，其洁净度和色彩的纯净度远超三大名瀑，而其瀑顶密密匝匝的灌丛和周围青翠的森林形成了瀑布最好的背景，良好的生态环境与瀑布相映成趣，更加秀美，所以从“秀”这一特征来看，诺日朗瀑布更是完胜三大名瀑。由此看来，诺日朗瀑布讲解的第一个突破点就是运用比较法，突出其“阔”和“秀”两大特点。第二，从科学角度分析瀑布成因。瀑布形成有两个条件：断崖、流水。断崖是因为九寨沟地层破碎，密集的断裂把地形切割成阶梯状下降的断块，反映在河床上就是一级级陡坎和瀑布，而诺日朗就处在其中的一级陡坎上，其形成原因与喜马拉雅造山运动有关。流水也是关键因素，因为日则沟旁的则查洼沟几乎是一条干沟，如果诺日朗位于则查洼沟的下段则不会形成瀑布。从科学成因看，九寨沟的半封闭盆地使区内形成一个完整的岩溶水文地质单元，则查洼沟处于补给区和径流区，日则沟和树正沟处于排泄区，日则沟充沛的流水为诺日朗瀑布提供了水流条件。

（三）五花海

五花海位于珍珠滩瀑布之上、熊猫湖之下，处于日则沟孔雀河上游的尽头。其被誉为“九寨沟一绝”和“九寨精华”。在九寨沟众多海子中，名气最大、景色最为漂亮的当数五花海，它变化丰富，姿态万千，堪称九寨沟景区的精华。从老虎嘴观赏点向下望去，五花海犹如一只开屏孔雀，色彩斑斓，令人眼花缭乱，那青绿、墨绿、深蓝、藏青、金黄，还有一些说不清、道不明的色彩拼成的层次清晰的斑斓倩影，相互错杂却不混沌，相互映衬却不侵蚀，相互点缀却不排挤，美不胜收，恰到好处。这里是真正的童话世界，传说中的色彩天堂！

五花海的美非常丰富。由于五花海湖底与长海暗通，因此其常年有固定的地下水源供给，终年不会结冰。而其水的颜色更是呈现绝美的“九寨蓝”。为什么五花海之水会呈现出这样绚烂的蓝色？其原因有两个：其一，五花海的湖水十分清澈，水下的可视距离达40米之多，水本来没有颜色，但由于阳光射入湖水后，波长较长的色光，如红光，透射力大，能透过水面射向湖底，以致人们看不见；而波长较短的紫色、蓝色、青色光，透射力小，当它们碰到水滴，很容易发生散射现象，被散射的紫色、蓝色、青色光布满海子，使得海子呈现出一片美丽的宝石蓝色。其二，由于五花海湖水中的石灰浓度是长海的20倍，湖中有大量的石灰钙华，钙离子、碳酸根离子对短波光（蓝、绿）的反射、散射能力特别强，因此，五花海呈现出一种不可思议的九寨蓝。由于海子里有各种藻类和水草，海子边有各种彩色的植被，五花海还呈现出青绿、墨绿、金黄等各种颜色。

讲解分析：五花海位于日则沟，为“九寨之眼”。其景色绚烂，堪称九寨的点睛之笔。五花海作为九寨水景的典范，是自然景观美的绝佳代表。这种景观无须讲解，大多游客也能体会到它的美，因此普通的景物描摹式的解说如同隔靴搔痒，即使辞藻华丽、绘声绘色，也往往过耳即忘。虽然针对不同的游客应该做不同的讲解设计，但是从深化讲解的角度来说，五花海的讲解可以从以下方面入手：其一，巧用虚实结合法，“虚”的有神话传说，如五花海右侧为色嫫女神山，传说它为女神的梳妆池，所以色呈五彩，“实”则是指五彩的科学成因，如此虚实结合就意趣盎然了；其二，以光学、化学、地理等科学知识深入剖析五花海的造化之功，因为五花海非常典型，所以在整个讲解次序中，可以作为讲解的高潮部分。这里涉及岩溶地貌知识、光学知识、微生物环境知识等方面。这样就可以使游客从“游有所乐”到“游有所知”，进而上升到“游有所思”的层次，使游客的审美愉悦感提升一个层次。这种讲解也特别适合游学旅游团，使游客能真正做到“读万里路”，而不是浅尝辄止。

第三节 黄龙——景中之龙，钙华之冠

一、细说黄龙

（一）概况

黄龙风景名胜区坐落在四川省阿坝藏族羌族自治州松潘县县城以东的岷山主峰雪宝顶玉翠峰脚下，面积约为700平方公里，外围保护地带面积约为640平方公里。黄龙是中国唯一保护完好的高原湿地，与九寨沟相距约100公里，海拔1700～5588米，相对高差大。景区不仅有钙华组成的边石坝、钙华滩流、钙华瀑布、彩池，还有冰川、岩崩、岩溶及钙华加积等多种地质作用形成的串珠状湖泊、滩流、瀑布。黄龙以规模宏大、结构奇巧、色彩丰艳的地表钙华景观为主景，以罕见的岩溶地貌美景蜚声中外，堪称人间仙境——“此景只应天上有，人间何来黄龙池”。黄龙也因此享有“世界奇观”“人间瑶池”的美誉。黄龙色彩丰富、形态独特的高寒岩溶地貌景观在国内是独一无二的，在世界上也十分罕见，其为研究高寒岩溶地质作用提供了良好基地。奇特诱人的自然景观使该区成为旅游胜地。1982年10月，黄龙被评为国家重点风景名胜区。1992年12月，黄龙正式被联合国教科文组织作为自然遗产列入《世界遗产名录》。1997年，黄龙被联合国列为世界人与生物圈保护区。2001年2月，黄龙取得“绿色环球21”证书，成为拥有三项桂冠的世界级风景名胜区。之后黄龙又先后成为国家级自然保护区、国家地质公园和国家5A级旅游景区。

这里地貌总体特征是山雄峡峻，3700 ~ 4000米以上多为冰蚀地貌，气势磅礴，雄伟壮观。景区内的水系为涪江江源，其上游河床宽平，下游峡谷深曲，南侧支流平直排列，北侧支流陡曲排列，形成上宽下深、南直北曲的独特江源风貌。地貌和水文条件是黄龙景区美景形成的天然基础。

知识拓展

黄龙的得名及历史

黄龙其名，有一个美丽的传说，是因参与大禹治水的一个氐羌首领在此藏身而得名。约公元前20世纪，大禹率领居住在岷山腹地和草地的氐羌部落自羊膊岭（今弓杠岭、浪架岭、尕尼台山系）从岷江东、西两个源头起步，开始了他令华夏瞩目的治水工程。“岷山导江，东别为沱，又东至于澧”，《尚书·禹贡》记录了他在梁州西北境（今松潘县城）的这些活动。

传说大禹治水时，县内大屯村的一个氐羌首领助禹历尽艰辛，疏通九河，降九妖一十八怪，急难时化为“黄龙”为禹负舟，出生入死。当洪水平息，大功告成之日，他不愿接受封爵，归隐于牟尼沟二道海，尔后跨白鹿到藏龙山（今黄龙沟）修炼。后人为纪念这位治水功臣，为他建庙祠，春秋祭祀，传说中称他为“黄龙真人”。

从形态上看，黄龙沟是一条由南向北、逐渐隆起的钙华体山脊，地势极像一条昂首的巨龙在雪峰下歇息。从沟口拾级而上，巨龙的脊背蜿蜒起伏，约3400个五色彩池像龙鳞一样叠盖其上。黄龙的整个“龙身”长约3.6公里，落差高达400米左右，气势磅礴。

（二）地质特征

黄龙地质特征导图

黄龙位于上扬子古陆块（四川盆地）西北边缘，处在昆仑—秦岭巨型纬向构造带和松潘—甘孜南北向造山带交会部，主要为以东西走向的雪山断裂带和南北走向的岷江断裂带为中心的微型构造系列。东片黄龙主要位于雪山断裂带，即摩天岭地块与丹巴—汶川构造岩片的交会区，区内主要构造线呈东西向展布；西片牟尼沟位于南北向展布的岷江断裂带，这一区域地壳变形强烈、褶皱频繁、断层交错、断块发育、岩层破碎，属强烈而频繁的地震活动区。

具体而论，黄龙片区所处地质构造单元分为四个次级构造单元，即雪山断裂带、九寨沟褶皱推覆构造岩片、雪宝顶褶皱推覆构造岩片和岷江断裂带。

1.雪山断裂带

雪山断裂带形成于印支造山运动末期，定形于第三纪末，并在第四纪继续活动。雪山断裂带自甘肃文县西进，经黄龙景区，沿涪江上游源头，止于岷江断裂之虹桥关南，东西走向，断裂性质复杂，在地貌上形成了东西向山脊和大型河谷。该断裂带南北两侧支流呈树枝状和羽状，南侧水系长而直，沿断裂垂直方向北流，沟谷平缓、开阔，在淘金沟、三岔子一带多形成沼泽，属老年期河流；北侧水系则短促狭窄，沟谷陡峻深切。雪山断裂带在黄龙片区段由西向东呈帚状撒开，长约23公里，宽0.6 ~ 6.5公里，是由不同时代、不同来源、大小悬殊、形态各异的构造岩片经多期构造运动而形成的一个构造混杂岩带。雪山断裂带内“基质”为志留系碳硅质板岩、砂岩和硅质岩及基性火山岩，多数地段地层层理被劈理置换，岩石破碎，褶皱强烈，相对于晚古生代灰岩块及中生代变质砂岩块体（如三叠系板岩、砂岩）而言，属原地系统，揭示出泥盆系与志留系之间存在一大型推覆构造滑脱面。

（1）雪山断裂带北边界断裂　该断裂分布于大厂沟、红庙子、窑沟，向西延伸至三舍驿张家沟南侧山坡，长约19公里，近北东向展布。受后期右型平移剪切作用及北西向的大湾平移断层的影响，该断裂沿走向发生弯曲，在新店子一带发生偏转，呈南北向延伸，沿走向呈波状弯曲。断层面向西倾斜，倾角为60° ~ 70° 。在大厂沟北侧山坡一带常见断层泉呈线状分布，三舍驿张家沟南侧山坡断层北盘碳系益洼沟组、泥盆系下吾拉组地层常形成陡峭地貌及断层崖。断层南盘主要由志留系白龙江群黑色碳硅质板岩组成，岩石破碎、产状零乱。常见石英细脉分布于断层附近的碳硅质板岩的裂隙中。

（2）雪山断裂带南边界断裂　该断裂西起于松坡林，向东经三岔子道班、黄龙沟中的盆景池、大湾张家沟口、建新至黄子片南侧并延伸到区外，呈东西向展布，长约23公里。该断裂北盘为古生代志留系、泥盆系、石炭系和二叠系地层，其地貌陡峭，奇峰峻峭，巍峨壮观。沿断层岩石破碎，岩层产状零乱，劈理发育。南盘为中上三叠统扎尕山组、杂谷脑组、侏倭组地层，地貌形态多为平缓的山坡，常形成负地貌，与北盘迥然不同。在建新、河风崖、黄龙沟东侧山脊及大湾张家沟一带，常见酸性脉岩沿断裂两侧分布。大湾张家沟一带常见晚古生代灰岩构造透镜体沿断裂分布，大小不一，显示了雪山断裂带南边界断裂曾遭受右型平移剪切作用，北盘向东位移。在火石沟至大地沟一带，沿涪江两侧第四系古河床高出现在涪江河床15 ~ 20米，表明该断裂在晚近时期仍在继续活动，北盘明显抬升。

（3）次级断裂　雪山断裂带内受近南北向构造挤压和后期平移剪切作用形成三组次级断裂，延伸长3 ~ 12公里不等，包括东北向延伸的后背山平移断层，北西向展布的灯沟断层、大地沟断层、大湾断层等平移断层，和近东西向延伸的黄子片断层、磨坊沟断层、4128断层等性质不明断层。

2.九寨沟褶皱推覆构造岩片

九寨沟褶皱推覆构造岩片为异地系统，该岩片展布于东门沟、三舍驿张家沟、正沟及偏沟一带，面积约110平方公里，为摩天岭地块南缘，由古生代及中生代浅海碳酸盐岩夹碎屑岩组成。主要构造线呈北西向展布。构造形迹为一系列北西向延伸、轴向近于直立的褶皱构造和北西向延伸的平移断层。摩天岭地块向西运动，沿雪山断裂带，形成了一系列轴线北西向延伸的边幕式褶皱。此外，在九寨沟褶皱推覆构造岩片由北向南逆冲推覆过程中，因位移速度差异在其前缘形成了平移走滑断层并切割雪山断裂带北边界断裂。

3.雪宝顶褶皱推覆构造岩片

雪宝顶褶皱推覆构造岩片为准原地系统，其内褶皱、断裂发育，分布于雪山断裂带南侧淘金沟、黄龙沟至下干河坝梁上一带，面积约220平方公里。从印支末期开始，经燕山期至喜马拉雅期，摩天岭地块由北向南逆冲推覆，此片地壳急剧抬升，地层发生褶皱，酸性岩浆沿次级断裂侵位，形成一系列次级褶皱推覆构造岩片，由南向北依次叠覆，并形成5588米的岷山主峰雪宝顶。雪宝顶岩片由5个次级构造岩片组成。

（1）黄龙寺次级构造岩片　分布于干河坝、大湾张家沟、黄龙寺及淘金沟一带，东西向，宽3 ~ 10公里，区内延伸长约23公里。其前缘断层为雪山断裂带的南部边界断裂，近东西向延伸，横贯整个区域。岩片内主要为晚古生代地层及三叠纪地层形成的一系列近北西向延伸、轴面往南倾斜的褶皱构造和北西向延伸的牌坊沟断层。

（2）望乡台次级构造岩片　展布于淘金沟尾东侧、望乡台至泽勒甲子一带，近东西向延伸，长约13公里，宽约12公里。岩片东段为一轴面向南倾斜的倒转向斜，长约4公里，核部出露地层为中三叠统扎尕山组，两翼卷入地层为下三叠统菠茨沟组及下二叠统三道桥组，往西延伸至淘金沟一带，被泽勒甲子断层切割破坏，向东延伸至望乡台一带，被冰碛物掩盖。东段下二叠统三道桥组、下三叠统菠茨沟组与中三叠统扎尕山组地层构成一单斜层，向南倒转，其前缘断层即禹王庙断层，断层通过的地方均为负地貌，在禹王庙一带有断层泉分布。

（3）三道坪次级构造岩片　分布于黄龙沟三道坪一带，位于两条近东西向逆断层之间，呈东西向，长约5.5公里，宽0.3 ~ 0.6公里，由泥盆纪危关组深灰色千枚岩、板岩及灰色薄层变质石英砂岩组成。岩石劈理发育，揉皱强烈，石英脉特别发育，岩片内次级褶皱轴面往南面倾斜。

（4）鹰嘴岩次级构造岩片　分布于褡裢海、鹰嘴岩及坚希并措一带。构造线方向呈北西向，长约19公里，宽2 ~ 3公里。由晚古生代及三叠系地层形成一系列轴线延伸北西向、轴面倾向南西的褶皱构造，北西向延伸及近东西向的次级逆断层。近北西向延伸的褡裢海断层，长约3.8公里；断层面倾向南西、倾角50° ~ 70°，泥盆系危关组地层逆冲于石炭系西沟组地层之上，为一逆断层。该断层沿走向及倾向均具波状弯曲，断面总体产状向南倾斜，在淘金沟一带晚古生代地层逆冲于三叠系地层之上，断裂带内岩石破碎，劈理发育，多数地段为负地貌。

（5）门洞河坝推覆构造岩片　分布于门洞河坝、雪宝顶及错雷一带，近东西向延伸展布，轴面向南倾斜，长约20公里，宽2.5 ~ 3.2公里，岩片内主要由晚古生代及三叠系地层组成。其前缘断层为坛子沟断裂，近东西向延伸，西起于坚希并措，南侧向东经错雷、鹰嘴岩南侧至坛子沟与泽勒甲子断层抵接。断层面向南倾斜，倾角50° ~ 62°，为逆断层。沿断裂有酸性脉岩分布，两侧地层产状零乱，岩石破碎，劈理发育。

4.岷江断裂带

岷江断裂带呈南北走向，大致沿岷江西岸发育，构造形迹表现为平面牵引现象，红星岩复向斜及其他构造形迹，显示出断裂拖曳影响的迹象。岷江断裂带宽度不等，一般为数十米，带内岩层呈强烈挤压状态，直立、扭曲、破碎、糜棱化、炭化普遍，局部高度富集而成“泥炭”或炭化断层泥，沿断裂带呈带状分布。

岷江断裂带具有明显的分段性特征，以虹桥关、弓杠岭为界分为南、中、北三段，其南段、中段延伸到黄龙区内。南段自虹桥关顺岷江河谷南下，经进安镇、肖包寺南延，暴露的结构面力学性质为强烈压性、压扭性，切穿杂谷脑组、侏倭组、新都桥组地层。自虹桥关至弓杠岭为中段，结构面之醒目特征为张性破裂性质，构造形迹以安壁、元山子、漳腊金卅一带及虹桥关西坡最为清晰。黄龙牟尼沟片区位于岷江断裂带内西侧，主要构造形迹有牟尼沟—羊洞河断裂、热务沟旋卷构造和牟尼沟构造岩片。

（1）牟尼沟—羊洞河断裂　位于垮石岩—香蜡台复背斜轴部，对复背斜而言属纵向断裂，系同级构造，其南段在黄龙区内。断面倾向由北东东、东、南东东逐渐转折变化，背复斜因遭受断裂，轴部构造破坏或出露于两翼，东翼部分或全部断失，两翼藉牟尼沟—羊洞河断裂与西部构造分野，翼部断面一致东倾，倾角仍在60° 以上。

（2）热务沟旋卷构造 指分布于热务沟及其两侧的一系列呈北北西—北西以至北西西方向的弧形弯转褶皱群和“入”字形断裂带。黄龙牟尼沟片区位于热务沟东侧的旋卷构造带内，延伸至区内的主要构造是扎尕山“入”字形折断束。

（3）牟尼沟构造岩片 该岩片展布于扑扒—牟尼沟源头一带，属岷江断裂带南缘。由中生代三叠系碎屑岩及古生代石炭系、二叠系浅海相碳酸盐岩组成。主要构造线近南北向。构造形迹为一系列延伸南北向的倒转褶皱构造及延伸南北向的逆断层。出露地层的有三叠系新都桥组、侏倭组、杂谷脑组、扎尕山组、菠茨沟组、二叠系三道桥组、石炭系西沟组。断层面向西倾斜，倾角为60° ，为逆断层。断层两侧地层产状零乱，岩石破碎，劈理发育。

（三）气候特点

黄龙属高原温带亚寒带季风气候。气候特点是：湿润寒冷，一年中冬季漫长；春秋相连；夏季较凉爽，但时间较短。黄龙风景区年平均气温为5 ~ 7℃，最热的7月份平均气温17℃，最冷的1月份平均气温3℃。全年日照充足，早晚雾多，降雨多集中在每年5 ~ 8月。每年4 ~ 11月为游览黄龙的最佳时间。

（四）生态资源

黄龙生态保护良好，系统复杂多样，生境多样性高，植物种类复杂，呈典型的垂直地带性分布，由下到上依次分布着常绿阔叶林、低山次生灌丛、针阔叶混交林、针叶林、高山灌丛草甸等。多样的植被和生境为各种动物的生存繁衍提供了优越的条件，尤其是常绿阔叶林和低山次生灌丛中动物种类和数量较多。这里不但动植物资源丰富，还有多样的钙华资源和冰川资源。

1.植物资源

黄龙植物资源丰富，据不完全统计，黄龙自然保护区有植物84科，约1300种，具有南北种类混生的特征。区内有国家级保护植物连香树、水青树、四川红杉、铁杉、红豆杉等，还有我国特有或区内特有的植物雪莲花、麦吊云杉、厚朴、密枝圆柏、松潘杈子柏等。保护区内云杉、冷杉属植物种类多，箭竹分布广泛，为大熊猫提供了充足的食物，是大熊猫栖息的良好场所。

2. 动物资源

良好的生态环境为动物的生存提供了条件，黄龙自然保护区动物资源丰富，其中国家一级保护动物有大熊猫、川金丝猴、扭角羚、云豹、豹、绿尾虹雉、玉带海雕等；国家二级保护动物有小熊猫、金猫、兔狲、猞猁、水鹿、马鹿、林麝、斑羚、岩羊、红腹角雉、藏马鸡、藏雪鸡、血雉、蓝马鸡等。该保护区还可以作为某些野生动物的遗传资源原地基因库。

这里的动物资源呈现如下特点：珍稀种类多，南北动物混杂现象明显，因区内山脉与河谷为南北走向，夏季暖湿气流沿河谷深入，有利于南方动物群向北、向高处分布。

3. 钙华资源

独特的地质和气候条件为黄龙钙华的发育提供了帮助。这里的钙华资源丰富，景观价值高，整体呈现钙华类型丰富、规模巨大、分布集中、形成过程完整和景观组合精巧等特征。

4. 冰川资源

黄龙地区海拔大多在3000米以上，广泛分布着清晰的第四纪冰川遗迹，其中以岷山主峰雪宝顶地区最为典型。其特点是类型全面，分布密集，最靠东部。此区峰丛林立，仅海拔5000米以上的高峰就达7座，其中包括雪宝顶、雪栏山和门洞峰三条现代冰川，使此区域成为中国最东部的现代冰川保存区。主要冰蚀遗迹有角峰（分布于海拔4000米以上）、刃脊（3800米以上）、冰蚀堰塞湖（3900米以上）等，主要冰碛地貌有终碛、中碛、侧碛、底碛等。

二、黄龙钙华景观

（一）钙华景观

露天钙华是黄龙最为显著的景观，这里的钙华景观类型齐全、规模宏大、结构奇巧，是一座名副其实的天然钙华博物馆。黄龙沟有世界上规模最大、保护最完好、结构造型多姿多彩的露天钙华堆积体，堆积体全长约3.6公里，宽30 ~ 170米，宛如一条金色巨龙从莽莽密林中奔腾而出。钙华堆积体上台池层叠、色彩斑斓，飞瀑、流泉、奇花异草点缀其间，彩池、滩流、溶洞、塌陷壁异彩纷呈，具有岩溶地貌的典型形态。古人有“玉嶂参天，一径苍松迎白雪；金沙铺地，千层碧水走黄龙”的描绘。

黄龙沟是古代冰川在运动中剥蚀而成的冰川谷，位于玉翠峰北坡，黄龙背斜南翼，大致为南北走向，长约7.5公里，宽1 ~ 1.5公里，海拔2900 ~ 4500米，游览景点主要在海拔3145 ~ 3575米间，纵坡平均比降8.7%，无固定河床，为一散流谷。谷底宽而平，沟床是一条保存完整的第四纪冰川底碛，厚达50米以上，由三道终碛堤形成逐渐抬升的三个台地，距今约3万年。

沟内南端望乡台南至岷山主峰雪宝顶北一带主要分布地层为泥盆系、石炭系、二叠系的灰岩、结晶灰岩、白云岩等可溶碳酸盐岩，含水丰富，有溶洞等岩溶地貌发育，构成黄龙钙华源泉的补给区。从望乡台北至黄龙沟口地区主要分布地层为三叠系砂岩、板岩及志留系板岩夹砂岩等非可溶性岩组，是景区地下水的阻水带。第四纪冰川退缩后，沟床冰碛上松柳丛生，根系交错。沟内上游浅层富含钙离子、碳酸氢根离子的潜水（酸碱度6.36 ~ 8.33，利于钙华体堆积）出露地表，在适当的水温（黄龙水温在4 ~ 8℃）和气压变化下重新析出碳酸钙，附着于沟床冰碛物与盘根错节的树根上，形成碳酸钙沉积。这些碳酸钙沉积本身为银白色，在水流析出过程中，因夹杂其他矿物质而使颜色发生变化。渗杂黄泥，则变成黄色；带有铁质，则呈褐红色；带铜或二价铁，其色深蓝；夹带多种杂质或腐殖土，则为黑色。水中富含钙、硫、镁、磷、钡、锶、铁、钛等多种矿物质，使池水吸收不同光色，加之池沼深浅不一，以及折射、周边景物映衬等原因，水掬起无色，落池呈五彩。经过漫长的地质演变，黄龙沟底堆积了厚达2米左右的黄绿色、黄色、白色、黑色、褐色等颜色的皮壳状碳酸钙沉积物，并固结成岩石状，随地势与冰碛物起伏，塑造出约5公里长的石钟乳河槽、池沼、台地，形成阶梯状层层叠叠、形态各异的钙华景观。

1.钙华滩流

钙华滩流是富含碳酸氢钙的溪水流经缓坡地段，在随山坡缓缓流淌的过程中，由于水温和流速的变化导致碳酸钙沉积，日积月累，形成大面积的具有流动感的钙华堆积体。钙华滩流表面呈波纹状或鳞坑状，是钙华堆积初始阶段的产物。

黄龙钙华滩流分布于五彩池至沟口的整个黄龙沟景区，高3114 ~ 3530米，总面积约16公顷。主体分布于黄龙寺至洗身洞瀑布一带，长约2500米，宽30 ~ 170米，以“金沙铺地”最为典型。

2.钙华池

钙华池是在钙华堆积物上形成的水池，通常池水呈不同颜色，又称彩池或钙华彩池。黄龙有世界上规模最大的钙华彩池群，有大小彩池3400多个，大者亩余，小者仅碗口大小，形状奇特，类型丰富。由于池水的深浅、大小、矿物含量不同，呈现的颜色也不相同。

其中以五彩池、争艳池、迎宾池、明镜倒映池等8组池群为主要代表。

钙华边石坝彩池是黄龙钙华加积的主要形式之一。钙华边石坝是一种弧形薄壳堤坝，围堤厚薄不等，高度在20厘米到4米之间，最高的飞瀑流辉彩池边石坝达6.7米，为世界地表边石坝高度之最。因地形、树根及杂物等因素，边石坝形态万千。堤坝所围部分蓄水为池，并向坝外漫流，水中生长多色水藻，故水池呈现多种色彩。

钙华梯池为钙华池群的代表形态。黄龙沟数以千计的大小边石坝彩池集中成8个群分布于上下沟中，由沟口向上分别为迎宾彩池、飞瀑流辉、盆景池、明镜倒映池、娑萝映彩池、争艳彩池、石塔镇海等。不同形状的彩池聚集在一起，相互连接，随坡铺排，层层叠叠。

3.钙华瀑布

钙华瀑布又称钙华塌陷壁，是岩溶溪水流经塌陷地貌和大型梯坎地貌时沿陡坎沉积的钙华堆积，钙华体表面呈流线、流纹及浪涛等流水形态，形似飞瀑。钙华瀑布通常为流水—钙华双层瀑布，瀑华的沉积结构是垂帘式的，也有呈钟乳状的，固态的钙华体上往往有动态跌水。规模较大的钙华瀑布有洗身洞瀑布、莲台飞瀑等。

4.钙华洞穴

钙华洞穴是钙华体被地下水溶蚀或陷落所致。黄龙沟的钙华洞穴有三处代表：黄龙洞、石山洞和神仙洞。黄龙洞发育在后寺右侧的钙华流中，洞口呈竖井状，洞底为小厅堂，面积约400平方米。入口西南侧有一台坎，发育有肾状质结核和微型钙华池，洞内发育石笋、石钟乳、石幔、石瀑布等洞穴沉积。

（二）黄龙钙华景观的成因与演化

1.钙华成因类型

钙华即石灰华，是指富含碳酸氢钙的溪水、泉水、湖水等在适当的物理、化学或生物条件下，因二氧化碳损失导致碳酸钙析出并沉积，附着于地面、生物体上而形成的景观。黄龙钙华是高寒岩溶作用的产物，属于泉水堆积类型的碳酸盐建造，土状性质，易风化，具有环状、片状纹理或块状、角砾状、海绵状结构。

其中还含有碎屑物和生物残骸，本身呈银白色，由于析出过程中渗杂黄泥，因此主要呈黄色，这也是黄龙的“黄”的来历。

宏观上看，黄龙景区内的钙华景观，其骨架发育在志留纪—三叠纪的碳酸盐岩建造和碎屑岩建造构成的雪山断裂两侧褶皱推覆岩片上，后经印支期、燕山期以及喜马拉雅期的复合造山作用，在第四纪冰川作用下，最终形成独特的冰川地貌。而后叠加高寒岩溶和新构造运动的联合作用，遂形成现在的世界奇观。该自然景观将继续受到地壳差异性抬升和溶蚀两种主要地质作用的制约，使侵蚀基面不断下降。而地壳的抬升，又伴随着强烈的地震活动，以及崩塌、滑坡、倒石堆、泥石流等重力灾害的发生，导致原有自然景观的消亡与新景观的形成，如大湾张家沟古钙华景观的退化和黄龙沟钙华台地的形成、生长。

微观上看，钙华景观的物质来源主要是地下饱和的岩溶泉水。黄龙丰富的地下水与碳酸盐岩作用，使泉水富含碳酸氢钙，成为其丰富钙华景观的物质基础。此外，压力、水动力、温度、生物等条件，以及pH值的变化，都是影响钙华形成的重要因素。

黄龙钙华有两种基本的成因类型：建造或原生沉积，改造或再生。属于沉积的主要有边石坝与彩池，它是饱和岩溶在一定水力坡度下，主流线发生偏移或横向环流，导致携带的植物遗骸、悬浮物的停积阻梗，并以此为骨架，经过碳酸钙沉淀充填和固结流，水流纵坡突变引起跌水而形成钙华瀑布。在悬瀑下由于钙华超前沉积，常在裙状瀑布华之间留下空间形成原生钙华洞穴。属于再生的有塌陷洞穴、潜蚀泉和钙华泉等。地表水或泉水通过钙华体渗入和渗漏，促进了侵蚀、溶蚀和潜蚀作用。

2.黄龙喀斯特形成的有利条件

黄龙沟切入岷山主峰雪宝顶腹背斜北冀，原为一冰川谷，做南北延伸，沟上游岩层变形强烈，裂隙发育，以灰岩、白云岩居多，板岩次之，即碳酸盐构成高寒含水层，为钙华堆积提供大量的物源。终底有终碛、侧碛、底碛广泛堆积，形成石滩、石海，有利于降水大面积下渗，为下游钙华堆积提供有利的含水介质迁移条件。黄龙沟上游只有一条沟水流入沟内，且沟内有10多个泉水补给水源，因此流动的水体及碳酸盐岩含水层是冷水型钙华形成的基本条件，加上一系列的化学、物理作用，形成喀斯特地貌堆积。

距今约200万年前，地球的造山运动使岷山山脉伴随着青藏高原一同快速隆起，黄龙沟也在这期间形成典型的冰川U型谷。该区属古生界和三叠系以碳酸盐为主的地层，地质结构复杂。黄龙古寺南侧的望乡台断裂带是重要的地下水通道，富含碳酸氢钙的地下水通过深部循环，在此出露形成转花泉群，并成为黄龙钙华堆积的源泉。这些水流经黄龙沟凸凹不平的河床，造成水流变化，加上树根、落叶局部阻塞以及生物喀斯特作用，在温度、压力、水动力等因素的影响下，水中的碳酸钙沉积下来，形成钙华塌陷、钙华滩流、钙华瀑布等独特的露天喀斯特堆积地貌景观。

三、代表景点

（一）五彩池

五彩池是位于黄龙最上端的钙华彩池群，海拔3576米，共有693个彩池，宛如五彩珍珠镶嵌在原始森林中，被誉为“人间瑶池”，池群面积约21000平方米，是黄龙沟内最大的一组彩池群，也是当今世界上规模最大、海拔最高的露天钙华彩池群之一。池水随水的沉积物、池坝的颜色、光的折射度、池的深浅不同而形成池水同源而色彩斑斓的五彩景象，成为黄龙风景区一大秀丽景观，艳丽奇绝。大大小小的池子仿佛仙人洒落在群山之中的翡翠，被誉为“黄龙的眼睛”，是景区的精华所在。

几万年来，黄龙沟四周高山上的冰雪融水和地表水不断流淌下来，渗入冰碛物中，在松散的石灰岩下部形成浅层潜流，并在流动过程中溶解了大量石灰岩的碳酸钙物质。随后，饱含碳酸钙物质的潜水出露地表，形成无数小溪散流而下。这时因水温和压力降低，二氧化碳气体逸出，使溶解于水中的碳酸钙又结晶析出，淀积于植物的根茎、倒木或落地枯枝上，日积月累，形成了厚数十厘米、高10余厘米至2米不等的坚固的碳酸钙围堤。随着地势的高低起伏，结成的钙华呈阶梯状叠置。漫山遍野的石灰华围堤，围成各种妙趣天成、形状绝妙的水池，大者超过一亩，小者仅一二平方米，高低错落，层层相连，形成了今天的奇景——钙华梯池。

湖水显色的原因，主要是湖水对太阳光的散射、反射和吸收。太阳光或自然光是由不同波长的单色光组合而成的复色光，在光谱中，红光至紫光，波长逐渐变短。黄龙的湖水呈现艳丽的蓝绿色，说明湖水中短波光的散射远强于长波光，这就是瑞利散射效应。瑞利散射效应在黄龙的湖水中尤为突出，主要是因沟内植被郁闭度高、水循环较畅通以及石灰华对悬移质有固定作用，从而使水中悬浮物、有机物、浮游生物极少，湖水的洁净度和透明度极高。湖水中常见的钙镁离子等也有增强短波光散射的作用。湖水透明度高，湖底的灰白色钙华、黄绿色藻类对透射光的选择性吸收和反射，也增加了湖水色彩的层次和变化。

（二）金沙铺地

金沙铺地从洗身洞到娑萝映彩池，长约1300米，宽40 ~ 122米。它是目前世界上发现的同类地质构造中，状态最好、面积最大、距离最长、色彩最艳丽的地表钙华滩流，是黄龙的世界三大最之一。由于碳酸盐在这里失去了凝埂成池的地理条件，因此漫坡的水浪，在一条长约1.3千米的脊状斜坡地上翻飞，并在水底凝结起层层金黄色钙华滩，在阳光照耀下发出闪闪金光，是黄龙又一罕见奇观。这条钙华滩流，按此处平均的碳酸钙沉积速度推算（每100年1毫米），其形成时间也已经有一万年左右了，而滩面钙华层的厚度最高达到了20米，也就是说最厚的地方就是钙华滩流最早开始形成沉积的地方，时间应在两百万年左右。这说明自从青藏高原东部地区不断隆起开始，直到有足够量的雪山第四纪冰川融水流下来，以及地下泉水涌出来，能把碳酸钙带到“黄龙的脊背”并淌下来，至少在两百万年前就开始了。两百万年大自然的鬼斧神工，才造就了如今黄龙的这一罕见奇观。关于金沙铺地的由来，民间还有一个有趣的传说。传说黄龙真人的弟子有一天磨豆腐的时候，忘了锅里有煮沸的豆浆，豆浆溢出，沿着沟流下来，成了黄龙沟里的滩流——金沙铺地。爬到山上，居高临下，纵观滩流，那顺势铺开的“金沙滩”宛如一条金色巨龙在林莽中飞舞，蜿蜒曲折，气势磅礴。“玉嶂参天，一劲苍松迎白雪；金沙铺地，千层碧水走黄龙”，正是此景的真实写照。

（三）黄龙洞

黄龙洞，传说是黄龙真人修炼的洞府，距黄龙沟口涪源桥约3.5公里，洞口位于黄龙后寺山门右前方10米处，海拔3556米。黄龙洞发育于钙华滩流中，洞口为竖井状，直径5.5 ~ 8.5米，深约25米，下部为斜洞，洞底类似小型厅堂，长约30米，宽约10米，面积400平方米左右，小洞无数，洞内有洞，幽深莫测，其大小深浅，尚未完全探明。洞顶的钟乳石，洞壁的石幔、石幔布，洞底的石笋，形态多样，小巧玲珑，晶莹洁白。洞顶有黄龙图像，依稀可见。洞厅底部有三尊木制坐佛，高约1.2米，传说为黄龙真人得道之处，经数百年泉水乳汁天然再塑，通体披上了一层淡黄色钙华结晶，银辉闪烁，状若珠光宝裟，形态逼真。洞底钙华的年龄约7.8万年，黄龙洞内渗水滴漏终年不断，滴水成冰，形成冰林、冰笋、冰幔、冰瀑等，形态万千，犹如水晶洞天，为黄龙冬景一绝。黄龙洞是中国目前所知最大的钙华洞穴，同时也是中国冰期最长的天然冰洞。

（四）黄龙寺

黄龙寺建于明代，原名“雪山寺”，后因此地有大禹治水，黄龙为其负舟导江的传说，遂更名为“黄龙寺”。原有前、中、后三寺，现仅存后寺及中寺观音殿。

1.黄龙后寺

黄龙后寺为四合院形制，歇山式屋顶，至今已有600余年悠久的历史，属道教宫观，占地1000余平方米，背靠五彩池，下距黄龙中寺约676米。据《松潘县志》载：“黄龙寺，明兵马使马朝覲建，亦名雪山寺。”寺门正中有匾额“黄龙古寺”。寺位于雪山之下，四周林木茂密，水池层叠，色彩斑斓，蔚为壮观。该寺是考察少数民族地区道教文化演变的重要遗址，也是岷江源头追溯大禹治水史迹的重要佐证。传说大禹治水时，黄龙为禹负舟，出生入死，历经艰辛，助禹“疏通九河，降九妖一十八怪”。当百川入海、水陆分明、大功告成时，黄龙却不愿意接受封爵，而归隐于牟尼沟二道海，尔后跨白鹿到藏龙山（今黄龙沟）修炼，得道羽化而去，遗五色山水于世，后人建寺，岁岁祭拜。黄龙后寺建筑古色古香，与雪山彩池辉映，屋宇轩敞，飞檐翘角。历代文人墨客留下大量楹联匾额，为其增色不少。其中有对联“碧水三千同黄龙飞去，白云一片随野鹤归来”。

2.黄龙中寺

黄龙中寺原占地约500平方米，上距黄龙后寺约676米，下距争艳池约1011米，始建于明朝。建筑古朴雄伟，殿内塑像做工精细。黄龙中寺位于争艳池和五彩池之间，这里虽没有了彩池，但红松等针叶林满山，杜鹃林等植物遍地，环境幽雅。该寺原有殿宇七处，殿堂分别以“灵官”“弥勒”“天王”“火神”“观音”等命名，如今游人能看见的只有观音殿，其余各殿已在沧桑的岁月中消失。

思考与练习

1.请运用导游语言介绍九寨沟的植物宝库和动物王国，并思考九寨沟为什么会有如此丰富的生物资源。

2.九寨沟为什么能入选“世界人与生物圈保护区”？思考如何针对研学旅行团从生态文明的角度介绍九寨沟的生物宝库。

3.请思考如何从科学成因的角度介绍诺日朗瀑布。关于九寨沟的神山传说有怎样的生态隐喻？

4.请思考黄龙钙华景观的形成原因，并思考如何运用导游语言针对研学旅行团进行介绍。

5.请思考如何从生态文明的角度介绍黄龙五彩池。

拓展阅读

[1] 章小平．九寨沟旅游完全手册[M]．成都：四川人民出版社，2003.

[2] 冷涛，邓成蓉．阿坝州旅游大全[M]．成都：四川人民出版社，1996.

[3] 曾国伟．松潘揽胜[M]．成都：四川人民出版社，1996.

[4] 王明珂．寻羌：羌乡田野杂记[M]．北京：中华书局，2009.

[5] 杨俊义．九寨沟黄龙地区景观钙华的特征与成因探讨[D]．成都：成都理工大学，2004.

[6] 杨远兵，刘玉成，方任吉．九寨沟自然保护区森林植物的数量分类[J]．生物学杂志，1998，17（3）：7-10.

[7] 章锦河，张捷，梁玥琳，等．九寨沟旅游生态足迹与生态补偿分析[J]．自然资源学报，2005（5）：735-744.

第四章

寻古川东

本章要点

- 川东自然地理格局。
- 川东文化主题。
- 古蜀道的线路及演进。
- 剑门天下险。
- 阆中古城文化主题。

本章课件

第一节 寻古川东
——行走千年，伟人故里

一、川东掠影

川东，即四川省东部，并非指一个特别明确的地理概念，更多是一个文化地理范畴，其范围大概涵盖除绵阳西北部的绵阳及广元、南充、巴中、达州、广安、遂宁六个地市全域，其涵盖面甚广。

（一）自然条件

川东区域面积大，主要位于川中方山丘陵和川东平行岭谷两个地理单元，此外，广元、巴中、达州部分盆地边缘地区属于秦巴山地的大巴山。

1.川中方山丘陵

川中方山丘陵，又称川中丘陵、盆中丘陵，位于四川盆地中部，是中国最典型的方山丘陵区。该区域面积约8.4万平方公里，占四川盆地总面积的32%，其东抵华蓥山、西迄龙泉山、北界大巴山、南抵大娄山。川中丘陵面积较大，其北部属川东。

川中方山丘陵区以丘陵广布、溪沟纵横为显著地理特征，是四川东部地台最稳定部分。大部分地区岩层整平或倾角甚微，经嘉陵江、涪江、沱江及其支流切割后，地表丘陵起伏，沟谷迂回，海拔一般为250 ~ 600米，丘谷高差50 ~ 100米，南部多浅丘，北部多深丘。大部分地区为软硬相间的紫红色砂岩和泥岩，经侵蚀剥蚀后常形成坡陡顶平的方山丘陵或桌状低山，丘坡多呈阶梯状，多达3 ~ 4级。该区域人口众多，农田广布；土壤为中生代紫红色砂岩和泥岩，质地松脆，极易遭受侵蚀和风化，故土壤中多沙和碎石；加之丘坡较陡，每当降雨集中时，常造成水土流失，是四川水土流失最严重的地区。

川中方山丘陵属于亚热带湿润气候区，气候特点为冬暖、春早、夏热、秋雨，多云雾、少日照、生长季长。年均温16 ~ 18℃，无霜期280 ~ 350天，年降水量900 ~ 1000毫米。

由于本区域属于地下水贫乏的红层土，冬干春旱特征明显，其中，春旱频率高达60%，是四川的旱区。

2.川东平行岭谷

川东平行岭谷，又称盆东平行岭谷，是指华蓥山以东的四川盆地部分，面积约为5.3万平方公里，整体地势北高南低，西高东低。这里有30多条东北—西南向山脉平行排列，故称“川东平行岭谷”。华蓥山为川中方山丘陵和川东平行岭谷的分界线，向东还有铜锣山、明月山、铁锋山、木历山、挖断山、方斗山等6条主要山脉，其中位于四川的是华蓥山、铜锣山和明月山。

川东平行岭谷地表褶皱紧密，地貌上多表现为背斜成山，向斜为谷。背斜山地长者逾300公里，短者仅20 ~ 30公里，山地陡而窄，宽5 ~ 8公里，高600 ~ 1000米，其中高登山为四川盆地底部最高峰。背斜山岭顶部有可溶性石灰岩出露，经雨水溶蚀后多成狭长形槽谷，发育有溶洞、暗河、天池湖；山岭两侧的硬砂岩常形成单面山，故区内山脉大多具有“一山二岭一槽”或“一山三岭二槽”的特征。向斜谷地宽而缓，一般宽10 ~ 30公里，海拔300 ~ 500米，均为砂泥岩所组成，地貌上为方山丘陵或单斜丘陵，沿河地区还有大小不等的平原分布，如梁平、垫江、开江等地。

川东平行岭谷属于中亚热带湿润气候区，气候温暖湿润，降雨充沛。年均温17 ~ 19℃；年降水量1100 ~ 1200毫米，除8月伏旱期外全年多阴雨，是多春雨的地区，初夏易发洪涝灾害，北部冬季有时候会下雪，但一般较少；常年无霜期达330天以上；亦是四川盆地内水热条件优越的地区，农作物和经济林木多样。

3.秦巴山地—大巴山

川东属于秦巴山地地貌单元的主要是广元、巴中、达州北部，均属于狭义大巴山[1]的范围。大巴山，简称巴山，是嘉陵江和汉江的分水岭，四川盆地和汉中盆地的地理界线。

大巴山介于北部的秦岭地槽和南部的四川台向斜之间，地层古老，以石灰岩、白云岩、变质岩、砂岩为主，局部有花岗岩分布。前二者多峰丛、溶洞、暗河等喀斯特地貌，著名者有广元龙洞、旺苍黄洋溶洞、通江中峰洞等。山脊由坚硬的结晶灰岩组成，经上升剥蚀后浑厚雄伟。

大巴山多古老的特有植物，如连香树、水青树、珙桐、香果树、银杏、领春木等，为中国亚热带、温带多种古老植物发源地之一及中国蜡梅的原产地。大巴山南坡的南江县焦

---

[1] 狭义大巴山：仅指川、陕、鄂3省接壤地带的米仓山和大巴山，东西绵延500多公里，故称千里巴山。

家河是中国常绿阔叶林中水青冈原始林保存最好的地区。珍稀动物有金丝猴、云豹、苏门羚、猕猴等。

大巴山是四川盆地北部的天然屏障，阻滞或削弱了冬半年北方冷空气的南侵，对四川冬暖春早气候的形成影响重大。大巴山南面的四川盆地为中亚热带，而北面的汉中盆地则属于北亚热带。

（二）文化特色

川东在文化分区上，主要位于巴文化区，因此武将辈出，将帅众多。这里属于四川北出秦岭的重要连接通道，曾经是四川历史上最重要的出川通道，是连接巴蜀文化和中原文化的纽带和桥梁。这里山川俊美，文化灿烂，主要表现为以下方面。

1. 古蜀道

古蜀道线路导图

从考古证据得知，巴蜀先民从新石器时代就已经开始通过不同道路与盆地外的文明产生交流。这种冲出盆地的探索从未停止，古蜀道就是在这样的背景下产生的。广义上说，凡通往古蜀国（即今四川）的道路都叫蜀道。但历史记载约定俗成的蜀道一般指沟通关中平原、汉中盆地、四川盆地，从关中地区通往巴蜀，依次穿越秦岭和巴山的古驿道。该驿道以汉中为中心分为南北两段：北段穿越秦岭，称为“北栈”，主要有陈仓道、褒斜道、傥骆道、子午道4条；南段穿越巴山，称为“南栈”，主要有金牛道、米仓道、荔枝道、阴平道4条。狭义的蜀道则专指南段连接汉江上游和巴蜀地区的古道，四川的古蜀道主要是指狭义的蜀道，很多时候专指金牛道。

（1）金牛道　以“石牛粪金”的典故而闻名，是沟通古代巴蜀和中原地区的交通主干线，又名石牛道、剑阁道、蜀栈。据传唐中后期唐玄宗、唐僖宗两度入蜀避难都是走的金牛道。金牛道的具体线路是：汉中南郑向西至宁强大安，经勉县西南烈金坝（金牛驿），南折入五丁峡（亦称金牛峡）、五丁关至宁强县，再转西南经牢固关、黄坝驿，进入四川，再经七盘关、龙门阁等至广元，再南渡嘉陵江、过剑门关至梓潼，经绵阳涪城，到达成都金牛坝，全程共约600公里。

（2）米仓道　蜀道中最为险峻曲折的一条，地位仅次于金牛道，因途经南郑区西南的米仓山而得名。米仓道始修于秦朝末年，北起陕西南郑，翻越大小巴山，过米仓山后至巴中，全长约250公里。米仓道纵贯秦巴山区，连接黄河、长江两大水系，北可上关中，南可达川渝。历史上米仓道在政治、经济、军事方面的地位和作用非常大，为兵家必争之地。

（3）荔枝道　又称洋巴道，是蜀道中最著名的一条，由洋县穿越大小巴山直至巴中。此道距离较短，但地势艰险，不易行走，唐末就逐渐寂没了。唐玄宗时因杨贵妃喜好荔枝，朝廷便颁旨在洋巴道上广设驿站、加强养护，使其成为专司荔枝运送的驿道，被人们称为“荔枝道”。其得名于杜牧的《过华清宫绝句三首》（其一）诗：“长安回望绣成堆，山顶千门次第开。一骑红尘妃子笑，无人知是荔枝来。”

（4）阴平道　为沟通陇右与巴蜀的古道，起于今甘肃文县的鹄衣坝（文县老城所在地），途经文县县城，翻越青川县的摩天岭，经阴平山到达平武县的江油关（今南坝乡），全长约265公里。阴平古道自古以来就是险要崎岖之路，历代除了当地农民行走之外，就只有必要的战争需要才用此道。三国时期，邓艾“偷渡阴平”的奇袭战就是走的这条路。

2.三国文化

三国文化是川东的代表性文化，这里不仅有三国时期的著名历史人物，也保留了大量的三国文化遗址。1993年11月，“纪念陈寿诞辰1760周年暨三国文化国际学术研讨会”在南充市举行，美国、加拿大、日本及国内的百余名专家学者在一起进行学术交流和讨论，会议正式确定南充是三国文化的源头。绵阳、广元、南充都是三国文化富集的区域。绵阳三国遗迹有富乐山、蒋琬祠墓等。广元三国遗址、遗迹竟多达140余处，最重要者有剑门关、明月峡、昭化古城、摩天岭、翠云廊、牛头山等。南充作为三国文化之源，遗迹众多，最著名的就在阆中。蜀汉五虎上将张飞镇守南充阆中达7年，死后葬于阆中。后人所建汉桓侯祠（张飞庙）是纪念张飞的祠庙中唯一的国家级重点文物保护单位。始建于蜀汉建兴年间的万卷楼由陈寿读书楼、纪念馆和藏书楼组成，如今为三国文化的源头。蜀汉大将军王平墓、诸葛寺、诸葛寺石刻、赵云操兵演阵的将军碑、瓦口关古战场等遗迹都在南充。三国良将马忠、谋士程畿出生在阆中。

3.红色文化

川东是邓小平、朱德、罗瑞卿、张澜的故乡，是川陕革命根据地重要的组成部分。川东有十余万英雄儿女参加红军，涌现出了数十位将军。杨闇公、朱德、刘伯承、吴玉章等指挥的泸顺起义于1926年在南充打响了第一枪，红四方面军徐向前、李先念等先后在阆中、仪陇、南部、营山、蓬安等地转战数年，留下了大量遗址。共产主义战士张思德同志，生于四川仪陇，是全心全意为人民服务的典范。

此外，川东地区还有绵阳道教文化、广元佛教文化、南充丝绸文化、忠义文化等。

二、旅游景观

川东自然风景绮丽，人文厚重，旅游景观众多。

（一）自然景观

区域内的自然景观众多，主要以“一山一江”为代表。“一山”是指巴山，由米仓山和大巴山组成，纵横千里，其中光雾山、诺水河的景观是杰出代表。“一江”指的是嘉陵江，其流域内景点众多。

1.光雾山

光雾山景区以红叶观赏为特色，位于米仓山腹地、川陕交界处，面积约830平方公里，距成都396公里、距重庆300公里、距西安295公里。景区2009年被列入第二批《中国国家自然遗产、国家自然与文化双遗产预备名录》，2004年成为国家级风景名胜区，2018年4月被批准为世界地质公园，2020年被评为国家5A级旅游景区。

2.嘉陵江

嘉陵江发源于秦岭北麓的宝鸡市凤县，因凤县的嘉陵谷而得名。该河流流经陕西省汉中市略阳县，穿大巴山，至四川广元市元坝区昭化镇，接白龙江，向南流经南充、广安，到重庆市注入长江。流域面积近16万平方公里，是长江上游流域面积最大的支流，是四川河运开发最早、通航里程最长的河流，也是中国内河流域全江渠化最成功的一条河流。它是位于北纬30° 线上的一条神奇的河流，人们称它为“中国的田纳西河”“中国的亚马孙河”。

嘉陵江是川东的母亲河，其在川东的部分（从广元至广安）为中游，不同于上、下游的奔腾、激荡，此段嘉陵江弯环曲折，极尽柔媚。沿江自然风景旖旎，田园具有诗情画意，吴道子曾在这里绘出《嘉陵江三百里风光图》。它以无与伦比的曲流和离堆山为其代表景观，拥有亚洲唯一359° 河流曲度的青居曲流，有颜真卿题刻过的新政离堆。

（二）人文景观

川东人文景观众多，名人辈出。绵阳有嫘祖、李白、李调元，遂宁有陈子昂、张问陶，广元有武则天，南充有华胥、纪信、司马相如、落下闳、张澜等。川东还是红四方面军根据地，也是将帅故里，邓小平、朱德、罗瑞卿都出生在这里。此外，七曲山大庙、窦团山、古蜀道景观、剑门天下险、皇泽寺、昭化古城、明月峡栈道、阆中古城等都是人文景观中的佼佼者。

第二节 剑门蜀道
——羁旅诗情，浪漫蜀道

一、古蜀道历史故事

（一）古蜀道概况

古蜀道，从广义上说，南起成都，过广汉、德阳、梓潼，越大小剑山，经广元而出川，在陕西勉县褒城附近向左拐，之后沿褒河过石门，穿越秦岭，出斜谷，直通八百里秦川，全长1000余公里。从狭义上说，古蜀道仅包括四川的路段，南起成都，北止于广元七盘关，全长约450公里。古蜀道历史悠久，至今已有三千多年历史，是保存至今人类最早的大型交通遗存之一，比古罗马大道的历史更为悠久。蜀道在四川广元长达270多公里，是保存最完整、保留文化要素最充分的一段。

（二）古蜀道与秦的统一

古蜀道又被称为金牛道，在秦灭巴蜀的过程中，发挥了至关重要的作用。开明王朝后期，蜀国与秦国保持了很长一段时间势均力敌的敌对关系，两国为争夺汉中一带的南郑要塞展开了几十年的拉锯战。

虽然秦惠王表面上不再与蜀争夺汉中的南郑要塞，但灭蜀计划实际上早已考虑成熟，只是有一条：自古蜀道多艰险。秦惠王在没有弄清入蜀的道路以前也不敢贸然挺进，所以将他的大军集结在蜀国的边境上，万事俱备，只欠东风。

《华阳国志·蜀志》记载：昏庸的末代蜀王自以为褒中和汉中地区都还在自己的股掌之中，有一天带着手下到这一带的山谷里打猎，正在追捕猎物时忽然看见秦惠王骑着一匹骏马从山梁上走了下来，身边还带了许多随从，也像是在打猎。秦惠王送给蜀王一大筐金子，蜀王也回赠了许多蜀中的珍宝玩物给惠王。

但惠王刚刚把这些珍玩拿到手里，它们却全都变成了泥巴，惠王非常愤怒，他的大臣们却都向他拱手道贺。惠王问："为什么？"群臣道："蜀国的珍玩化为土，说明大王将得到蜀国的土地，这是好事，可喜可贺。"秦惠王一听，觉得有道理。后来，他又听从了群臣的建议，让工匠们打造了五头石牛，放在山顶上，每天叫人在牛屁股的后面倒上一筐金子，还放出话来，说秦国有五头石牛，非常神奇，每天都能产出一筐金子。蜀国士兵听到消息，偷偷派人到山顶上去侦察，果然发现那五头石牛每天都要产出一筐金子，便把这个消息报与蜀王。蜀王贪财的毛病早被秦惠王了解了，只等蜀王前来上钩。果然，不久后，蜀王就派遣使臣拜见秦惠王，想将石牛迎到蜀国养一段时间，秦惠王故作为难之状，但考虑到两国邦谊，勉为其难地同意了。蜀王非常高兴，急忙派五位力士去把这五头石牛运回蜀中。石牛倒是运回来了，可这五头石牛却再也没产出金子。蜀王气急败坏，一拍案，"这个秦王也太不像话了，居然敢戏耍我！把这几头石牛都运回去还他，我看他以后还有什么脸面见我"！于是蜀王又派五位力士押送石牛来到了秦国边境，五位力士因为来回奔波了两趟，有气没处撒，便嘲笑秦军士兵说，"你们这些东边放牛娃，简直没有信义"。秦国的士兵笑着回答："我们虽然是放牛娃，但你们蜀国很快就会成为秦国的放牧之地了。"

五头笨重的石牛被蜀国的五位力士推的推、拉的拉、抬的抬，在秦岭、大巴山的山地里来回奔波两趟，沿途的林木都被力士们踩倒了，山地被踩平，出现了一条由秦国通往蜀国的黄金通道——金牛道。公元前316年的秋天，秦惠王派遣张仪、司马错等人率领秦军沿这条道路浩浩荡荡南下伐蜀。蜀王急忙调兵仓促应战，结果被秦军打得落花流水，丢盔弃甲，最终全军覆没。

自此，经历过蚕丛、柏灌、鱼凫、杜宇、开明五世蜀王的古蜀国宣告结束。

二、代表景点

剑门风景区位于四川省广元市剑阁县的北部，由剑门关、翠云廊两个部分组成，它是剑门蜀道的咽喉和核心。1982年剑门关被评为首批国家级风景名胜区，2012年作为剑门蜀道的核心部分被列入了《中国世界文化遗产预备名单》。2015年，剑门关成功创建成国家5A级旅游景区。

（一）剑门关关楼

自古巴蜀之地就有四大名胜，东有夔门天下雄，西有青城天下幽，南有峨眉天下秀，北有剑门天下险，并称"四绝"。剑门自古因险闻名，其地形地势起到了决定性的作用，那么这种天堑之险的地势是如何形成的呢？研究表明：四川自古就为盆地，是扬子海的内海，在白垩纪的地壳运动中，海水下跌，海底岩石隆起，便形成了今天坚硬的砾岩山体。加之剑门关处在龙门山脉地质活跃的地带，经过多次地壳运动，不断改造，遂形成了峰峰似剑的七十二峰。而大小剑山在此两山对峙，形状如门，有“一夫当关，万夫莫开”之势，形成天险。“剑门”之名也由此而来。

剑门关关楼位于大小剑山之间，宽约18米、高约20米、进深17余米，气势恢宏。关楼上半部分为全木结构的阁楼，重檐歇山顶式屋顶，阁楼的中央悬两块大匾，分别写着“天下雄关”和“眼底长安”。它的底层为砖石结构，四面成墙，坚不可摧，底座的中央开了一扇密布门钉的大门，当年诸葛亮就是通过此门六出祁山，北伐中原的。其实我们眼前的关楼，并非诸葛亮所建，在漫漫的历史长河中，剑门关关楼屡建屡毁，历经十余次重建。

自古蜀人就凭借剑门之险，得以偏安一隅。蜀地得天独厚的战略位置，易守难攻，成就了诸多的独立王朝，历史上在此称王称帝的就有8个。也正因为这天险，四川得以在战时不受战争影响，成就了富甲天下的“天府之国”。

（二）翠云廊

翠云廊，是指古蜀道上用作行道树的柏树群所形成的绿色长廊。该长廊整体呈“人”字形分布，覆盖广元、南充、绵阳三市数十个乡镇，分南、北、西三线。三线均以剑州古城（剑阁县）普安镇为中心，东南至阆中古城约150公里，为南线；北至昭化古城约80公里，为北线；西至梓潼七曲山大庙，约50公里，为西线。其中北西两线与古金牛道重合。

翠云廊古柏树始植于汉，又传为张飞手植，亦称“张飞柏”。此后历代均有种植。历史上，剑门一线驿道上曾有六次种植柏树的明确记载，贯穿北宋、南宋、明、清。其中，明正德十三年（1518年）时任剑州知州李璧率官民所植柏树规模最大、数量最多，并且制定了严格的保护措施“官民相禁剪伐”，至清康熙初年已浓荫蔽日。乾隆中晚期和光绪晚期，每株柏树均悬挂了“官”字木牌。1941年，四川省政府发布训令，要求严格保护驿道古柏，并对每棵古柏“依序编号，列为专案，并列册备查，以备县长交接。”经过历代精心保护，才有今日翠云廊之盛景。

翠云廊之得名始于康熙初年，时任剑州知州乔钵为翠云廊赋诗，并于诗前题记，“自剑阁至阆州，西至梓潼，三百余里，明正德时，知州李璧以石砌路，两旁植柏树数十万，今皆合抱，如苍龙蜿蜒，下不见日，钵因题曰‘翠云廊’”。其诗咏曰“苔花荫雨湿衣裳，回柯垂叶凉风度。”翠云廊现存古柏树12082株，其中剑阁县境内7803株，梓潼县境内3808株，昭化区境内454株，阆中市境内17株。行进在翠云廊中，古柏森森，仿佛穿越千年历史。因此其又有“蜀道奇观”“蜀道之魂”“国之瑰宝”之誉。

第三节 阆中古城
——中国人的千年栖居梦

一、阆中古城概况

阆中古城坐落于嘉陵江西岸，山围四面，水绕三方，形成了天然屏障，自古山川形胜，风景十分秀丽，唐代大画家“画圣”吴道子曾作《嘉陵江三百里风光图》，赞其为“嘉陵第一江山”。古城历史悠久，文化璀璨，是中国传统建筑环境的典范、中国古代天文圣地、世界千年古县，号称“中国春节文化之乡”、中国“四大古城”之一，被评为国家5A级旅游景区、全国历史文化名城、中国优秀旅游城市、国际最佳旅游度假胜地等。

阆中，旧称保宁，位于四川盆地东北缘，秦巴山地南麓，嘉陵江中上游，距今已有2300多年的建城史。古城控扼巴蜀的战略要冲，北可直抵关中，南可下达巴渝，西可屏障西蜀，自古为巴蜀重镇。早在战国时期，阆中就曾为巴国都城，其后分别在此设置巴西郡、巴州、隆州保宁军、保宁府、四川省、川北道等治所。自南宋由阆州升格为保宁府以来，阆中一直为区域政治、经济、文化中心，清初还一度作为四川省行政中心达近二十年。“三面江光抱城郭，四围山势锁烟霞”，阆中古城融山、水、城、林于一体，人居环境妙趣天成，堪称典范，素有“阆苑仙境”“阆中天下稀”之美誉。

古城核心区面积现存2平方公里，历经两千余年，风貌保存完好，山水环绕，风景秀丽，格局开阔，气势恢宏。唐时，鲁王李灵夔、滕王李元婴相继镇守阆中，曾按皇城格局营造“阆苑”，号称“五城十二楼”，古城完全按照唐代传统建筑环境理论建造，其人居环境举世无双，在传统中国享有盛名。宋、元、明、清陆续扩建，形成了保存至今的唐宋格局、明清风貌。古城规模宏大，建筑精美，九十余条街巷，数十处楼阁寺观，上百座特色庭院，不可胜数的古树木，纵横勾连，相互交融。阆中民居融北方四合院和江南园林建筑于一体，形成了“串珠式”、“品”字形、“多”字形等风格迥异的建筑组群，其结构巧妙，装饰精美，古色古香，堪称我国建筑文化中的一朵奇葩。

二、阆中古城文化

阆中古城
文化导图

阆中古城历史悠久，有深厚的文化积淀，除了举世闻名的建筑环境文化之外，其春节文化、醋文化、三国文化、红色文化、贡院文化也非常有名。这里不但是传统中国的人居宝地，也是春节之父落下闳的故乡；这里有桃园结义三兄弟之一的张飞最重要的纪念地汉桓侯祠，也有红四方面军总政治部旧址和红军长征出发前重要战役“强渡嘉陵江”的多个渡口，还有目前我国西南地区保存较完好的川北贡院……

（一）建筑环境文化

阆中古城地理环境优越，是我国古代聚落选址的最优范例，山水相协，坐北朝南，前有望、后有靠，其建筑风格布局符合中国传统文化的思想和哲学观念，完美体现了传统建筑环境学的理念和规范。其棋盘式的古城格局，融南北风格于一体的建筑群，形成了“半珠式”、“品”字形、“多”字形等风格迥异的建筑群体。

据史料记载，汉代的阆中城并不具备现今的建筑格局，直到唐朝才将古城南迁，并确定了古城建筑的总体格局。此后因仰慕阆中优越的地理环境，袁天罡辞官定居阆中；两年后，李淳风也来到阆中，二人合建了天宫院，死后都葬于现阆中天宫乡，两座墓穴遥遥相望。

拥有2300多年历史的阆中古城三面环水，处于嘉陵江的“水抱”之中；四面环山，群山呈南朱雀、北玄武、东青龙、西白虎四象之势拱卫古城。城市的选址、布局，融山、水、城于一体，堪称传统建筑环境格局的典范，具有浓厚的传统文化色彩和美学色彩，是中国古代建城选址“天人合一”的典型范例。独特的建筑环境文化，已深深地烙印在城市的每个角落。

（二）春节文化

阆中是春节文化的发源地，西汉武帝时期阆中天文学家落下闳创制了中国第一部较为完整的历法《太初历》。该书首次将二十四节气编入，与春种、秋收、夏忙、冬闲的农业节奏合拍，并制定了确定闰年的方法和以“雨水”这个节气所在的月份为正月，以及“以孟春正月为岁首”的历法制度。“孟春”是春季第一个月，即“正月”，正月初一为每年第一天，称为“元旦”。自此以后，春节就成了中华民族固定的节日。二十四节气中的“立春”常会出现在春节前后，所以迎接新年也就意味着迎接春天。由于落下闳是在历法上确定春节的天文学家，老百姓也就亲切地称他为“春节老人”。为了纪念落下闳，弘扬春节文化，保护春节文化的起源地，阆中市以春节文化为主题，设立了春节文化主题公园，建设了春节文化广场、落下闳纪念馆、十二生肖大道、春节文化馆等主题文化设施和园林景观，举办祭拜春节老人、游春节文化主题公园、进祈福殿祈福、看灯戏、观皮影、烧花舞龙等春节文化体验活动，使人们能够深切地体味到春节文化的源远流长和节日氛围。作为春节的发源地，2010年经国内专家评审，阆中被中国民间文艺家协会授予“中国春节文化之乡”的称号。

（三）醋文化

保宁醋为中国四大名醋之一，同时也是中国四大名醋中唯一的药醋。其以纯粮为料，名贵中药材为曲，“松华”井水为体，经42道工序精酿而成，近百年来被人们誉为川菜精灵。它独具“色泽红棕、口味柔和、醇香回甜、久陈不腐”的特点。富含铜离子螯合物，具有防腐抑癌、养身滋容、平血糖、预防动脉粥样硬化等功能。2021年，保宁醋传统酿造工艺入选第五批《国家级非物质文化遗产名录》。

保宁醋起源于1618年，系明末清初宫廷醋师山西人索义廷避难阆中时研制而成，以生产麸醋为主，初始称为“一只鞋”，被人嫌为不雅，遂以保宁府（治阆中）易名之为“保宁醋”。至民国时期，以下新街肖家“崇新长醋房”和“田福顺醋房”为优。1942年8月，酿醋业工会成立，阆中古城内经营醋业者30家，兼营他业者17家，计有会员47人。1952年5月县人民政府同意成立“合营醋庄”，有股东7人。1956年转为醋业酿造合作社。1958年由集体转为全民所有，成立阆中县五一酿醋厂。1980年与县酿造厂合并，成立“阆中县酿造公司”。自此阆中酿醋形成传统，除保宁醋外还有其他品牌不断涌现，也开始出现保健醋等新的分支，产品品类较多，街巷醋作坊林立，满城都飘着一股醋香，形成了阆中古城独特的风景。

保宁醋自1915年荣获巴拿马太平洋万国博览会金奖以来，累计获国际国内各类大奖30余项。保宁牌保健醋于1997年经卫生部批准为保健食品；2000年保宁醋被中国绿色食品发展中心批准为绿色食品；2002年保宁醋被国家质监总局认定为国家免检产品。

（四）三国文化

三国文化是指以《三国志》记载的三国历史为源头，以《三国演义》为主流，以两者衍生出的各种文化现象为重要内容，融史学、文学、戏曲、艺术、现代影视于一体，内涵丰富、源远流长、有深广影响和巨大魅力的综合性文化。《三国志》的作者陈寿生于南充，长于南充，《三国志》也成书于南充，因此南充号称“三国文化之源”。

阆中的三国文化遗存主要是与张飞有关的汉桓侯祠。

三、代表景点

（一）汉桓侯祠（张飞庙）

作为蜀汉“五虎上将”之一的张飞随刘备入蜀后，曾在阆中“工作”过7年之久，任巴西太守，后人为纪念他，修建了专门祭祀他的祠庙，张飞死后，追谥为桓侯，故得名汉桓侯祠。汉桓侯祠，为全国重点文物保护单位，俗称张飞庙，迄今已有1700余年的历史，明代称“雄威庙”，清代改为“汉桓侯祠”，是三国文化旅游精品线上的一颗明珠。现汉桓侯祠位于古城的西街，是一座明清时重建的多重四合庭院式古建筑群，占地5000多平方米，规模恢宏，建筑精美。由山门、敌万楼、左右厢房、大殿、后殿、墓亭、桓侯墓、大义千古馆、为世虎臣馆、巴西良牧馆、灵厤舄奕馆组成，为全国一大胜迹。据说，1986年阆中被评为国家历史文化名城时，张飞所书的立马铭碑就立下了汗马功劳。目前，全国仅存3处张飞庙：一处是在张飞的出生地涿郡（今河北保定涿州市），一处是在重庆云阳县城隔江相望的飞凤山麓，最后一处便是在阆中古城西街的汉桓侯祠。

祠内还有众多历代名人的碑刻匾联，陈列着武后铜钟等1000余件历史文物，展示了阆中2300多年厚重的文化积淀。汉桓侯祠布局严谨，构造别致，既雄伟壮观，又幽雅精美，是一处重要的三国文化遗迹。

（二）阆中古城区

1.清代四川贡院

清代四川贡院是全国重点文物保护单位，贡院是封建社会为皇帝选拔人才的地方，也是科举时代士子们应考的考场。而在明清时期，用于县考和府考的地方叫试院，只有用于省考和国家礼部考试的场所才能称为贡院。阆中为什么有一座贡院呢？主要因为在清朝初年，全川未靖，阆中举行了四科乡试，因此阆中便有了一座贡院。更为难得的是，阆中贡院在历经了300多年的岁月沧桑后依然能够较完整地保留下来，今天它更是恢复了当年的全貌，是保存较为完好的清代乡试考场，更是全国罕见的一处科举文化圣地。

如今的贡院由大门、龙门、号房、序馆、贡院馆、科举制度馆、科举教育馆、科举程序馆、弥封所、收掌所、提调厅、监试厅、誊录所、对度所、至公堂、衡文堂、状元英杰馆、进士英杰馆、阆中进士馆、举人贡生馆、秀才馆、科场贿案馆、科举防弊馆、轶闻趣事馆等组成。

2. 华光楼

华光楼又称古镇江楼，在阆中现存楼阁中，华光楼建造最早又最宏伟壮观，因此被称作“阆苑第一楼”。华光楼建在唐朝滕王李元婴所建的南楼旧址上，明朝嘉靖年间还称作南楼，而镇江楼、华光楼都是后来取的名字。清朝道光十九年（1839年）毁于一场大火，同治六年（1867年）重建，一直保留至今。

“三面江光抱城郭，四围山势锁烟霞”，宋朝诗人李献卿的《南楼》写出了江山之会的胜景。华光楼是阆中的标志性建筑，根基稳固，文化积淀深厚。它横跨大东街南头，位于上、下华街之间，临嘉陵江，正对南津关古渡，是一座过街门楼，楼高四层，单檐歇山式屋顶，上盖翠绿色琉璃瓦，脊饰相当繁复，重脊套人、兽、鸱吻。正脊宝珠形顶高达3米，楼身通高36米，全系木结构，各层装以花隔门，12个飞檐凌空，宝顶摩云。内各层由梯上楼，每层楼的四周游廊可以供人凭栏，更有诗文匾额供人观赏。

3. 中天楼

中天楼又名四牌楼，是阆苑十二楼之一，位于阆中古城的双栅子街、北街、西街和武庙街的交会处。其始建于唐，毁于民国，2006年重建，楼高20.5米，共3层，楼门四通。其宏伟壮丽，气势夺人，与古城风貌协调统一，从古城四个方向均可饱览它的丽姿。登上楼顶，视野开阔，古城的格局尽收眼底。唐代诗人金兆麟曾这样描绘：“泠然蹑级御长风，境判仙凡到半空，十丈栏杆三折上，万家灯火四围中，登临雅与良朋共，呼吸应知帝座通。”以应“天心之道”之喻。

（三）文庙

文庙即孔庙，是供奉孔子的祠庙建筑，也是地方官学传授儒学的学府，也称学宫。阆中曾设有保宁府文庙和阆中县文庙，保宁府文庙位于凤凰山上，明代修寿王府时被拆除。阆中县文庙两度移址，旧址位于城北郊，明崇祯年间迁移至东门外，清咸丰元年（1851年）迁移至此处；后来有所损毁，但基址、照壁和大成殿得以幸存；2013年全面修复竣工，占地面积约6800平方米。整个建筑采用了文庙的定型规制模式，并具有一定的地域特色，是祭祀孔子和传承儒学的神圣殿堂。

（四）锦屏山景区

2013年锦屏山景区与阆中古城合为一体被评定为国家5A级旅游景区，有“嘉陵第一江山”之称，吴道子的《嘉陵江三百里风光图》，即以锦屏山为轴心。杜甫诗云“阆中城南天下稀”，指的也是锦屏景物。在《阆山歌》中，杜甫对锦屏山赞叹道，“松浮欲尽不尽云，江动将崩未崩石。那知根无鬼神会，已觉气与嵩华敌”。他说鬼斧神工的锦屏山，胜过嵩山、华山等名山。锦屏山石壁面江，山顶横立一脊，左平右凸，中间微凹，有如马鞍，又称马鞍山。每到春日，山上桃花吐红，李花放白，所以也叫花山。但纵观山形景物，“花木错杂似锦，两峰连列如屏”，故人们通常都叫它锦屏山。

锦屏山风光秀丽，很多朝代在山上建造了楼阁亭榭，有杜少陵祠、阆风亭等。明嘉靖初年，保宁知府张思聪建锦屏书院，内有尊道阁贮藏经史，另建三贤祠祭祀理学家朱熹、张栻、黄裳。后川北道台杨瞻增修望江楼及三洞六亭。清代黎学锦重建三贤祠，改祀杜甫、司马光、陆游，并在锦屏山麓建张烈文侯祠，在阆南桥附近立宋张烈文侯故里碑，纪念抗金名将阆中人张宪。清代先后建吕祖殿、八仙洞、飞仙楼、太白楼、邱祖殿、观音殿、武侯祠、静应祠、瞰碧亭、嘉陵第一江山长廊等。主要景点有唐代遗址八仙洞、吕祖殿、杜少陵祠、碑林、瞰碧亭、张宪祠、望江亭、嘉陵第一江山长廊、观星楼、荷花池、九曲长廊、春节文化主题公园、落下闳广场、落下闳纪念馆、春夏秋冬四季园游览区等历史文物景观和自然景观。

思考与练习

1.请从古蜀道的发展历程角度思考四川的文化性格，并运用导游语言对古蜀道的翠云廊段进行介绍。

2.剑门为何险绝天下？请列举3个以上理由，并以险为核心对剑门关做一个讲解思路设计。

3.阆中古城有哪些文化主题？其中哪些文化主题是阆中的精神和灵魂？试运用导游语言进行阐述。

4.如何从阆中的传统建筑环境文化角度看中国古人的生态文明观念？其对当今的社会发展有什么启示？

5.请思考如何讲解阆中古街和古建筑，其核心要点是什么？

拓展阅读

[1] 王蓬．中国蜀道[M]．北京：中国旅游出版社，2008.

[2] 李小波，陈喜波．城市景观的本土化解读与旅游意义[M]．成都：四川大学出版社．2006.

[3] 陈煜蕊．阆中古城环境艺术中的风水文化[J]．山西建筑，2015，41（8）：32，89.

[4] 范怀超，张启春，罗明云．川北传统民居旅游开发利用思考——以阆中古城为例[J]．西南民族大学学报（人文社会科学版），2015，36（1）：154-158.

[5] 李晓琴．剑门关地质遗迹景观特征与成因研究[J]．成都理工大学学报（自然科学版），2008，35（5）：597-600.

[6] 单丽丽．四川剑门关农业地质背景及农业旅游开发研究[J]．安徽农业科学，2008，36（13）：5600-5601，5610.

第五章 探秘川南

本章要点

峨眉山的空间格局。

峨眉山的生态宝库和地质成因。

峨眉山四大自然奇观的形成原因。

峨眉山的佛教文化发展历程。

乐山大佛的佛教造像知识。

乐山大佛的“大”和“巧”。

本章课件

第一节　探秘川南
——来自侏罗纪的千年迷雾

一、川南掠影

川南，是四川南部的简称，大概包括内江、自贡、泸州、宜宾、乐山等广大区域。在1950年，曾短暂建立过一个省级行政区——川南行署❶。川南也常作为四川省区域发展战略的次级区域名称，此处的川南是一个偏文化地理的概念，泛指四川南部。该区域面积43600多平方公里，人口1500余万，是除成都地区外，四川人口密度最大的区域。

由于海拔高度适宜，气候温和，土壤肥沃，川南一直是四川盆地非常重要的产粮区。良好的粮食生产为食品工业发展提供了有利条件，川南的盐业、制糖、酿酒等产业都负有盛名。内江以制糖著称，号称“甜城”；自贡井盐业发达，是我国古代的盐业重地，号称“盐都”；泸州以酿酒闻名，有文物级的明代酒窖，出产了国内知名的浓香型白酒泸州老窖，有四川唯一的酱香型白酒品牌郎酒，号为“酒城”；宜宾酿酒历史悠久，酒业发达，有驰誉全球的浓香型白酒代表五粮液，号称“酒都”❷。川南连接成渝，沟通滇黔，濒临长江，通江达海，是南方丝绸之路的关键区域、“长江经济带”的源头，区位优势明显，是四川未来发展的新战略增长极。

（一）自然地理

川南位于云贵高原与四川盆地的过渡区域，区域内包括川中方山丘陵、川南山地、四川小凉山❸三大地理板块。

---

❶ 川南行署区是1950年建立的一个省级行政区，于1952年撤销，行署驻地为泸州市，下辖1个地级市（自贡市）、4个专区（泸州专区、宜宾专区、乐山专区、内江专区），共5个地级行政单位和5市辖区、4县级市、33县，共42个县级行政单位。

❷ 截至目前，宜宾有7个酒类“中国驰名商标”（五粮液、五粮春、五粮醇、金潭玉液、华夏春、红楼梦酒、柔雅叙府），占四川省总数的7/16。

❸ 凉山包括四川的大凉山、小凉山，以及云南的小凉山。四川大凉山指以凉山州为中心的地带，四川小凉山位于大凉山的东边，云南小凉山位于大凉山西边。

1.川中方山丘陵

这一地理板块主要分布于自贡、内江、乐山东北部、宜宾东北部及泸州北部区域。该板块由于地势相对平缓，以中低山为主，海拔较低，是重要的农业生产区，以人文景观为主。

2.川南山地

川南山地是四川盆地与云贵高原的过渡地带，这一区域属于亚热带季风湿润气候，气候湿润，喀斯特地貌发育，区域内山脉纵横，石林峰丛密布，洞穴暗河穿插，植被葱茏。这一区域属于乌蒙山区，有苗族等少数民族分布。由于喀斯特地貌发育，该区域分布着大量的石林、溶洞、天坑、落水洞等景观，兴文石海为最典型和景观价值最高的区域，此外泸州叙永、古蔺、宜宾珙县等区域也有大量喀斯特地貌景观。

3.四川小凉山

四川小凉山位于黄茅埂山脉[1]以东，金沙江北岸和大渡河西岸之间的区域，东西宽和南北长均达100余公里，地势西高东低。行政区范围包含雷波县[2]、乐山市马边县、峨边县、金口河区，以及宜宾市屏山县。小凉山的分支山脉有钻天坡、马鞍山、官斗山、大风顶和五指山等，其中马鞍山为最高峰。

小凉山为褶皱山地，出露的地层有元古界、震旦系、古生界（缺泥盆系、石炭系）和中生界（缺下白垩统）。岩性主要为沉积岩，少量为变质岩和火山岩。小凉山山体切割破碎，山势陡峻，谷坡可达30° ~ 40°，岭长谷深，岭谷高差可达500 ~ 1000米，海拔高度与大凉山相近，故有“大凉山不高，小凉山不矮”之说；但相对高差大，故又有“大凉山山小，小凉山山大”的说法，意思是大凉山山脉比较舒缓，小凉山山脉陡峭。这里沟谷深邃，森林茂密，动植物资源极其丰富，有马边大风顶和峨边黑竹沟两个国家级自然保护区。

（二）人文历史

川南历史悠久，人文多彩，文化绚烂，概括而言有红色文化、饮食文化、民俗文化、宗教文化、建筑文化等。

1.红色文化

川南红色文化十分丰富，主要集中在泸州、自贡和宜宾。从戊戌变法、辛亥革命、护

---

❶ 黄茅埂山脉：为美姑和雷波县分界线。
❷ 雷波县：1956年划归凉山彝族自治州。

国运动、北伐战争、红军长征、抗日战争到解放战争，这里都曾有革命先驱的足迹，发生过不少重大历史事件，是进行革命传统教育和弘扬红色优良传统的理想场所。戊戌六君子中刘光第是自贡富顺人；自贡荣县吴玉章不但是同盟会元老、著名革命家，而且还在1911年9月25日亲自领导了号称“辛亥首义”的荣县独立；1916年，朱德曾在泸州纳溪区组织护国军，抗击北洋军阀；1926年，朱德、刘伯承曾在泸州发动泸顺起义；1935年，红军曾在泸州古蔺太平渡四渡赤水，成功脱离国民党包围圈；1940年冬至1946年，同济大学、中国营造学社、中央研究院部分机构、中央博物院等大批文教机构搬到宜宾李庄，傅斯年、陶孟和、李济、吴定良、梁思成、林徽因、梁思永、董作宾、李方桂、童第周等一批知名学者流寓这里；此外，抗日英雄赵一曼是宜宾翠屏区人，革命英雄江竹筠（江姐）是自贡大安区人，“诗人革命家”郭沫若来自乐山五通桥区……

2.饮食文化

川南饮食文化号为一绝，酒、盐、糖、茶，地方名小吃等异彩纷呈。这里的白酒文化源远流长，拥有3000多年历史，有“酒城”泸州和“酒都”宜宾，名酒名品众多，白酒产量全国第一，酒文化遗址遗迹丰富，是中国酒文化最富集的区域之一。川南盐文化丰富，以自贡为魁，自贡因盐而兴，其井盐文化历史悠久，是中国井盐的发祥地，曾在很长时间内为中国盐业中心，有中国“盐都”之称，其盐文化涵盖宽广，博大精深，从打井技术、制盐工艺流程、制盐工具、盐业运输到相关遗址遗迹及社会历史影响，属于物质、制度和精神三个层面的文化。内江号称“甜城”，其制糖工艺有300多年历史，糖文化内涵丰富。川南广泛种植茶叶，茶文化有悠久的历史，从茶叶品种看，宜宾的“宜红”为中国三大工夫红茶之一，乐山的“竹叶青”为中国名茶，此外自贡与宜宾的茉莉花茶也负有盛名；从茶园看，川南茶园众多，尤其以乐山的天福茶园最为著名，其多产融合，种植与旅游结合的模式十分成功；从饮茶习俗看，川南遍地都是茶馆，饮茶广泛流行。此外，川南名小吃众多，自贡的火鞭子牛肉、宜宾燃面、乐山跷脚牛肉、内江的蜜饯，多种多样。

3.民俗文化

川南虽以汉族为主体，但其中有客家移民和苗族、彝族等少数民族，民俗文化十分丰富。比如灯会为自贡的特色民俗，已成为自贡的一张“名片”；川南请春酒和说春也颇有特色，已成为四川省非物质文化遗产；僰人悬棺葬俗久负盛名，有许多秘密待后人探索；川南的傩戏也极有特色，是巴蜀傩戏的重要分支；此外苗族、彝族的习俗就更多了。

4. 宗教文化

川南宗教文化资源丰富，尤其佛教文化久负盛名，比如作为普贤菩萨道场的峨眉山，还有乐山大佛、荣县大佛等。此外宜宾真武山的道教文化也有盛名，素有“北青城，南真武”之说。

5. 建筑文化

川南的建筑文化别具一格，众多的古镇保留了大量的古建筑，以明清建筑居多，主要有宗教建筑、民居建筑和特色建筑。宗教建筑中佛教建筑最多，如峨眉山古建筑群，包括报国寺、万年寺、伏虎寺及万年寺铜铁佛像等，1961年被列入首批全国重点文物保护单位；还有乐山凌云寺、泸州方山和玉蟾山寺庙建筑等。此外宜宾真武山古建筑群具有极高的文物价值，是川南规模最大、保存最为完整的明清建筑精品之一，1996年被列入第四批全国重点文物保护单位，现有望江楼、祖师殿、玄祖殿、无量殿、斗姆宫、三府宫、文昌宫以及牌坊等建筑。民居建筑主要保留在众多古镇，如内江罗泉古镇、铁佛古镇，泸州太平古镇、尧坝古镇，自贡仙市古镇，乐山罗城古镇、西坝古镇，但其中最具代表性的是宜宾的李庄古镇，这里不但保存了较完整的建筑，而且传承了古建筑研究的血脉，堪称中国近代古建筑研究圣地。特色建筑以隆昌石牌坊最具代表性，明清两代隆昌就有“驿道之县、青石之城、石牌坊之乡”的美誉，2001年隆昌石牌坊作为清代古建筑，被列入第五批全国重点文物保护单位。

二、旅游景观

川南自然生态优良，历史文化丰富，旅游景观多元，是四川最早发展旅游业的区域之一。1991年国家旅游局（后改为文化和旅游部）批准的“中国旅游胜地四十佳”中，四川有四处，川南就占据三处：蜀南竹海、自贡恐龙博物馆、乐山大佛。无论是自然还是人文，川南旅游景观都大有可观。

（一）自然景观

川南有地球同纬度生物多样性最显著的名山——峨眉山；有数量丰富、种类多、埋藏集中、保存完整、现存规模宏大的恐龙化石群遗址——大山铺恐龙化石群遗址；有四川面积最大、类型最丰富、审美价值最高的喀斯特地貌景观，广泛分布在宜宾、泸州南部山区，最典型的代表就是兴文石海洞乡；有全国面积最大、种类最丰富的原生态竹海公园——蜀南竹海；有“东方百慕大”——峨边黑竹沟……

（二）人文景观

川南是中国历史上的盐业中心，有中国唯一的盐业历史博物馆；是中国白酒的制造中心，拥有酒城和酒都，四川白酒六朵金花有三朵都在这个区域，分别为五粮液、泸州老窖、郎酒；有世界上最大的摩崖石刻造像——乐山大佛；有迷雾重重的僰人文化遗址——僰人悬棺；还是战略重地，如明朝灭掉僰人族、明末清初平叛“三藩之乱”、北伐战争时期的“泸顺起义”、红军长征四渡赤水等；是抗战文化重地；有中国近代古建筑研究圣地——李庄古镇……

第二节　峨眉山——震旦第一山

一、峨眉山概况

峨眉山位于四川盆地西南边缘峨眉山市，系邛崃山脉北岭南支，山体南北延伸，景区面积154平方公里。大峨山上的万佛顶最高，海拔3099米，高出峨眉平原2700多米。自古以来峨眉山钟灵毓秀、人文荟萃、山形巍峨秀美，有“震旦第一山”“峨眉天下秀”等美誉。其自然资源极其丰富，号称天然“植物王国”“动物乐园”“地质博物馆”；文化底蕴极其深厚，是中国佛教圣地，自古就有“普贤者，佛之长子，峨眉者，山之领袖”的说法，被誉为“佛国天堂”，是中国佛教四大名山之一。1982年，峨眉山被列入第一批国家重点风景名胜区；1996年，峨眉山与乐山大佛一起被列入联合国教科文组织《世界遗产名录》，其类别为自然和文化双重遗产；2007年，峨眉山成为第一批国家5A级旅游景区；连续入选“中国十大避暑名山”榜单；是“全球优秀生态旅游景区”。

知识拓展

何谓“峨眉”

峨眉山之得名由来已久。左思《蜀都赋》云：“夫蜀都者……廓灵关以为门，包玉垒而为宇。带二江之双流，抗峨眉之重阻。”常璩《华阳国志·蜀志》也有“南安县……南有峨眉山。山去县八十里”的记载。

峨眉山起名“峨眉”，最早的解释见于北魏郦道元《水经注·卷三十六》引李膺《益州记》，“平乡江东径峨眉山，在南安县界，去成都南千里，然秋日清澄，望见两山相峙如蛾眉焉”。此后对峨眉山山名的解释大都沿袭了这个说法。

总之，所谓“峨眉”就是取义于“两山相对如蛾眉”。“两山”指的应当就是大峨和二峨。《元和郡县志》《方舆胜览》均有对大、中、小峨的记载，可见峨眉山共有三山，即大、中、小峨，或称大、二、三峨。大约到了清代，又添了一个四峨，山在峨眉山市北约二十里。通常所说的峨眉山，仅指主峰大峨山。

大峨山最高处海拔3099米，远高于二峨山（海拔1908米），两山相对，似不能给人以“蛾眉”的印象，但若“秋日清澄”，远远望去，倒也还像两道修眉。如此说来，既然山名取义于形似蛾眉，则“蛾”字就应当从“虫”而不当从“山”，即应当叫作“蛾眉山”才是。在有的古籍中，用的也的确是这个“蛾”字。

“蛾眉”在我国文学传统上历来用以形容女子的容貌，如《诗经·卫风》的“螓首蛾眉”；后来又发展成女子的代称。由于“蛾眉”有了这样特定的意义，人们在形容峨眉山时就据此大作文章了。如《峨眉郡志》就这样写道：“此山云鬟凝翠，鬒黛遥妆，真如螓首蛾眉，细而长，美而艳也。”

峨眉山的这个“峨”字从古至今有“峨”“蛾”“娥”“涐”四种写法，不过人们普遍接受的还是这个“峨”字。因为《说文》云“峨，嵯峨也”，有“高峻”之意；而《释名》云“眉，媚也”，有美好之意。两字合在一起，则有高峻秀美之意。

二、峨眉山自然和人文景观

峨眉山层峦叠嶂，山势雄伟，景色秀丽，气象万千，素有“一山有四季，十里不同天”之说。其景观独特，秀绝天下，概括起来就有“峨眉十景”之说，经过历史的发展，这“十景”又有旧“十景”和新“十景”的区别。早在清代，诗人谭钟岳将峨眉山佳景概括为十种：金顶祥光、象池月夜、九老仙府、洪椿晓雨、白水秋风、双桥清音、大坪霁雪、灵岩叠翠、萝峰晴云、圣积晚钟，这就是旧“十景”。后来人们又不断发现和创造了许多新景观，总结为新“十景”：金顶金佛、万佛朝宗、小平情缘、清音平湖、幽谷灵猴、第一山亭、摩崖石刻、秀甲瀑布、迎宾滩、名山起点。

峨眉山地质演变史导图

（一）自然景观

1.“地质博物馆”

峨眉山介于北纬29° 16′ ~ 29° 43′，东经103° 10′ ~ 103° 37′之间，自峨眉平原拔地而起，主要由大峨山、二峨山、三峨山、四峨山4座山峰组成。山的中、下部分布着花岗岩、变质岩及石灰岩，山顶部分布着玄武岩。其地质历史悠久，演变地层清晰，具有非常高的科学价值，号称“地质博物馆”。

从成因看，峨眉山是一座背斜断块山，西部隶属峨眉—瓦山断块带，其地质发展史和地质构造有密切的联系。早在距今约8.5亿年以前（即早震旦纪❶），峨眉山区还是一片汪洋。早震旦纪后期，晋宁运动使峨眉山从地槽区转化为地台区，形成一座低平的山。震旦纪中后期到奥陶纪初期（距今7亿 ~ 5亿年），海水向我国西部、南部涌来，峨眉山区第二次沦为沧海，峨眉山区地壳缓慢沉降。到奥陶纪后期（距今4.5亿年左右），峨眉山又开始上升出露水面，成为汪洋中的一座孤岛。早二叠纪时期（距今约2.7亿年），我国南方发生了地质史上最广泛的海浸，峨眉山区第三次沦为海底，沉积形成了厚度为40 ~ 500米的碳酸盐岩层，为峨眉山悬岩、灵洞等的形成提供了物质条件。至晚二叠纪初期，峨眉山区又一次露出海面，成为攀西古裂谷带的一部分。二叠纪后期，海水再度浸漫，并且过渡到地质史的中生代三叠纪初期，峨眉山区第四次变为沧海。直至晚三叠纪，受印支造山运动的影响地势上升，海盆逐渐缩小，直至最终关闭，海水永远退出了峨眉山地区。白垩纪后期，受四川运动的影响，峨眉山原始水平状的沉积岩层变形、移位，出现了程度不均的褶皱、规模不一的断层。至始新世末期（距今约3000万年），喜马拉雅造山运动使印度板块与我国的扬子板块相碰撞，导致世界最高的山脉——喜马拉雅山褶皱升起。这次造山运动强大的侧压力，影响了整个亚洲东部。峨眉山也不断遭受东西向主压应力的挤压，出现了强烈的褶皱和断裂，山体沿着峨眉山大断层的断裂面迅速抬升，海拔已达2000米左右，形成峨眉山背斜，即峨眉山主体。沧海桑田，经过数百万年，峨眉山不断抬升，终于形成了今天的面貌。

2.生物宝库

由于峨眉山处于四川盆地、横断山区北部的交汇处，气候条件优越，是各种动植物理想的家园，是一处世界级的“生物宝库”。

峨眉山地处多种自然要素交汇处，是中国亚热带山地重要的自然物种种质基因库，亚热带植被体系保存完整，植物种类丰富。拥有已知高等植物280科3703种，占中国植物物

❶ 震旦纪：是元古宙最后的一段时期，一般指9亿 ~ 6亿年前。

种总数的1/10，其中峨眉山特有种和中国特有种共320余种，引为模式的峨眉山植物569种，仅产于峨眉山或首次在峨眉山发现并以“峨眉”定名的植物达100余种，珍稀植物和第三纪孑遗植物约13种，故有“植物王国”“药园仙山”之称，比较有代表性的珍稀植物有桫椤、珙桐、天师栗、光叶蕨等。此外，这里还是多种稀有动物的栖居地，有野生动物3200多种，已列入国家重点保护动物的有29种，其中一级保护动物2种，二级保护动物27种，珍稀特产和以峨眉山为模式产地的有157种，比较著名的有琴蛙、中华枯叶蛱蝶和凤蝶等，但是名气最大的还是峨眉山藏猕猴，山路沿途有较多猴群，常结队向游人讨食，为峨眉增添了许多灵气。

3.自然奇观

峨眉山的主峰为大峨山，通常说的峨眉山就是指这里。大峨、二峨两山相对，远远望去，双峰缥缈，犹如画眉，这种陡峭险峻、横空出世的雄伟气势，使唐代诗人李白发出了“峨眉高出西极天”“蜀国多仙山，峨眉邈难匹”之赞叹。由于多雾，峨眉山常年云雾缭绕，雨丝霏霏，弥漫山间的云雾，变化万千，把峨眉山装点得婀娜多姿，自古就享有“仙山”“峨眉天下秀”的美誉。

进入山中，重峦叠嶂，古木参天；峰回路转，云断桥连；涧深谷幽，天光一线；万壑飞流，水声潺潺；仙雀鸣唱，彩蝶翩翩；灵猴嬉戏，琴蛙奏弹；奇花铺径，别有洞天。春季万物萌动，郁郁葱葱；夏季百花争艳，姹紫嫣红；秋季红叶满山，五彩缤纷；冬季银装素裹，白雪皑皑。登临金顶极目远望，视野宽阔无比，景色十分壮丽。观日出、云海、佛光、晚霞，令人心旷神怡；西眺皑皑雪峰、贡嘎山、瓦屋山，山连天际；南望万佛顶，云涛滚滚，气势恢宏；北瞰百里平川，如铺锦绣，大渡河、青衣江尽收眼底。置身峨眉之巅，真有“一览众山小”之感叹。峨眉的自然奇观中，最为著名的有“四大奇观”。

（1）云海　晴空万里时，白云从峨眉山千山万壑冉冉升起，光洁厚润，无边无涯。佛家把云海称作“银色世界”。峨眉云海，是由低云组成，峰高云低，云海中浮露出许多岛屿，云腾雾绕，宛若佛国仙乡；白浪滔滔，这些岛屿化若浮舟，又像是“慈航普渡”。南宋范成大把云海称为“兜罗绵世界”[1]。在中国佛教四大名山中，佛家又把“银色世界”作为峨眉山的代称，如同五台山叫“金色世界”，普陀山叫“琉璃世界”，九华山叫“幽冥世界”。

（2）日出　峨眉山高立在四川盆地的西部边缘，鸟瞰纵横千里的“天府平原”，登山观日出，视野开阔，涤荡胸襟，深悟人与自然之情。伴随着旭日东升，朝霞满天，万道金光射向大地。此时此刻，天上地下变成金色的世界，象征着“早晨是黄金”之意。北宋诗人

[1] 兜罗：梵语，树名，它所生的絮名兜罗绵。

苏东坡咏道："秋风与作烟云意，晓日令涵草木姿。"

（3）佛光　佛光多出现在我国的南部山地地区，但以峨眉山最为典型。这是一种独特的天象景观，是一种光照在云雾表面因衍射和漫反射作用形成的现象，每当雨过天晴而无风之日，云海较为平稳，阳光照射在云层中的细小水晶上产生衍射光，衍射光穿过云层时产生折射，在云层上面形成一个红、橙、黄、绿、青、蓝、紫七色光环，它的边缘是红黄色，其次是淡蓝色和紫色，中央为金黄色。观者背向偏西的阳光，有时会发现自己的影子投射在云墙的七彩光环，仿佛一佛居于万道金光之中。佛光的产生对自然条件要求极为苛刻，一般不易形成，正是由于峨眉山金顶独特的气候条件和高出云海的地势，这里才会产生佛光这种独特的自然景观。峨眉山佛光一般出现在11月到次年2月之间，一年出现80次左右，峨眉山是最易看到佛光的旅游胜地。谭钟岳诗云："非云非雾起层空，异彩奇辉迥不同。试向石台高处望，人人都在佛光中。"

（4）圣灯　峨眉山的圣灯又名佛灯，和佛光一样大有名气，二者并称峨眉山"两绝"。圣灯被说成是"万盏明灯朝普贤"，比起佛光来更难得一见。看圣灯要具备四个自然条件：一是雨后初晴，二是天上没有明月，三是山下没有云层，四是山顶没有大风。

散文家许钦文1934年在《峨眉山的景物》一文中，用了较大的篇幅来阐述圣灯的成因。他说，有很多人以为峨眉山有一种奇异的昆虫，一到晚上会发光；有的以为是一种发光的矿物；有的认为空气中有一种能燃烧的物质，因受气流的摩擦而燃烧；有的认为是一种能发光的树叶。用望远镜望去，可知那些光原来有两种：其中一种数目不多，比较短点、红点，也静点；另外一种绿莹莹的、长长的不断摇荡着。前一种是山下村舍里的灯和光，街上的路灯等；后一种是峨眉城里和附近集镇青龙、九里一带的水田和河流映出的星星的倒影，以上观点皆有所据。

最近有一新的发现，说圣灯是一种附着在树枝上的密环菌，当空气中的湿度达到100%时发光，干燥后光亮现象消失。这种带菌枝叶之所以能在黑夜里萤光四射，完全是密环菌吸收充分的水分后和空气中的氧元素相互摩擦作用的结果。这和1000多年前徐太妃诗中"细雨湿不暗，好风吹更明"，以及400多年前王士性的游记中"俟圣灯一至，数千百如乱萤，扑之，皆木叶耳"是十分吻合的。

（二）人文景观

峨眉山自古以来人文荟萃，是人类文化的宝库，共有全国重点文物保护单位1处，四川省级文物保护单位6处，"儒、释、道"三家文化于此交相辉映，此外峨眉武术、茶文化也是其人文景观的亮点。

作为普贤菩萨的道场，峨眉山佛教文化构成了峨眉山历史文化的主体，大部分建筑、造像、法器以及礼仪、音乐、绘画等都展示出了宗教文化的浓郁气息。

峨眉山佛教属大乘佛教，1世纪中叶，佛教经南丝绸之路由印度传入峨眉山。3世纪，普贤信仰之说在山中传播。6世纪中叶，世界佛教发展重心逐步由印度转向中国，四川一度成为中国佛教禅宗的中心，佛寺的兴建便应运而生，历史上峨眉山寺庙最多时曾多达100多座。8世纪，禅宗独盛。9世纪中叶，宋太祖赵匡胤派遣僧团去印度访问，回国后营造佛寺，译经传法，铸造重62吨、高7.4米的巨型普贤骑象铜像供奉于今万年寺内，成为峨眉山佛像中的精品，文化、艺术价值极高。千百年来，峨眉山这个“佛门圣地”便有“普贤菩萨道场”之名，直至明清达到鼎盛，此时的峨眉山不仅以“秀甲天下”的自然优势闻名，更以佛教的兴盛盖过了五台、普陀，位居神州第一山之位。

在漫长的历史中，峨眉山不仅积累了丰富的佛教文化，也遗存了大量珍贵的文物。景区内现存寺庙28处，著名的八大寺庙分别是报国寺、伏虎寺、清音阁、万年寺、洪椿坪、仙峰寺、洗象池、华藏寺。峨眉山的许多佛像配置了很多法器，其中有的已成为全国之最、稀世之珍，丰富了峨眉山佛教文化的内涵，较著名的有圣积晚钟、华严铜塔、千佛莲灯、金顶铜碑、普贤骑象铜像、舍利铜塔、三身佛像等。

圣积晚钟为明嘉靖四十三年（1564年）别传禅师铸造，高2.3米，口径2米，净重12.5吨，有巴蜀钟王之誉，上刻铭文《洪钟疏》、《阿含经》（部分）佛偈及部分捐款购铜的信士名录，还有从晋代起至嘉靖时止的部分文武将相、大德高僧和帝王之名，共6.1万余字，是研究峨眉山佛教的宝贵资料。华严铜塔高6米，14层，上刻小佛4700余尊和《华严经》一部；铸造工艺水平很高，如今字迹清楚可读，佛像眉目宛然，确是难得珍品；以其高大，被列为全国之最。千佛莲灯上刻有佛像500尊，形态各异，刻工精妙，令人赞叹。叫人称奇的是其上刻有佛道之像，体现佛道共存，这种现象极为罕见。僧人说，此灯为民国初年重庆一匠人刻制，年代虽近，却堪称珍品。普贤骑象铜像是宋太平兴国五年（980年）白水寺僧人茂真大师用皇帝所赐黄金加铜铸造，高7.4米，净重62吨。普贤头戴一佛金冠，手持如意，趺坐象背莲台之上，二目平视，嘴唇微张，似在向人布道。大象粗鼻长垂，四肢健壮，目视前方，形态生动自然。整座造像，工艺精湛，已被列为全国重点文物保护单位，堪称巴蜀之最。

作为“佛门圣地”的峨眉山，千百年来之所以得以闻名，除了因为佛法的宣扬、佛徒信众的礼拜外，还与名人学士、墨客骚人的咏赞、记述和传播有密切关系。比如李白、苏东坡就曾留下不少赞美峨眉山的诗词。而在二峨山（古绥山）下不远处的沙湾镇，有现代文豪郭沫若的故居。这位乐山人也写下了不少有关峨眉的诗篇，堪称峨眉诗人，他还曾题写“天下名山”牌坊。

三、代表景点

（一）峨眉金顶

峨眉金顶位于大峨山，是峨眉山的象征。这里山高云低，景色壮丽，游客可在陡峭的舍身岩边欣赏日出、云海、佛光、圣灯四大奇景和壮观的玄武岩绝壁。如果天气晴朗，还可远眺数百里外的贡嘎雪峰。山顶建有华藏寺和四面十方普贤铜像。四面十方普贤铜像于2006年建成，系铜铸鎏金工艺造像，通高48米，总重量达660吨，建筑面积的1000平方米，整体由台座和十方普贤像组成。其中，台座高6米，圆形四面刻有普贤菩萨的十种广大行愿，外部采用花岗石浮雕装饰。金佛通高48米，代表阿弥陀佛的48个大愿。普贤菩萨的十个头像分为三层，神态各异，代表了世人的十种心态。

在金顶建造寺院始于东晋，初名普光殿，北宋时更名光相寺，明万历三十八年（1610年）于大殿后增建铜殿，万历皇帝题名“永明华藏寺”，才开始以华藏寺称。铜殿位于最高处，瓦、柱、门、窗、壁皆用铜制，加之屋顶鎏金，晴天，阳光照耀，金光闪闪，故名“金顶”。华藏寺其他殿宇几经损毁，现存建筑为1986年重建，基本保留了原有布局。

（二）万年寺

万年寺是峨眉山的主要寺庙之一，始建于东晋隆安年间，当时叫普贤寺，唐僖宗时慧通禅师重建，更名白水寺，宋代又改名为白水普贤寺。明万历二十八年（1600年）建无梁砖殿，第二年竣工，明神宗为给太后祝贺七十大寿，赐名为圣寿万年寺。明代时砖殿内宋代铸造的普贤骑象铜像为镇寺之宝。万年寺是全国重点文物保护单位，现有殿宇五重：山门、弥勒殿、砖殿、巍峨宝殿、大雄宝殿。万年寺砖殿为我国古代建筑一大奇观，该建筑400年来经历了18次地震，却安然无恙，被誉为我国古建筑史上的奇迹。砖殿后侧有著名的行愿楼，内供万年寺“三宝”：佛牙、贝叶经和御印。佛牙为明代国外友人所赠。贝叶经为明代暹罗（今泰国）国王所赠，上书梵文（古印度文）《法华经》。御印为明神宗朱翊钧赐建无梁砖殿时所赐。“三宝”之一的御印最为珍贵，这枚方印13厘米见方，重4千克，刻有“大明万历，敕赐峨山，御题砖殿，普贤愿王之宝”的文字。唐开元年间，李白来峨眉山时就是在万年寺毗卢殿听广浚和尚弹琴的。

（三）报国寺

报国寺是峨眉山的门户，坐落于峨眉山脚下，背靠雄伟的光明山，面对秀巧的凤凰包，是峨眉山最大的一座寺庙，被称为峨眉山第一景，原名会宗堂。报国寺始建于明代万历四十三年（1615年），明末毁于大火。清顺治九年（1652年）闻达禅师重建。清康熙帝敕名报国寺，匾额为康熙亲书。清嘉庆和光绪时经过两次扩建，成为四重殿宇和亭台楼阁俱全的宏大庙宇。

寺内殿宇四重，报国寺中有三件珍宝，一是七佛殿内于永乐十三年（1415年）建造的高2.4米的巨型瓷佛；二是高2.3米、重25吨的大铜钟；三是高7米，四周铸刻有4700余尊佛像和《华严经》全文的14层华严铜塔。铜塔分三段十四级，下段为粗壮的覆钵体，塔身上部为双重楼阁，中间以巨大塔檐划分为两段，上、下各七级。华严铜塔兼具我国古代亭台与佛教建筑的特色。其上雕饰多属高浮雕，且造型特殊，状如两重七层宝塔相叠。在大型金属建筑物中，堪称首屈一指，是研究我国古代建筑、雕刻艺术之珍贵文物。

（四）清音阁

清音阁，唐僖宗乾符四年（877年）由慧通禅师修建，原名集云阁。明初广济和尚据左思《招隐诗》“不必丝与竹，山水有清音”之意，改名清音阁。清音阁建在黑龙与白龙两涧之间的山梁上，背靠牛心岭，殿阁高耸，巍然屹立，呈凌云之势，四周林木葱郁，环境清幽。阁下有双飞桥，两条清澈的溪流从桥下流过，冲击两涧之间的巨石，该石状如牛心，故有“黑白二水洗牛心”之说。水击牛心，溅玉飞珠，幽谷传响，如弄古琴，遂成“双桥清音”胜景。石上有亭，位于两桥之间，名曰双飞亭，亭上有“戊戌六君子”之一的刘光第所撰名联“双飞两桥影，万古一牛心”。隋末唐初药王孙思邈曾在此炼丹撰书（《旧唐书》《峨山志》均载），其炼丹研药用过的铁臼、铜罐一直保存在寺中。

第三节 乐山大佛——佛教艺术奇观

一、景区概述

乐山大佛，又名凌云大佛，位于四川省乐山市南岷江东岸凌云寺一侧，濒大渡河、青衣江和岷江三江汇流处。其开凿于唐代开元元年（713年），完成于贞元十九年（803年），历时约90年。大佛为弥勒佛坐像，通高71米，是中国最大的一尊摩崖石刻造像。大佛两侧断崖和登山道上，有许多石龛造像，多是盛唐作品。由于大佛形体巨大，几乎与山同高，自古又有“山是一尊佛，佛是一座山”的说法。1982年，乐山大佛风景名胜区被评为首批国家级风景名胜区；1996年，乐山大佛与峨眉山一同作为文化和自然双重遗产被列入联合国教科文组织的《世界遗产名录》；2011年，乐山大佛景区被评为国家5A级旅游景区。

二、大佛得名与造像

（一）大佛得名

乐山大佛是后来人们对大佛的通称，由于历史的原因，建造于唐代的这座大佛真实的官方名称却一直是谜。直到1989年，四川启动了“治理乐山大佛的前期研究”科研项目。其间，科研工作者用多种现代科技手段对乐山大佛进行了全身体检，在大佛龛窟右侧临江一面的悬崖峭壁上发现了巨大的摩崖碑刻，即《嘉州凌云寺大弥勒石像记》碑。于是大佛的正式名称得以露出水面——嘉州凌云寺大弥勒石像。经实测该碑高6.6米，相当于两层楼房的高度；碑宽3.8米；面积为25.08平方米。该碑不仅直接确定了这座石刻雕像的官方名称，也为研究世界文化遗产乐山大佛提供了可靠的第一手文献。

（二）建造过程

根据唐代韦皋《嘉州凌云寺大弥勒石像记》和明代彭汝实《重修凌云寺记》等史料记载，开凿乐山大佛的发起人是海通和尚，海通是贵州人，结茅于凌云山中。

佛像于唐玄宗开元初年（713年）开始动工，当修到大佛肩部的时候，海通和尚就去世了，工程一度中断。多年后，剑南西川节度使章仇兼琼捐赠俸金，海通的徒弟领着工匠继续修造大佛。由于工程浩大，朝廷下令赐麻盐税款，使工程进展迅速。当修到乐山大佛膝盖的时候，续建者章仇兼琼迁任户部尚书，离任赴京，工程再次停工。40年后，剑南西川节度使韦皋捐赠俸金继续修建乐山大佛，在三代工匠的努力之下，至唐德宗贞元十九年（803年），大佛历经90年时间才完工。

乐山大佛屹立至今已有1200多年，当时的开凿不仅仅是一种宗教上的信仰，还具有一定的历史意义和政治、文化、交通等多种意义，是我们研究当时历史不可多得的文物资料。

（三）弥勒造像

弥勒佛的造像蓝本主要根据《弥勒下生经》《弥勒上升经》等经典和佛教造像仪轨，并经历代民间雕塑匠人敷陈演绎，遂成目前所见的样子。概括而言，弥勒造像造主要经历了三个阶段：第一阶段为“交脚弥勒菩萨形象”，主要出现在十六国时期，其形象还保留有古印度人的形体特征：形体瘦削，不甚高大；第二个阶段为“禅定式或倚坐式佛装形象”，出现在北魏，盛行于隋唐，又称“古佛弥勒”，初时形象精干，仍有印度人形象的痕迹，到隋唐时则变得健壮丰腴，一改交脚或盘腿为端坐形象，显得高大健壮、慈善沉稳；第三个阶段是“布袋弥勒”，出现在五代，其后广为盛行，这一形象一改原有经典所描述的形象，变为大腹便便、笑口常开的形象，显得和蔼可亲、雍容慈祥。

乐山大佛属于弥勒造像演变的第二阶段。此时，佛教为适应中国的传播环境，不断进行中国化改造，而弥勒造像的形象演变就是这一过程的历史缩影。

乐山大佛除其规模宏大的单体雕塑外，还有大佛阁、九曲栈道、摩崖石刻等与之相配，是一处集建筑、雕刻、绘画、书法于一体的多元艺术集合体，是我国古代雕塑艺术的一座高峰。乐山大佛不但为后世研究唐代历史和佛教文化提供了鲜活的第一手材料，而且也是世界文化遗产的杰出代表。

三、代表景点

（一）乐山大佛雕塑

乐山大佛凿刻在凌云山九峰之一的栖鸾峰陡崖上，其依山凿成，临江危坐，头与山齐，足踏大江，双手抚膝，体态匀称，慈祥肃穆，有“山是一尊佛，佛是一座山”之称。大佛通体高71米，头高14.7米，头宽10米，耳长7米，鼻长5.6米，眉长5.6米，嘴巴和眼长3.3米，颈高3米，肩宽24米，手指长8.3米，从膝盖到脚背28米，脚背宽8.5米，脚面可围坐百人以上。在大佛左右两侧沿江崖壁上，还有两尊身高10余米，手持戈戟、身着战袍的护法石刻，数百龛上千尊石刻造像，形成了庞大的佛教石刻艺术群。

乐山大佛规模宏大、设计精妙，从底部抬头仰望大佛，会有仰之弥高的感觉。最为神奇的是，大佛经历千余年风雨，巍然不倒，其实这与大佛巧妙的设计有关。在大佛的两耳和头颅后面，有一套设计巧妙、隐而不见的排水系统，对保护大佛起到了重要的作用，使佛像不致被雨水侵蚀。清代诗人王士祯有咏乐山大佛诗“泉从古佛髻中流”。大佛头顶共有螺髻1051个，远看发髻与头部浑然一体，这些螺髻共分18层，第4、第9、第18层各有一条横向排水沟，分别用锤灰垒砌修饰而成；衣领和衣纹皱褶也有排水沟，正胸有引向左侧的排水沟，又有一道向右后延伸，与右臂后侧排水沟相连；两耳背后靠山崖处，有长9.15米、宽1.26米、高3.38米左右相通的洞穴；胸部背侧两端各有一洞，互未凿通，右洞深16.5米、宽0.95米、高1.35米，左洞深8.1米、宽0.95米、高1.1米。这些水沟和洞穴，组成了科学的排水、隔湿和通风系统，千百年来对保护大佛，防止侵蚀性风化，起到了重要的作用。

乐山大佛是现存世界上最大的一尊摩崖石刻佛像，其与山同高，巍峨壮观。同时其巧妙的排水系统使其千年不倒，历久弥新，堪称奇观。一“大”一“巧”是乐山大佛最重要的两大特点。

（二）巨型睡佛

巨型睡佛，又称隐形睡佛，位于乐山城侧的三江（岷江、青衣江、大渡河）汇流处，形态逼真的佛头、佛身、佛足由乌尤山、凌云山和东岩连接而成，南北直线距离1300余米，头南足北仰卧在三江之滨。巨型睡佛的佛头最为惟妙惟肖，乌尤山为佛头，景云亭如睫毛，山顶树冠各为额、鼻、唇、颌，富有神采；凌云山栖鸾、集凤两峰为佛胸，灵宝峰是其腹和大腿，就日峰是其小腿；东岩南坡则为其脚。

（三）灵宝塔

灵宝塔又名凌云塔，因其耸立在凌云寺后的灵宝峰巅，故以山峰命名。塔建于唐代，塔形呈密檐式四方锥体，砖砌而成，坐东向西，高约30米，共十三级。塔体中空，内有石阶沿塔轴盘旋至顶。塔顶为四角攒尖式。灵宝塔的结构和风格与西安小雁塔相似。

灵宝塔每级都开有窗眼，既可以采光，又能供游人四处眺望。南面可见藏经楼、东坡楼；西面江水似天外泻来，三峨如舟浮云海；北面可鸟瞰乐山全城。

根据山川形势，修建此塔的目的，主要还是作为三江合流处的标志。灵宝塔则作为航船标志，使船工提高注意力，以便安全渡过急流险滩。灵宝塔已成为嘉州古城的一个标志，为全国重点文物保护单位。

（四）凌云禅院

凌云寺寺门正中悬巨大金匾，上集有苏东坡书“凌云禅院”四字。两旁联文是“大江东去”“佛法西来”。凌云禅院是由天王殿、大雄殿、藏经楼组成的三重四合院建筑，丹墙碧瓦，绿树掩映。天王殿前是参天古木楠树，殿外两侧分列着四座明清两代重修寺宇的碑记。殿内正中塑像为弥勒坐像，皤腹欢颜，俗称大肚罗汉。两旁分列四大天王塑像，攒眉怒目，威武雄壮。天王殿后为韦驮殿，供奉木雕装金的护法神韦驮。穿过天王殿，为明代建筑大雄宝殿，是僧众举行宗教活动的主要场所。殿内正中端坐释迦牟尼三身像（法身、应身、报身），造型优美，神态庄重。大雄宝殿背面是新塑的净瓶观音，两边分列文殊、普贤、地藏和大势至四菩萨像，是明代以前的塑像。寺内最后一重殿是藏经楼，原为寺内收藏佛教经卷的地方，于1930年新建，从它的结构和外形可以看到近代建筑风格。

（五）九曲栈道与凌云栈道

大佛右侧的石壁上，有一条险峻的栈道，自上而下盘旋九曲，可从不同角度观赏大佛，这便是九曲栈道。此处栈道与佛像同时开凿，栈道最宽处1.45米，最窄处0.6米，共217级石阶，沿崖迂回而下，可到大佛脚底。栈道顶端有一长廊式亭阁，栈道第一折的经变图雕刻精细，并刻有楼台亭塔，是研究唐代建筑和石刻艺术的宝贵资料。

大佛左侧佛脚处也在后来开凿了一条栈道，其依山临江而建，忽上忽下，弯环曲折，号为凌云栈道。它开凿于1983年初，1984年竣工，同年10月开放，全长约500米，北端与大佛相连，南端连接壁津楼。

思考与练习

1.川南旅游景观有什么特点？请举例说明。

2.“秀”为峨眉山的第一大特色，请运用导游语言对这一特色进行详细阐述，同时思考峨眉山还有没有其他特色。

3.峨眉山的植物多达3200余种，生物多样性非常显著，请思考峨眉山生物多样性显著的原因是什么，这给我国的生态文明建设提供了怎样的启示，如何运用导游语言传递这种启示。

4.乐山大佛的“大”和“巧”体现在哪些方面？请运用导游语言对其进行解说。

5.请思考如何从佛教石刻艺术角度对乐山大佛进行解说。

拓展阅读

[1] 骆坤琪. 峨眉山佛道漫话[M]. 成都：四川人民出版社，1988.

[2] 魏福平．峨眉丛谈[M]．成都：西南交通大学出版社，1986.

[3] 骆坤琪．峨眉山掌故传奇[M]．成都：西南交通大学出版社，1990.

[4] 陈沙沙，孙克勤．中国世界文化—自然遗产可持续发展研究——以峨眉山—乐山大佛为例[J]．资源开发与市场，2010，26（12）：1141-1143.

[5] 陈继岩．天下功夫汇峨眉 融合佛道文化的峨眉武术[J]．中国宗教，2020（3）：58-59.

[6] 陈黎清．峨眉山的生态文态资源与南方丝绸之路[J]．中华文化论坛，2008（S2）：175-182.

[7] 邱建，舒波，陈颖，等．峨眉山金顶景区规划设计[J]．建筑学报，2005（8）：56-58.

[8] 李先逵．古代巴蜀建筑的文化品格[J]．建筑学报，1995（3）：6.

第六章
畅游川西

本章要点

川西地理特征。
海螺沟的景观特色。
何谓“冰川”及其形成原因。
红石滩的形成原因。
海螺沟的代表性景点。
“香格里拉”之名的来历。
稻城亚丁的地理空间格局。
稻城亚丁的生态价值。
稻城亚丁的代表性景点。

本章课件

第一节　品味川西——冰雪奇缘，壮美川西

一、川西掠影

川西是四川西部的简称，主要涵盖雅安、甘孜、凉山、攀枝花等行政区域。这里是青藏高原、横断山脉和四川盆地三大地理单元交会处，大江大河纵横其间，高山雪岭巍峨绵延，奇花异卉散布岭谷。此外，这里是“民族走廊”，藏、彝等各少数民族世代于此生息繁衍，创造了灿烂多姿的文化。

说起川西，神奇的生物，壮美的景观，浪漫的风情就会萦绕脑际。这里有娇憨的大熊猫，巍峨壮观的贡嘎雪岭，圣洁庄严的三怙主雪山，美丽多情的泸沽湖，气候宜人的邛海，幽远古老的茶马古道，传唱不朽的康定情歌……这里的美波澜壮阔，这里的景酣畅淋漓，这里的人大气爽朗，这里的风俗浪漫多情。

（一）自然生态

川西地域辽阔，面积约23.5万平方公里，相当于英国的国土面积。这里地势西高东低、北高南低，地形地貌复杂，横跨青藏高原、横断山脉和四川盆地三大地理单元。从更大的地理格局看，这里处于我国第一、二级地理阶梯的交界处。

该区域属于亚热带气候带，但由于青藏高原和横断山脉地区地貌复杂多样，形成了多种不同的气候类型。总的说来，大致有三种：其一，高原山地型季风气候，这种气候主要形成于甘孜州及雅安市西部，青藏高原东南缘和四川盆地交界区域，其特点为长冬无夏、春秋相连，日照充足，总体降水少，干、雨季分明，恶劣气候现象频发；其二，亚热带高原季风气候，这种气候主要形成于凉山州，其特点为日温差大，年温差小，气候温和，干湿分明，冬半年日照充足，少雨干暖，夏半年云雨较多，气候凉爽；其三，亚热带季风性湿润气候，这种气候主要形成于雅安市东部，其特点为冬无严寒、夏无酷暑、四季分明、雨量充沛、雨热同期、无霜期长、春季回暖早、夏季气温较高。

三大地理单元在此交汇，使川西成为四川乃至全国地形地貌最丰富的区域之一。此外，较高的平均海拔，使得这里高山林立，雪岭绵延，冰川遍地。众多南北走向的山脉和河流是该区域自然地理的一大特色。从山脉看，从西至东有沙鲁里山、大雪山、邛崃山脉，这些山脉塑造了川西的地理大骨架，基本呈南北或偏南北走向，其中沙鲁里山是四川最长的纵向山脉，达220公里。从河流看，从西至东有金沙江、雅砻江、大渡河，这三条大江由北至南最终都汇聚到一起，雅砻江在攀枝花汇入金沙江，大渡河在乐山汇入岷江后又在宜宾汇入金沙江，从此金沙江始称长江，故宜宾又有“万里长江第一城”的美誉。

起伏的地形，丰富的地貌，复杂的气候条件形成了诸多相对独立的地理单元，为许多古代生物在遭遇气候大变迁时提供了“避难所”，使这里成为世界上少有的生物宝库。

（二）人文风情

川西地区地广人稀，400余万人居住在23.5万平方公里的区域，除以汉族为主的雅安、攀枝花地区，其余21.3万平方公里仅居住了160万左右人口。勤劳朴实的各族人民在这片广袤的土地上世代耕耘，生生不息，创造了灿烂多姿的文化。

川西整体属于大香格里拉区❶，其文化璀璨绚烂。从文化角度看，川西地区有很多文化重合❷。

其一，红色文化。这里是长征国家文化公园的核心区域，是红军主力红一方面军四渡赤水后甩开国民党军围剿的关键区域，在这里发生了多个影响红军前途命运的大事件，如巧渡金沙江、彝海结盟、强渡大渡河、飞夺泸定桥等。

其二，藏彝民族走廊。这里是中华民族演化的大走廊，被人类学家称为“藏彝大走廊”，这个走廊是民族迁移、分化、演变的一个大通道。这里的藏文化和彝文化独具特色，如康定情歌、巴塘旋子、新龙锅庄、彝族火把节等。

其三，古道路文化。这里是茶马古道和南方丝绸之路的起点和重要部分。雅安是茶马古道的起点，而打箭炉（康定）则是茶马互市的重要中转站，对川藏茶马互市贸易具有举足轻重的作用。雅安又是南方丝绸之路的起点，而沿雅安过西昌到云南又是我国西南直通东南亚和印度洋的重要通道。

其四，康巴文化。这里属于康巴藏区，是藏文化中最有特色的一个。

---

❶ 大香格里拉区是一个文化区域，其西至西藏林芝，东到四川泸定，还包括岷江上游，北至四川最北部的若尔盖及石渠县最北端，包括青海果洛州及甘肃最南端的一部分，南到云南丽江一线。位于东经94° ~ 102°，北纬26° ~ 34° 之间。

❷ 茶文化也是重要组成部分，但由于主要分布于雅安地区，藏彝区虽有茶叶消费需求，但茶文化并不显著，因此从总体而言茶文化不是这里主要的文化。

其五，女性文化。东女国文化就产生在这里，《唐书》上记载的东女国就在这个区域。

其六，宗教文化。这里经幡飘动、梵呗声声，是藏传佛教文化的重要区域，此外彝族的神灵、祖先和图腾崇拜也颇有特色。

其七，土司文化。这里曾经由大大小小的土司管理，留存着独特的土司文化。

二、旅游景观

川西自然景观瑰丽奇伟，人文风情浪漫多情，对旅游者有非常强的吸引力。这片区域产生了众多世界级的旅游景观，也一直是旅游的热点区域。而且这里的旅游景观发掘较早，如川西的香格里拉在20世纪二三十年代就已经蜚声海外，九寨沟却直到20世纪七十年代末期才为世人所熟知。川西的旅游资源十分丰富，具有世界影响力的就有蜀山之王贡嘎山、海螺沟冰川、稻城亚丁香格里拉、泸沽湖、丹巴碉楼；在国内有较高知名度的就更多了，如西昌邛海、螺髻山、西昌卫星发射中心、碧峰峡、318/317国道风景线、措普沟、理塘海子山、新龙红山、德格新路海、雀儿山、泸定桥等。川西的旅游景观以壮美著称于世，雪山冰川是最有代表性的景观，形成了川西旅游景观的主线条，而康巴文化和彝文化为其铸魂，其中不乏柔媚、秀丽的景观，但"朴、野、旷"是其主要性格。

第二节　海螺沟——冰川胜地，自然奇观

一、景区概况

海螺沟景区位于大雪山脉主峰贡嘎山东坡，地处青藏高原、横断山脉和四川盆地三大地理板块交会处，属康定、泸定、九龙、石棉四县市交界区域，距离甘孜州州府76公里，距四川省省会成都286公里。景区面积906.13平方公里，包括海螺沟、燕子沟、磨子沟、南门关沟、雅家埂、磨西台地六大部分。这里是汉藏文化的重要分界点，藏羌彝民族走廊的关键节点，居住着汉、彝、藏、白、蒙古族等13个民族。

因其具有典型的生物多样性、瑰丽的自然奇观和丰富多彩的文化景观，海螺沟景区被

评为“国家级自然保护区”“国家级风景名胜区”“国家地质公园”“国家森林公园”“国家5A级旅游景区”和“国家生态旅游示范区”等。2005年，《中国国家地理》杂志评选贡嘎山为“中国最美十大名山”之一，海螺沟冰川为“中国最美六大冰川”之一。2009年，在联合国非政府组织世界和谐基金会和国际旅游营销协会等机构联合举办的世界旅游精英博鳌峰会上，海螺沟以其独特的旅游资源和良好的国际形象赢得18个国家、62个旅游机构、20余家中外媒体一致认同，被评为“国际王牌旅游景区”。

海螺沟景区拥有典型的生物多样性，雄伟瑰丽的自然奇观，丰富多彩的文化，多民族共融共生的文化景观；自然与人文相谐相生，交相辉映。景区融自然奇观、民族文化、茶马古道、红色文化、宗教文化于一体，可开展观光、休闲、疗养、避暑、生态、科考、探险、登山、摄影等多种类型的旅游活动。这里是世界上相对高差最大和山地垂直自然带谱最完整的地区之一，拥有离特大城市最近的极高山群、世界可进入性最强的冰川和规模最大的红石景观，同时也是全世界杜鹃花、蝴蝶等动植物种类最多的地区之一。造化钟神秀，海螺沟奇丽、壮观之景颇多，形成了海螺沟“六绝”：雪山、冰川、红石、原始森林、云雾、温泉。

1.雪山

海螺沟景区处于横断山西北段核心地带，周围绵延众多终年积雪、冰清玉洁的雪山，其中“蜀山之王”贡嘎山号称一绝。贡嘎山以雄浑的身躯屹立于香格里拉腹地，为横断山系的主峰，周围屹立着100余座海拔5000米以上的雪峰，6000米以上的雪山有45座，是世界上距离大城市最近的极高山群。极目远眺，群峰簇拥，贡嘎山主峰宛如一座巨大的金字塔，巍峨地屹立于群峰之巅，高大险峻、气势磅礴。

2.冰川

海螺沟景区所在的贡嘎山地区高山、极高山众多，冰雪覆盖面积大，冰川发育程度高。区域内有数百条冰川，面积近300平方公里，其中尤其以贡嘎山东坡的海螺沟、燕子沟、磨子沟的冰川最具观赏价值。这些冰川不但本身形成了诸多壮观奇特的景观，而且其运动还模塑了地形，造就了海子。姑且不说大冰川瀑布、冰川城门洞、冰川拱门等举世无双的景观，就是那些湛蓝的海子、潺潺的溪流、美艳的红石滩、壮观的磨西台地，也没有哪一样离得了冰川的伟力。冰川是海螺沟的魂！

3.红石

海螺沟有六绝，但只有一种是全世界仅属于海螺沟的奇观，那就是红石滩。雪山映衬、翠林覆盖的山谷，融化的雪水汇成小溪如一条白练，河谷、滩涂、山坡上铺满了红艳的石头，如璀璨的玛瑙熠熠生辉，绿色的坡地洒上鲜艳的红，再点缀上亮丽的白线，如同色彩强烈的西洋油画。在海螺沟、燕子沟、南门关沟、雅家埂等景区里分布着大面积的红石滩，十分壮观。

4.原始森林

海螺沟地区海拔高差达6000余米，形成了明显的多层次气候带、植被带。4880余种从亚热带至寒带的植物集中于一个区域，植物的垂直分布特征显著。从山谷的棕榈树、青翠的竹林到原始森林的参天古木、山花烂漫的大片野生杜鹃，直至高海拔地区色彩缤纷的草本野花和地衣植被，令人目不暇接，如同走进了一个露天的植物博物馆。可最令人叫绝的还是这里保存完好的原始森林。海螺沟原始森林面积达70余平方公里。它们覆盖着众多山峰的山腰，连绵不绝，成为海螺沟亮丽的底色，为其他珍贵孑遗生物提供了完美的“庇护所”。

5.云雾

海螺沟的云雾神秘诡谲，变幻莫测，号称一绝。它们或聚于峰巅，形成旗云、帽子云等奇观；或覆盖山头，仅露出最高的峰尖，如蓬莱仙境；或铺满山腰，绵延浩渺，形如云海；或薄雾缥缈，萦绕山谷，弥漫森林，恍如幻境。云雾与变幻的日光形成日出、佛光、彩虹、晚霞等天象奇观，更增添了海螺沟的奇幻之美。

6.温泉

处于地理板块交界处的海螺沟地热资源十分丰富，温泉众多，分温泉、热泉、沸泉，水温介于50 ~ 92℃，已开发的温泉昼夜流量达17万立方米。与雪山、冰川不同，海螺沟温泉将永恒的温暖带入四季。海螺沟温泉含有钾、钠、钙、镁、锰等多种矿物微量元素，是稀有的冰融型碳酸钠钙中性疗养热矿泉，具有“可饮”“可浴”“可疗”的综合价值，是真正的天然疗养温泉。

二、冰川科普

冰川俗称“冰河”，指由积雪形成的、能运动的冰体。四川冰川主要分布于川西，以贡嘎山冰川最有代表性。贡嘎山是冰川的故乡，其雪线高度为4900 ~ 5300米，冰川沿山脊东西两侧分布，共71条，面积达297.5平方公里，是横断山系与青藏高原东部最大的冰川群。其中较大的有海螺沟1号冰川、磨子沟冰川、贡巴冰川、南门关沟1号冰川与燕子沟1号冰川，皆从主峰流出，呈放射状分布。贡嘎山虽冰川密集，奇伟壮观，但大多不易观赏，只有不到15%的冰川具有较好的观赏条件，其中以海螺沟1号冰川最具代表性和观赏价值。

知识拓展

冰川

冰川有“固体水库”之称，是四川主要的水资源之一，主要分布于川西高原。该地区海拔6000米以上的极高山约有45座，终年积雪，冰川发育。初步统计，四川省有冰川200多条，面积572.1平方公里，按全国平均冰川厚度52米计算，总储水量达297.5亿立方米，每年可产冰融水18.1亿立方米。冰融水是河川径流的夏季补给来源之一。著名的冰川有贡嘎山冰川、雀儿山冰川和海子山冰川，面积分别达297.5平方公里、76.5平方公里和117.6平方公里。

（一）冰川发育成因

海螺沟冰川发育成因导图

贡嘎山海螺沟冰川发育，其主要原因有三大方面。

1. 地形地貌因素

受喜马拉雅造山运动影响，贡嘎山一带剧烈抬升，成为世界上极高山最为密集的地方之一。贡嘎山附近海拔5000米以上终年积雪的雪山近200座，其中6000米以上的约有45座，冰雪覆盖面积近360平方公里，占总面积的9.4%。大面积山地海拔上升至常年积雪线，为冰川的形成提供了地貌条件。与此同时，贡嘎山海螺沟流域雪线以上的面积为54平方公里，1号冰川粒雪盆就达到了26平方公里，优良的地形地貌条件为冰川发育创造了极佳的条件。

2. 气候因素

贡嘎山西部的青藏高原形成了一个强大的冷源，在其西北部形成冷高压，而贡嘎山东坡为东南季风迎风坡，属亚热带山地湿润型海洋性季风气候，随着海拔升高，气温降低，降水增加。在季风的影响下，雪线带的年降水量高达3000毫米左右，并仍呈现增大的趋势。丰沛的大气固态降水为冰川提供了主要的补给来源，使贡嘎山冰川渗浸成冰，粒雪成冰过程进展较快。这也是海螺沟1号冰川末端尽管已抵达暖温带，却仍能长期存在的原因。

3. 雪崩因素

位于主峰东坡的粒雪盆盆缘的高差达2600米，平均坡度45°，雪崩极易发生，雪崩锥几乎覆盖了粒雪盆面积的一半。雪的再分配提高了冰川的积累系数，对冰川的发育起着重要作用。

（二）冰川类型

冰川分类方法较多，主要有三类：其一，按照冰川物理性质划分，主要有海洋性冰川和大陆性冰川两种；其二，按照冰川的形态和运动特性划分，可分为大陆冰川和山岳冰川两大类；其三，世界冰川目录采用形态分类，分为大陆冰盖、冰原、冰帽、溢出冰川、山谷冰川、山地冰川、小冰川或雪原、陆棚冰、石冰川和不定或混杂的冰川等10种类型。较常见的分类是第二种，其下又有具体分类。

海螺沟冰川景观类型导图

1. 山岳冰川（山地冰川）

山岳冰川主要发育于中、低纬的高山地区，其形态受地形高度影响，根据形态可分为冰斗冰川、悬冰川、山谷冰川和山麓冰川。冰斗冰川是在雪线附近围椅状洼地冰斗中的冰川。悬冰川一般规模较小，多由冰斗冰川向外坡滑出形成，似悬挂在山坡上的短小冰川。山谷冰川是当冰雪大量补给时冰川沿山谷延伸而成，可区分出冰雪积累区和冰川移动消融区，其长度可达数公里至数十公里。山麓冰川是由一条或几条山谷冰川流出山地，在山麓地带扩展成的广阔冰原，具有山地冰川向大陆冰川过渡的特征。

2. 大陆冰川

大陆冰川是覆盖整个岛屿或大陆的巨大冰川，主要发育在两极地区，面积广，冰层厚。冰川中心形态呈上凸状，称为冰盾，如规模更大称为冰盖。南极冰盖和格陵兰冰盖是目前世界上两个最大的冰盖。巨厚的冰体受到强大的压力，从冰川中心向四周流动，在流动中不断对地表进行磨蚀、搬运和堆积，形成各种大陆冰川地貌形态。高原冰川是大陆冰川与山地冰川的过渡类型，在起伏和缓的高地上形成冰帽，沿高原斜坡可以伸出多条冰舌，如我国青藏高原夷平面上发育的平顶冰川即高原冰川。

（三）冰川景观

冰川景观是指因冰川沉积变质、运动、消融而形成的各种景观，其景观种类丰富，变化多端，异彩纷呈。

1.冰川沉积变质景观

冰川沉积变质景观是由冰川沉积变质而形成的景观，如冰岩、沉积冰、热变质冰、动力变质球（含蓝冰条带与大量扁平气泡）、冰川层理、底冰层和冰雪角砾岩等。海螺沟冰川的底冰层（复冰）发育程度高，厚2 ~ 4米，细层理明显并含大量岩屑与长径0.2 ~ 0.4米的砾石，冰川的底部滑动积极，侵蚀能力很强。冰雪角砾岩是大冰瀑布坡脚的冰雪崩锥状堆积物，由破碎的冰川冰、粒雪与少量岩屑混合而成，状若山麓角砾岩。随着冰雪崩年复一年地堆积和不断地向下游移动，冰雪角砾岩逐渐转变为具有叶理构造的动力变质冰。

2.冰川运动景观

在贡嘎山冰川上，可见冰瀑布、冰川裂缝、冰川断层褶皱等丰富的冰川运动景观。例如，海螺沟1号冰川中上游分布有三个冰瀑布，其落差分别为80米、100米和1100米左右，其中落差约1100米的大冰瀑布是地球上同纬度地区最壮观的大冰瀑布。在地形和重力的作用下，冰川根据地形运动，遇到有较高落差的地形，就会形成冰瀑布景观。

3.冰川消融景观

贡嘎山冰川的消融景观更显鬼斧神工，各类景观构建了一个冰封世界。有些冰川末端已经进入了暖温带，冰体长期处于消融状态，冰面融水在冰川内部切割、消融，产生了许多奇特秀美的冰川消融景观，如冰湖、冰桌、冰溶洞、冰杯、冰井、冰柱等，海螺沟1号冰川的冰川城门洞即为本景区最著名的冰川消融景观。受环境影响，冰舌末端逐渐消融，冰川城门洞也随之不断向源头移动，形成一道独特的地文景观。

4.复合景观

在贡嘎山区域，还广泛分布着冰川弧拱、冰下隧洞、冰面融出碛、冰蘑菇等冰川复合景观，它们都是由两种及以上的冰川作用形成的。例如，海螺沟冰川弧拱是在大冰瀑布坡脚冰雪再沉积过程中，由于夏季融化受污呈现黑色，冬季积雪构成白色，形成了黑白相间的冰层。

（四）冰川地貌

由于显著的地形差异、冰川运动、冰期和间冰期的相互作用等因素，贡嘎山海螺沟冰川地貌极其发育，景观独特，主要有三类：冰川侵蚀地貌、冰川堆积地貌和冰缘地貌。

1.冰川侵蚀地貌

贡嘎山地区发育较为完整的冰川侵蚀地貌有冰蚀谷、谷中谷、角峰、刃脊、冰斗、刻痕、刻槽、冰蚀湖等，尤以谷中谷、金字塔形角峰、冰溜面等景观颇具代表性。

2.冰川堆积地貌

冰川堆积地貌是冰川运动中或者消退后的冰碛物堆积形成的地貌，如终碛垄、侧碛垄（堤）、冰碛丘陵、槽碛、鼓丘、蛇形丘、冰砾阜、冰水外冲平原和冰水台地等。侧碛垄（堤）有分布在海螺沟中上游两侧的侧碛堤，左岸长约10公里，右岸长约5公里，堤高50 ~ 150米，堤面被原始森林覆盖，现为海螺沟冰川公园的通道和森林游览地。终碛垄在热水沟与大岩窝之间的谷底，垄高10 ~ 20米，在大岩窝与冰舌末端之间还有两处较低的冰碛垄。冰水台地有海螺沟口的磨西台地，其厚约120米，长约10公里，宽200 ~ 1200米，由冰川作用堆积的砂砾层构成，是重要的地质遗址资源。其在全新世早期是堆积成型的冰水平原，在新构造运动和冰川、流水的堆积、切割作用下，形成现在的地貌形态。

3.冰缘地貌

在贡嘎山区域，在永久冻土区与各沟谷发育的现代冰川下方有融冻泥石流、多年冻土、季节冻土、多边形土、石环、石河、热融塌陷、雪蚀古冰斗、雪蚀洼地等冰缘地貌景观。

三、代表景点

（一）四号营地

四号营地位于海螺沟索道上站，海拔约3600米。这里及附近区域可以观看贡嘎山主峰，大冰川瀑布，海螺沟1号、2号和3号冰川，红石滩和粒雪盆等。

1.大冰川瀑布观景台

此观景台是游客离冰川最近的观景台。这里是观赏大冰川瀑布和海螺沟1号冰川的最佳地点，如果运气好的话，还可以一睹蜀山之王——贡嘎山的真容，观赏到佛光、云海等自然奇观。

大冰川瀑布位于海螺沟1号冰川第二级台阶，是由许多级冰坎组成的连续冰川陡坡，海拔3720 ~ 4800米，高约1100米，宽500 ~ 1100米，是我国也是世界同纬度迄今发现的最高大、最壮观的冰川瀑布，其落差是贵州黄果树瀑布的15倍。大冰川瀑布由无数巨大而光芒四射的冰块组成，仿佛是从蓝天直泻而下的一道银河，其活动常年不息，冰崩不断，一次崩塌量可达数百万立方米。冰崩时，冰雪飞舞，响声震天，场面壮观。每当六月中旬，杜鹃盛开，蓝天、白云、雪山、冰川与杜鹃交相辉映，景色奇绝，世间罕有。这种景观只有在海螺沟才能看到，因此，海螺沟冰川又叫绿海冰川。

海螺沟1号冰川产生于1600万年前，属于低海拔海洋性现代山谷冰川。冰川沿着纵向呈三级台阶分布：靠近贡嘎山主峰的为第一级，叫作粒雪盆，是指雪线以上的区域，这里是冰川的孕育地；大冰川瀑布位于第二级台阶；最后一级是冰舌，即冰川末梢的舌状冰体，其末端在“U”形峡谷里伸入原始森林长达近7公里，形成冰川与森林、温泉共存的奇景。冰舌区位于冰川最外端，因此最为活跃，也是冰川的消融区。1号冰川总体长达14.7公里，面积达16平方公里，落差近4000米，如同一条银色的长龙，从贡嘎山东坡飞奔而下，浩浩荡荡，气势磅礴。它是贡嘎山地区规模最大、长度最长、海拔最低的一条冰川，同时它也是离大城市最近、最易进入的冰川。

知识拓展

海螺沟冰川“三怪”

海螺沟冰川不但气势宏伟、变化万端，而且诡谲怪诞，总结起来有“三怪”。

第一怪：不冷。冰川之上气候温和，夏秋季节，可身着薄衫，脚踏冰川徜徉在这光怪陆离的神奇冰川世界，完全不用担心“冰上不胜寒”。

第二怪：冰崩。大冰瀑布常年“活动不息”，易发生规模不等的冰崩。一次崩塌量可达数百万立方米，此时冰雪飞舞，隆隆响声震彻峡谷，一两公里之外也可听到，场面蔚为壮观。

第三怪：构造千奇百怪。冰川表面有数不胜数、绚丽多姿的美妙奇景。冰桌、冰椅、冰面湖、冰窟窿、冰蘑菇、冰川城门洞等，太多的奇景让人目不暇接，不断会有新的发现、新的惊奇。

2.2号冰川观景点

2号冰川面积4.9平方公里，长4.8公里，冰川最低处海拔约3640米。冰川末端伸入高山灌丛，形成冰川与灌丛并存的奇观。如果说1号冰川是壮观，那么2号冰川就是飘逸、灵动。

3.3号冰川及冰川终碛堤观景点

3号冰川面积1.1平方公里，长4.2公里，冰川最低处海拔约3760米，末端分布有弧形终碛堤，堤高50 ~ 159米，由大小混杂的花岗岩、闪长岩、泥砾组成。终碛堤是一种冰川堆积地貌，是冰舌末端较长时期停留在同一位置，即冰川活动处于平衡状态时逐渐堆积起来的，多呈半环状。大陆冰川的终碛堤比较低，高约30 ~ 50米，但可长达几百公里，弧形曲率小；山岳冰川的终碛堤比较高，可达数百米，但长度较短。终碛堤有时横越谷地，将谷地堵塞，在终碛堤和后退的冰川之间，还能形成冰碛湖盆地。

4.红石滩

贡嘎山东坡的海螺沟、燕子沟、雅家埂、南门关沟、磨子沟、田湾河、湾东河、栗子坪等地的河谷中布满了大片的红色石头，它们色彩红艳，密密匝匝，绵延十余公里。远远望去，鲜艳红石如玛瑙一般铺满山谷，与葱郁的森林、潺潺的溪流、圣洁的雪山一起构成一幅绝美的自然画卷。当地人称这种布满红石头的河谷为红石滩。

在众多的红石滩景观中，有一处最为壮观，因此这个景点也叫红石滩。红石滩是游客目前在海螺沟景区所能到达的最高点。这些红色物质附着在冰川退化后显露在外的石碛上，从山上高处顺着山坡倾泻下来，密密麻麻铺满整座山坡，雨过天晴或雪花覆盖时尤为艳丽。

知识拓展

红石成因

有一种说法是冰川消退后显现出来的石碛与空气、水分和阳光发生各种化学反应，其中含铁的冰碛、砾石表层被氧化，形成一层褐色的氧化铁层。人们经过观察，发现红石头的红色不是石头本身的颜色，而是覆盖在石头表面的一层薄薄的红色物质，红色物质只依附在原生岩石表面自然生长，且近些年生长速度越来越快。红石一般分布在海拔2000 ~ 4000米，有人曾将红石带离红石滩，离开当地的环境，红石经过一段时间就会慢慢褪色，最终几乎变绿。

初步观察得知，红色物质是一种生物，中国科学院专家经过两年多的研究，发现这种红色物质是一种原始藻类——约利橘色藻，藻细胞内富含虾青素，虾青素是一种类胡萝卜素，颜色鲜艳血红，因此被这种藻类覆盖的石头就呈现鲜艳的血红色。虾青素还能帮助橘色藻抵抗高海拔地区强烈的紫外线，同时藻细胞还富含油脂，能帮助橘色藻抵抗低温干旱的冬季高寒环境。

5.粒雪盆

粒雪盆位于海螺沟1号冰川的最上一级，靠近贡嘎山主峰，海拔在4800 ~ 6750米之间，面积19.2平方公里，是海螺沟冰川的形成区。从天空降落的雪和从山坡上滑下的雪，在地势低洼的地方聚集起来，粒雪盆像一个大盆子接住了落下的雪，这便是冰川的孕育地。积雪在这里积累变质成冰，是形成规模宏大的大冰瀑布和冰舌的重要条件之一。盆壁坡度大，布满了巨大的雪崩槽，因而雪崩十分容易发生，盆缘被互相连接、高150 ~ 300米的大型雪崩锥所环绕。

（二）三号营地

三号营地海拔约2960米，位于1号冰川的尾端——冰川消融带，可以观看冰川与原始森林共存的奇观、独特的冰川城门洞景观、干河坝等。这里雪山环抱，原始森林郁郁葱葱，正处在海螺沟中段，是观赏日照金山绝美景观的最佳位置。为方便游客，这里还设置了景区唯一的快餐中心（森林餐厅）。

（三）二号营地

二号营地位于核心景区，海拔约2660米，以温泉著名。贡嘎神泉从一棵百年树龄的大杉树脚下自然溢流，大量沸泉从地下喷涌而出，出口水温达90℃，足可用以沏茶和煮食鸡蛋，日流量高达8900吨。沸腾的泉水从山崖倾泻而下，形成了一道宽8米、高10米的瀑布。沸腾的水遇到清冷的空气，形成迷蒙的白雾，萦绕在山谷之中，白雾飘忽不定，群山若隐若现，恍如仙境。贡嘎神泉，又称热水沟沸泉，为“中国十大温泉”之一。后来这里开发了温泉康养旅游，依山就势开凿了大小不一、错落有致的10余处天然泡池。经化验此泉属碳酸氢钠型中性优质疗养热矿泉，水质无色透明、无异味，有养生保健的效用。呈梯级分布的各类温泉泡池和大自然完美融合，特别是在冬天，在冰雪中泡温泉更是别有风味。

（四）一号营地

一号营地位于景区入口，海拔约1940米，距离磨西古镇15公里。1987年10月15日，海螺沟景区正式开放，景区大门和验票点就设在这里，此后为了保护整个景区的生态环境，大门外移到了磨西古镇。这里是观赏日照金山景观的最佳地点之一，有“日照金山霞满天，瑶池美泉眷游仙。忠烈云长戍海螺，迁客骚人赋神川”的美誉。

（五）磨西台地

磨西台地是贡嘎山东坡河谷中的一块平地，长约11公里，高约100米，为一不规整的长条形，总体上北宽南窄，局部还因为河流的侵蚀和台地垮塌程度不同而变得宽窄不一（最窄的地方仅有数十米）。磨西台地属于冰川堆积地貌——冰水台地，是我国重要的地质遗迹。

关于磨西台地的形成有几种说法。第一种说法认为，起初，贡嘎山早期冰川融水携带大量冰碛物碎屑在东坡山脚下低洼处沉积，形成冰水平原；后来由于西侧燕子沟和东侧雅家埂河的强烈侵蚀，历经数千年甚至上万年的不断下切，逐渐形成高于河床的台地。如此大规模的冰水台地，在全球也极为罕见，具有极高的科研价值。第二种说法认为，磨西台地是由于现代大型泥石流堆积形成。第三种说法认为，磨西台地是冰川、泥石流等多种因素作用的结果。该观点认为在台地面上有出露地表的巨大砾石，应为冰川消融后留下的冰碛物，或者是由冰川泥石流搬运而来，并在磨西台地尾部发现了现代泥石流沉积物的证据，磨西台地应是由早期的冰碛物、后期的冰水沉积物及泥石流沉积物等共同作用而成，但其主体为倒数第二次冰期的冰川堆积物。

磨西台地是连绵山岳间难得的平地，土壤肥沃，气候温和，非常适宜人居住，很早以前氐羌人的后裔就在此繁衍生息，这里逐渐形成了一个颇具规模的小镇——磨西古镇。磨西古镇地理交通区位优越，是汉代茶马古道的必经之地，历史上就是川藏要道上的一座繁华重镇。19世纪末，法国传教士沿茶马古道来此传教，并于1918年在此修建了一座中西合璧的天主教堂。这座教堂立在古街入口，见证了历史的风风雨雨。1935年，红军长征于此经过，并在教堂内召开了对中国革命有重要影响的磨西会议，这次会议决定了长征北上的路线，从而有了后来的飞夺泸定桥等重要历史事件的发生。磨西台地也从此与中国的现代史融为一体。

（六）雅家情海

雅家情海位于海螺沟与“情歌城”康定之间的景观走廊，是海螺沟景区的重要组成部分，素有“中国高山植物园”“中国红石公园”之称，自然风光经典奇绝、历史遗迹丰富厚重、珍稀动植物数不胜数，有世界闻名的红石河谷、波光潋滟的高山湖泊、巍峨的雪峰、五彩的花海，有古朴蜿蜒的茶马古道遗址、幽深静谧的威尔逊小道、神秘莫测的千年悬棺，也有憨态可掬的小熊猫、名扬天下的西康玉兰（龙女花），是生态观光、野外体验、科考探险、文化探秘的绝佳去处。

雅家情海距磨西镇37公里，距康定新城20余公里，是一个雪山簇拥、杜鹃环抱、极富传奇色彩的“爱情之湖”，自古就是与康定跑马山齐名的爱情胜地。

第三节 稻城亚丁——心灵的净土，多彩的奇观

一、景区概览

稻城亚丁景区位于甘孜藏族自治州稻城县香格里拉镇亚丁村，主要由仙乃日、央迈勇、夏诺多吉三座6000米左右的雪山和周围的高山湖泊、河流、草甸等组成，这里汇集了令人震撼的雪峰、冰川、湖泊、草原等壮丽景观，被誉为“蓝色星球的最后一片净土”，是摄影爱好者的天堂。

景区地处青藏高原向横断山脉的过渡地带，位于沙鲁里山脉的中南段，属于中国大地貌格局中第一级阶梯向第二级阶梯过渡的重要区域。这里雪峰圣洁雄伟，冰川晶莹壮观，海子湛蓝如玉，草甸五彩斑斓，阳光充足，空气洁净，民风淳朴，景色壮丽，是一处绝美的秘境，不为世人所知。直到1928年约瑟夫·洛克（Joseph Francis Charles Rock）发现了这处秘境，并将其见闻发表到了美国《国家地理》杂志，亚丁遂为世人所知，被世人赞誉为“最后的香格里拉”。

1996年亚丁开始发展旅游业，当时景区便以世代生活在这里的村落——亚丁为名；1997年，亚丁成为省级自然保护区和风景名胜区；2001年，成为国家级自然保护区；2003年，被联合国教科文组织确定为“世界人与生物圈保护区网络”成员单位，是甘孜藏族自治州第一个世界级旅游资源品牌；2005年，稻城三神山被评为中国十大名山之一，稻城亚丁被评为中国最美的地方；2006年，亚丁被评为消费者强力推荐的旅游景区和最令人向往的地方；2007年，亚丁被评为四川最适合摄影游目的地、最适合温泉游目的地；2020年，亚丁被评为国家5A级旅游景区。

由于也门有个非常有名的港湾城市也叫亚丁（它控扼红海进入地中海的咽喉，战略位置十分重要），为避免混淆，当我们提到四川亚丁时通常会将其与所在行政区名称连在一

起，称作“稻城亚丁”。稻城亚丁，意即稻城县的亚丁自然保护区。

1.稻城

稻城县位于四川省甘孜藏族自治州南部，地处青藏高原东部、横断山脉中段，是川滇两省三州五县的交界枢纽，距省会成都790公里，面积7323平方公里。

稻城原来的藏语名称叫“稻坝”，意为山谷沟口开阔之地，后来因清末四川巡抚赵尔丰在康巴地区推行改土归流[1]政策，进行教育和农耕改革，在稻坝一带试种水稻成功，于是于光绪三十三年（1907年）奏请朝廷更名为稻城，寓意种稻成功。民国二十八年（1939年），西康省成立，更名稻城县，沿用至今。

2.亚丁

亚丁，藏语意为离太阳最近的村庄或向阳之地，又名念青贡嘎日松贡布，即终年积雪不化的三座护法神山圣地之意。最初这是此地村庄的名称，而雪山附近区域叫贡嘎岭。直到清代末年，这里山高路险，交通不便，进入困难，中央控制力较弱，匪帮横行，局势非常混乱。新中国成立后，土匪被消灭干净，这里才成为安全和平之地，但仍然路途险远，交通闭塞。1996年，稻城县准备开发这里的旅游资源，于是在雪山附近原贡嘎岭[2]一带开辟了一处自然保护区，保护区以村庄名命名，因此“亚丁”这一名称，从此既是这里村级行政区划的名称，也是自然保护区和景区的名称。

二、景区特色

由于深处藏区腹地，亚丁有浓厚的宗教文化底蕴，加之有约瑟夫·洛克和詹姆斯·希尔顿（James Hilton）的事迹与作品的赋能，亚丁一直以其神秘而举世闻名。这种神秘有佛教文化因素，也有康巴文化的影响，而香格里拉的意象将这种神秘推到了极致，以至于很多人对亚丁的理解与认知聚焦到了文化上。三怙主雪山的宗教意味，洛克的探险与《消失的地平线》所刻画的那个完美的秘境更容易引人关注。其实成就亚丁的不仅有文化，绵延的雪岭，星罗棋布的高原湖泊，蜿蜒的河流，丰美的草场组成的这个独特的地理空间也是承载所有文化意象的自然基础。同时巍峨的雪峰，险怪的冰川，奇幻的海子，诡谲的云雾，

[1] 改土归流：亦称改土设流、改土为流、改土易流，是明清时对以西南少数民族地区为主的地方行政制度的改革，即废除自元代以来世袭的土官，而代之以流官的制度。

[2] 今天的稻城亚丁地区以前叫贡嘎岭。

显著的生物多样性，珍稀的野生动植物等自然奇观及其背后深刻的科学成因则是成就亚丁不朽传奇的另一大因素。

（一）最后的香格里拉

稻城亚丁，被誉为“最后的香格里拉”。这里的香格里拉是一个理想国的代称，这个词因詹姆斯·希尔顿的知名小说《消失的地平线》而举世闻名。与其说香格里拉是一个特定的地域，不如说它是一种完美的意象，相当于汉语中的“世外桃源”。

1.香格里拉的来历

香格里拉，为英文“Shangri-La”的音译，最早出现于《消失的地平线》。该书为一部幻想小说，由英国小说家詹姆斯·希尔顿于1933年创作。作者根据20世纪初欧美赴藏探险家的考察记载，虚构了一处位于藏区的世外桃源——香格里拉，这里群峰高耸入云，白雪皑皑，小河潺潺，绿草成茵，祥和、宁静、永恒、神秘，居住在这里的人们长寿幸福。希尔顿的“Shangri-La”是从藏语转拼而来的一个新词，是对藏语“香巴拉”[1]的误读，但它和藏语的读音非常接近，汉译“香格里拉”也很接近藏语的读音。后来，这部小说被改编成电影《桃源艳迹》，引起了轰动，香格里拉因此成为一个非常流行的名词。

《不列颠文学家辞典》称，英语中原本没有“Shangri-La”这个词，是希尔顿在《消失的地平线》中创造了它，它是位于青藏高原的某个秘境。然而，希尔顿从未到过藏区，他的小说是凭他当时收集到的欧美探险家在中国藏区的考察记录而写成的，香格里拉一词也取自这些探险记录。在藏语里，香格里拉为“圣境的太阳”之意。藏文书写的“香格里拉”，在藏文文献中已有久远的历史，在六世班禅文集中就隐含这一词。

2.约瑟夫·洛克与香格里拉

约瑟夫·洛克是一位奥地利裔美籍植物学家、人类学家、探险家，他于1922年受美国农业部派遣首次来到中国，到云南寻找抗病毒的栗子树种，从此开启了他在中国西南山区10余年的探险之旅。1923年，美国《国家地理》杂志资助他在云南收集标本、撰写游记、研究纳西文化，为此他还在丽江组建了一支美国国家地理协会探险队。在丽江期间，他听说在横断山脉深处，有一个叫香巴拉木里的“神秘王国”，那里景色雄伟壮丽，还盛产黄金，于是心生向往。1924年1月，他开启了第一次木里之旅，但此次未进入贡嘎岭。1928年3月23日，在美国地理学会的资助下，洛克由云南出发，开始了他的贡嘎岭探险之旅。

[1] 香巴拉：亦译为“苫婆罗”，系梵语，意为任持乐土，是佛教世界的极乐净土、理想王国。

在木里王的支持下，洛克这次顺利地来到了局势混乱的贡嘎岭，并在冲古寺住了三天，看到了神奇雄伟的三怙主雪山。当年8月，他又来了一次，这次收集了许多动植物标本、拍摄了许多珍贵照片，并撰写了一篇名为《圣山贡嘎日松贡布》（*Konka Risumgongba*，*Holy Mountain of the Outlaws*）的文章发表在1931年7月刊的美国《国家地理》杂志上。在游记里，他这样写道，“清新的空气，色彩缤纷的杜鹃花，地面上的报春花、芍药，我眼前的这一切让人恍若置身于上帝的花园”。此文一出，在西方反响强烈，有人为他的冒险经历着迷，对这个神秘的地方充满向往，也有人质疑其真实性。

1933年，英国畅销书作家詹姆斯·希尔顿受洛克启发，创作了长篇小说《消失的地平线》，书中描绘了青藏高原的蓝月亮山谷，雪山环绕、碧水蓝天、绿草如茵、物产丰富、人们的生活宁静安乐，并且这里的人长寿没有病痛的折磨。希尔顿引用藏传佛教中神仙居住的地方“香巴拉”一词，将这个最为理想的世外桃源称作“香格里拉”。小说出版之时正值西方世界的第一次金融危机时期，苦难中的人们从这本书中看到了希望，得到了心灵的慰藉。从此，“香格里拉”一词犹如旋风一般席卷西方世界，成为“理想国”的代名词，人人向往的乌托邦。

3.“香格里拉”的含义

如果在搜索引擎搜索“香格里拉”，会出现几十条信息。“香格里拉”，这个有藏传佛教文化基因的名字很是让人迷惑。总结而言，其主要有三个方面的含义：其一，文化的含义，来源于对“香巴拉”的误读，此地是一个理想王国和世外桃源；其二，地理的含义，香格里拉作为行政区划的名称，云南迪庆藏族自治州的中甸县和四川稻城日瓦乡先后更名为香格里拉，这里争论最激烈的就是究竟谁才是真正的香格里拉，云南和四川各执一词；其三，商业的含义，新加坡有家国际知名的酒店集团就叫香格里拉。《中国国家地理》杂志2004年7月发行了“大香格里拉专辑”，时任执行总编认为：香格里拉是一个与其来源“香巴拉”全然不同的词，既不能用“香巴拉”代替，也不能用“理想国”或“桃花源”代替，因为它们都是从游牧或农业文明背景中涌现出来的，是农民、牧民的向往，而“香格里拉”的潜台词是对物质并不匮乏的工业社会的逃离，这是现代都市人中的一种梦想。

（二）生物的天堂

亚丁自然保护区于1996年3月建立，2001年升级为国家级自然保护区。保护区总面积达145750公顷，其中核心区84910公顷，缓冲区32880公顷，实验区27960公顷。其主要保护对象为以我国横断山脉独特的雪山、冰川、森林、湿地、草甸为代表的自然生态系统，以牛羚、小熊猫、白马鸡、虫草、玉龙蕨等为代表的珍稀濒危动植物物种，以及以念青贡嘎日松贡布雪山为主体的自然、文化遗产。保护区生物区系复杂，种类多样，特有种属丰富，是我国保存最完整的、最原始的高山自然生态系统之一，堪称古老、珍稀、特有生物物种的“避难所”。当年洛克历尽艰险，冒着生命危险来到这里的主要目的就是采集这里珍稀的植物标本。从自然生态的角度看，亚丁的生物多样性显著，自然景观壮观奇特，生态环境保护良好，集观赏、科研、科普教育、探险等多种功能于一体。

1. 典型的生物多样性

保护区地形复杂，地貌奇特，地形垂直高差大，海拔介于2200 ~ 6032米之间，跨越多个气候带，生物多样性十分显著。这里属大陆性季风高原湿润气候，垂直地带性明显，随着海拔的提升形成了多个气候带：山地暖温带（海拔2200 ~ 2500米）、山地温带（海拔2500 ~ 3000米）、山地寒温带（海拔3000 ~ 3500米）、高山亚寒带（海拔3500 ~ 4200米）、高山寒带（海拔4200 ~ 4700米）、高山永冻带（海拔4700米以上）。与之对应的是，土壤也呈现垂直地带性分布，从下往上依次为：山地褐土（海拔2300 ~ 3000米）、山地棕壤（海拔3000 ~ 3500米）、山地棕色针叶林土（海拔3500 ~ 4300米）、高山草甸土（海拔4300 ~ 4500米）。气候和土壤的不同形成了不同的植物分布，植物分布也呈现明显的垂直地带性，从下往上为：山地亮针叶林带（海拔2300 ~ 3200米）、亚高山暗针叶林带（海拔3200 ~ 3900米）、高山灌丛草甸带（海拔3900 ~ 4500米）、高山流石滩疏生植物带（海拔4500米以上）。显著的垂直地带性使得亚丁的生物多样性十分显著，拥有野生动物200余种，高等植物1115种。

亚丁垂直地带性对比图

2. 奇特的自然景观

亚丁的自然景观摄人心魄，拥有原始而壮丽的美。其核心为呈“品”字形围合的三座雪峰，藏名合称“念青贡嘎日松贡布”，意为三怙主雪山。三座雪峰巍然屹立，神圣庄严，蔚为壮观。围绕三座雪峰尚有海拔4500米以上的高峰42座，其中海拔5000米以上的高峰有10座。连绵雪岭为冰川的发育创造了绝佳条件。经历了5次冰期和冰川运动，亚丁冰川的侵蚀和运动形成了丰富的冰川遗迹，如角峰、刃脊、冰溜面、冰斗、U形谷、悬谷、侧碛堤、终碛堤、冰蚀湖、冰川漂砾等，第四纪以来地球五次间冰期周期遗迹都被保存了下来，堪称小型现代冰川博物馆。冰川运动、雪水融合形成了诸多漂亮的高原湖泊，如牛奶海、五色海、珍珠海等。此外，显著的地形垂直分异，以及相对封闭的地理空间使这里不但成为动植物的栖息天堂，而且也为古老孑遗植物在冰期提供了“避难所”。丰富的植被与雪山、冰川、湖泊、滩涂映衬，使亚丁四季呈现不同的色彩，尤其是夏季和秋季最美，夏季的花海、秋季的彩林把这里装点成了仙境。

3.极高的生态价值

受第三纪新构造运动影响，亚丁地区发生强烈的抬升和断裂，形成独特的高原峡谷地貌，地理格局基本形成。这种相对独立的地理空间格局使亚丁在经历了第四纪（距今250万年）以来的五次冰期后，仍然保留着以冰峰雪岭、冰川宽谷、原始森林和高原草甸为主的极高山自然生态系统，保存了大量古老的珍稀动植物等，成为世界上重要的地质历史博物馆和物种基因库，具有极高的生态价值。亚丁为何能成为物种基因库和古老动植物的“诺亚方舟”，总体来说主要有以下几点。

其一，特殊的地理空间构造是其基本原因。绵延雪岭围合形成的相对封闭的地理空间格局，加之独特的高原峡谷地貌，使诸多古老孑遗植物和其他生物物种在经历第四纪冰河期时能够抵御气候骤变带来的影响，顽强地保留下来。另外，区域内巨大的相对高差，使得区域气候和生物垂直分异明显，生物多样性显著。从保护区最高峰海拔6000多米到南端最低点的水牙（东义河谷）海拔仅约2200米，相对高差达到惊人的近4000米。一天之内可以领略高寒喀斯特峰林、巍峨的雪山、古冰川遗迹、现代冰川、峡谷、草原、湿地、湖泊等各种地貌景观，俨然走进了一处地质历史博物馆。同时，因为气候垂直变化明显、冰川多次进退等原因，也形成了复杂的气候、土壤和水文景观，南北物种在这里交汇，大量的孑遗生物集聚于此，使亚丁成为长江上游物种多样性、生态系统多样性、景观多样性较为显著的区域之一。

其二，封闭的交通阻隔了人类活动的干扰和破坏。在1999年以前，亚丁村尚未通公路，村里藏民通过马道与外界联系。封闭的交通使亚丁曾经有很长一段时间与世隔绝。这不禁让人想起《消失的地平线》中只能通过马帮和外界联系的蓝月亮谷。不便的交通虽然制约了发展，但却保存了原始的生态系统和地质地貌景观。正因为如此，亚丁成为我国保护最完善、体系最完整的物种基因库。

其三，当地藏民与生俱来的与自然和谐共生的能力与理念。藏民将雪山和海子都当作神山和圣湖，他们崇拜自然，尊重每一种生命的生存权利。正是在这种理念的指引下，当地自然生态环境才没有受到破坏。生活在亚丁的每一个人都相信，大山与蓝天，一定会回馈我们更加美好的生活。

三、代表景点

（一）三怙主雪山

三怙主雪山，是指三座完全隔开，但又相距不远，呈“品”字形排列的雪峰，他们在群峰之中傲然耸立，高入云端，显得庄严巍峨、圣洁不凡，号称“香格里拉之魂”。从远处看，三座雪峰簇拥，形成稳定坚固的空间组合，是亚丁景区的标志性景观形象。这个组合的藏名叫“念青贡嘎日松贡布”，意为三怙主雪山，寓意三位佛教守护神。

三座雪峰洁白峭拔，似利剑直插云霄。北峰仙乃日，如一尊佛傲然立于莲花座之上；南峰央迈勇，似一位少女，端庄娴静，冰清玉洁；东峰夏诺多吉像少年，雄健刚毅，神采奕奕。雪峰周围角峰林立，大大小小共30多座，千姿百态，蔚为壮观。山峰前镶嵌着碧蓝如玉的湖泊和草甸。雪线下冰川直插碧绿的原始森林。雪山巍峨、冰川壮丽、峡谷深邃、溪流潺潺、植被丰富，鸟类在空中游弋，野兽在林间穿梭，牛马在草场吃草，雪山之境静谧、安详，如同世外桃源。

三怙主雪山属世界佛教二十四圣地之一，地位崇高，一生当中至少来贡嘎日松贡布转山朝觐一次是每一个藏族人的夙愿。因此，许多康巴藏民来此转山，来表达他们对于自然的膜拜，转山也成了亚丁一道独特的人文风景。

1.仙乃日

“仙乃日”为北峰，藏语意为“观世音菩萨”，海拔约6032米，是三座雪峰中海拔最高的，也是稻城县海拔最高的山峰，四川省第五大高峰。仙乃日形状独特，就像一位沉默的高僧，端坐在莲花宝座上，庄严静穆，让人顿生敬畏之心。从南面看，其峰顶比较平缓，如同一个人的头，顶峰的左右两侧山脊线各耸出两块突出的平台，如同人的双肩，双肩以下是陡峭的山体，如同人的躯干。山峰正面非常陡峭，仿佛凭空竖起的一堵墙，墙体上是巨大的悬冰川。仙乃日周围是冰蚀峰林地貌，大大小小的冰蚀角峰遍布山脚，海拔高度均在4500米左右，如莲花状的台地，似菩萨宝座。其下是针叶林，有一条小河从央迈勇发源，流过洛绒牛场来到宝座的下端，流进针叶林带。洛克曾这样描述：“仙乃日不愧是西藏菩萨的净土，看上去像一个巨大的白色活佛禅定时坐的法座。”

仙乃日为环形冰斗下斜造型，因此从雪山南北两侧观看，山峰都是面朝人们的。从亚丁村上方的盘山公路，或者宿营地隆龙坝、冲古寺和珍珠海，都可以看到仙乃日的模样，其中珍珠海是最佳观赏点，许多经典照片都是在这里拍摄的。

2. 央迈勇

“央迈勇”为南峰，藏语意为“文殊菩萨”，海拔约5958米。央迈勇东坡陡峭，西坡和缓，山峰看上去略呈弧形，显得格外优美。远看，如同一位娴静的少女，高耸入云却又亲和柔美，身形高挑隽秀，冰清玉洁，气质高雅。山腰雪线以下，数十条瀑布飞泻而下，为隽秀的央迈勇增加了一份灵动气质。瀑布流水瞬间消失在谷地的松林之中，汇聚成大大小小的溪流和湖泊，滋养着这片土地。1928年，洛克在考察亚丁期间被它的圣洁高贵所折服。在其日记中他这样写道：“眼前耸立着举世无双的金字塔形的央迈勇，它是我眼睛看到过的最美丽的山峰。”

洛绒牛场是观赏央迈勇的最佳位置，这里也是亚丁景区唯一能够看见三大雪山全貌的地方。

3. 夏诺多吉

“夏诺多吉”为东峰，藏语意为“金刚手菩萨”，海拔约5958米。夏诺多吉主峰为三棱锥状，造型接近金字塔，锋利的刃脊沿雪山两翼蜿蜒绵亘，山势十分陡峭。夏诺多吉山体雄壮，棱角分明，颇具“男子汉”气概。从西北看，夏诺多吉是“躺”着的，洛克当年曾把它形容为展开巨翅蓄势待飞的巨大蝙蝠，还把它比喻成希腊神话中的雷神。山峰的南侧有两条巨大的悬谷冰川从凹陷处奔涌而下，冰舌悬在陡崖之上摇摇欲坠，让人惊心动魄。雪峰之下，冰川裂解崩落形成的倒石堆❶（也叫高山流石滩）是雪莲生长的地方。其下便是高山灌丛和森林，雪山最底部的贡嘎银沟❷向北奔腾而去。

夏诺多吉峭拔险峻，十分壮观，典型的金字塔形具有极强的审美效果。而每当日落时分，阳光挥洒在雪山之巅，雪白的山峰被染成夺目的金黄色，绚丽无比，成就了夏诺多吉最壮丽的景观——日照金山。

（二）高原湖泊

三怙主雪山固然壮观，但如果没有雪山下那些澄澈、湛蓝、通透的高原湖泊，亚丁就会成为“没有眼睛的美人”，大为失色。亚丁有五大高原湖泊：牛奶海、五色海、珍珠海、青蛙湖、智慧海。其中最美的当数“亚丁三湖”——牛奶海、五色海和珍珠海。

---

❶ 倒石堆：是由于重力作用沿斜坡崩落的石块在坡度较平缓的山麓地带堆积而成的锥形体，它的平面形态呈三角形或半圆形。

❷ 贡嘎银沟：发源于仙乃日和央迈勇之间的牛奶海，然后穿过洛绒牛场、贡嘎冲古，在康谷汇入热曲，之后在木里县汇入水洛河。

1.牛奶海

牛奶海，藏语名为“俄绒措”，位于央迈勇和仙乃日之间的山坳里，海拔约4500米。其形如泪滴，上方有大片的冰川，是著名的冰斗湖。湖泊非常精致，面积仅0.5公顷。海子四周有雪山环绕，中间是碧蓝的雪水，湖周有一圈令人赏心悦目的乳白色环绕，仿佛给这块碧蓝的宝石镶上了白玉的边，据说这就是牛奶海得名的原因。从高处向下看，海子像一块纯净的蓝松石嵌在雪山群峰中，神圣而美丽。传闻每年春暖花开之时，牛奶海的水会变得像牛奶般洁白，如琼浆玉液，这是牛奶海得名的又一个原因。因其独特的位置和风景，牛奶海被排在“亚丁三湖”之首。

2.五色海

五色海，藏语名“丹增措”，位于仙乃日和央迈勇之间，牛奶海右侧的一个陡坎之后，海拔约4600米，是亚丁海拔最高的海子。海子呈圆形，面积大约0.7公顷。这里雪山流石滩一泻而下围着湖水，将其一分为二，山峦雄伟、壮丽，湖水清净，湖色由外至内，由近到远，呈淡蓝、深蓝、墨绿色，非常分明，在微风轻拂下泛起层层涟漪。湖面由于光的折射产生颜色和图案的变化。丹增措被誉为与西藏羊卓雍措、纳木措和玛旁雍措齐名的藏区著名圣湖。从古至今，络绎不绝的转山者来三怙主雪山朝拜，都会前往丹增措朝觐，寄希望于圣湖观影能给他们一些关于未来的启示。

3.珍珠海

珍珠海，藏语名“卓玛拉措”，位于仙乃日山脚下，海拔约4100米，面积0.75公顷。珍珠海是离亚丁村最近的景点，从冲古寺出发，步行约半小时就到了。掩映在密林中的珍珠海宛如一颗绿宝石，微风拂来，碧波荡漾，湖畔四周，茂密的参天巨树苍翠如屏。春天湖边杜鹃花开，山花烂漫；秋天树叶变红，层林尽染。清澈湛蓝的湖水倒映着周围随季节变换的植被、雪山和天空，五彩斑斓，令人目眩。

珍珠海原来是仙乃日脚下的一个大湖泊，后来湖泊决堤变小，就变成了现在的样子。珍珠海是拍摄仙乃日倒影的最佳地点。

（三）冲古寺

冲古，藏语音译，意为“填湖造寺”或“湖上之寺”，也有说其意为“湖泊源头的寺庙”，虽然意思稍有不同，但都与湖有关。原来在第四纪冰川时，仙乃日雪山背面曾有体量巨大的冰川，受重力作用和地形影响，冰川不断向山下运动，冰川在运动过程中冻结地面的砾石，并带着山谷砾石继续运动。此时冰川底部就像一个巨大的搓刀一样不断地磨蚀谷地，一直将冰舌移动到了现在冲古寺的位置。等到间冰期，气候变暖，冰川退却，就留下现在的冰川U形谷。在此过程中，U形谷尾部被冰碛物堵塞，而下移的冰川在气候变暖时不断融化，形成冰川堰塞湖。据猜测当时可能有两个堰塞湖，上面堰塞湖的位置大概在现珍珠海附近，下面的堰塞湖则在冲古台地一带。后来上面的堰塞湖决堤，将下面的堰塞湖也冲毁了。上面只留下了不到1公顷的珍珠海，而下面则形成了冲古草甸和冲古台地，贡嘎银沟则从东切穿冲古草甸，向西往南流向热曲。

冲古寺位于仙乃日雪山下一条冰川U形谷口，海拔约3880米，是稻城亚丁唯一的寺院和最庄严的地方。这里是游览三怙主雪山的必经之地，也是当地藏民转山仪式的出发地。寺院位于一块台地之上，拥有亚丁最佳的观景视角。1928年，洛克第一次来亚丁考察，就曾在冲古寺住了三天。当年，他曾透过寺院的小窗户，沿着峡谷远眺月光下宁静、祥和的亚丁村。据说，这就是希尔顿笔下香格里拉中美丽的蓝月山谷的原型。

寺院历史悠久，始建于元朝，距今已近800年，隶属贡嘎郎吉岭寺（简称贡岭寺）。寺前有冲古草甸，如天然盆景，绿草茵茵，野花遍地，森林环绕，贡嘎银沟潺潺流过，风景绝佳。这里是观赏仙乃日和夏诺多吉的绝佳视角。

（四）洛绒牛场

洛绒牛场位于三怙主雪山之间，海拔约4150米，为当地藏民的高山牧场，是观看三座雪山的最佳地点，也是通往五色海、牛奶海的必经之地。洛绒牛场处于雪山围合的一条长长峡谷的底部，仙乃日在其北，央迈勇和夏诺多吉在其南。其总体呈西南—东北向，草场时宽时窄，时高时低，主要有两块较大、较平坦的草场，中间由峡谷连接。牛场西面为仙乃日和央迈勇连接的垭口，海拔约4500米，南北雪峰与牛场的垂直落差最高达2000余米，只有东北角有一个通向冲古寺、亚丁村的出口，整体如同一个细长的葫芦，是真正的世外桃源。洛克当年就曾在这里扎营，这里现在也是最靠近三怙主雪山的宿营地。

虽说位于峡谷，洛绒牛场的视野却并不受影响，可能由于海拔较高，没有高大树木的遮挡，这里视野开阔，美景入怀，是观赏央迈勇的最好场所。在这里，央迈勇总是从不同视角呈现在人们面前，极具观赏性。

洛绒牛场为雪峰连绵的亚丁提供了难得的牧场，是高原牧民生息繁衍的福地。高原藏民认为这是神山护佑，将其视为圣地。每年的藏历六月十五，在洛绒牛场都会举行大型的祭山神活动——朱巴日绰。朱巴日绰，汉语意为“六月十五”。每一年的这天，亚丁的人们汇聚在这里煨桑祈祷、放龙达、插经幡、赛马……寨子中的老老少少都会拿出家中视为珍宝的传统物件，讲述它对于家族的重要意义，还会拿出家中的美食与大家分享。他们用讲故事的方式将文化代代相传，也用美食作为媒介促进了团结。“朱巴日绰”这个节日既延续了藏族宗教的仪式，同时也保存了地区特有的文化。虽然亚丁为了保护植被已经不允许人员进入草甸踩踏，但是“朱巴日绰”这一天依然是洛绒牛场草甸最热闹的开放日。

思考与练习

1. 贡嘎山号称“蜀山之王”，请搜集贡嘎山登山运动的详细资料，从登山运动的角度对贡嘎山的美进行解说。
2. 海螺沟是现代海洋性冰川的典型代表，是横断山区又一植物宝库，请思考如何从自然教育和环保教育的角度解说海螺沟冰川。
3. 请思考如何从香格里拉的寓意角度对稻城亚丁进行总结性讲解。
4. 请从人与自然的关系角度思考稻城亚丁的藏民传统习俗和自然环境的完美保护之间的关系，并尝试运用导游语言进行阐释。

拓展阅读

[1] 邓绶林. 地学辞典[M]. 石家庄：河北教育出版社，1992.

[2] 林崇德，刘清泗. 中国成人教育百科全书：地理 · 环境[M]. 海口：南海出版公司，1994.

[3] 四川百科全书编纂委员会. 四川百科全书[M]. 成都：四川辞书出版社，1997.

[4] 铁永波. 冰川脚下的巨龙——磨西台地[J]. 国土资源科普与文化，2019（4）：14-17.

[5] 郑本兴. 贡嘎山东麓第四纪冰川作用与磨西台地成因探讨[J]. 冰川冻土，2001（3）：283-291.

[6] 郑寒，此里卓玛，杨雪吟. 旅游、文化与生态：亚丁人与生物圈自然保护区研究[J]. 广西民族大学学报（哲学社会科学版），2007（3）：34-41.

[7] 尹学明，赵芳，伍杰，等. 四川稻城亚丁自然保护区主要植被类型[J]. 四川林业科技，2013，34（4）：50-54.

[8] 申晓勤，卢海林. 亚丁三大神山 适宜用任何语言进行赞美[J]. 环球人文地理，2014（11）：90-103.